GOTT HÄLT SEIN WORT

Kinderbibel

Gott hält sein Wort

BIBLISCHE GESCHICHTEN
ausgewählt und nacherzählt
von Rosemarie Hoffmann und Gottfried Herrmann
mit Bildern von Paula Jordan

Verlag der Lutherischen Buchhandlung
Heinrich Harms - Gr. Oesingen

Concordia-Verlag Zwickau

Copyright by Concordia-Verlag Zwickau
ISBN 3-910153-01-1

Verlag der Lutherischen Buchhandlung
Heinrich Harms - Gr. Oesingen
ISBN 3-922534-57-0

Umschlagcolorierung: Regina Piesbergen

Herstellung:
Druckhaus Harms - Gr. Oesingen
Printed in Germany

VORWORT

«Gott hält sein Wort mit Freuden und was er spricht, geschieht . . .», singen wir in einem unserer Kirchenlieder (EKG 197, 4; LKG 320, 6). Die Schreiber der Bibel berichten uns, wie Gott sein im alten Bund gegebenes Verheißungswort im neuen Bund Schritt für Schritt eingelöst hat. Die Evangelisten betonen immer wieder: Dies geschah, damit erfüllt würde, was durch die Propheten gesagt war! Jesus Christus ist der im alten Bund angekündigte Heiland der Welt. Dieses Buch enthält 154 ausgewählte biblische Geschichten aus dem Alten und Neuen Testament, die die gemeinsame Mitte beider Testamente sichtbar machen wollen. Die Auswahl beschränkt sich auf die erzählenden Passagen und geschichtlichen Berichte der Bibel. Darin unterscheidet sie sich von früheren ähnlichen Ausgaben (z. B. «Schild des Glaubens»).

Die Nacherzählungen sind aus der Arbeit mit Kindern im Vorschul- bzw. Erstlesealter hervorgegangen. Sie bemühen sich um eine kindgemäße Sprache. Dabei wird auf jede Ausschmükkung der Texte bewußt verzichtet. Nur vereinzelt sind nötige Erklärungen eingefügt. Diese Erzählweise will die Kinder an die Benutzung der Lutherbibel heranführen. Wichtige Bibelsprüche werden deshalb nicht selten im Wortlaut der Lutherbibel zitiert. Das gleiche gilt für den jeder Geschichte zugeordneten Merkspruch.

Die bekannten Holzschnitte von Paula Jordan sind vielen Eltern aus der eigenen Kindheit vertraut. Sie möchten den Kindern bei der Erschließung der Texte helfen.

ALTES TESTAMENT

1. DIE WELT WIRD VON GOTT GESCHAFFEN
(1 Mose 1)

Am Anfang hat Gott Himmel und Erde geschaffen. Die Erde war wüst und leer. Wasser bedeckte die Erde. Über dem Wasser schwebte der Geist Gottes. Und Gott sprach: «Es werde Licht!» Da wurde es Licht. Gott sah, daß das Licht gut war. Gott trennte das Licht von der Finsternis. Das Licht nannte er «Tag» und die Finsternis «Nacht». Da wurde aus Abend und Morgen der erste Tag. Gott sprach: «Es werde eine Wölbung inmitten der Wasser!» Es geschah so.

Die Wölbung trennte die Wasser in der Höhe und in der Tiefe. Gott nannte die Wölbung «Himmel». Da wurde aus Abend und Morgen der zweite Tag.
Gott sprach: «Das Wasser sammle sich, so daß man das Trockene sehen kann!» Es geschah so. Das Trockene nannte Gott «Erde» und das Wasser «Meer». Und Gott sprach: «Die Erde lasse aufgehen Gras, Kraut und fruchtbare Bäume!» Es geschah so. Gott sah, daß es gut war. Da wurde aus Abend und Morgen der dritte Tag.
Gott sprach: «Lichter sollen am Himmel werden, die auf die Erde scheinen!» Es geschah so. Gott machte das große Licht der Sonne, die den Tag regiert, und das kleine Licht des Mondes, der die Nacht regiert, dazu auch die Sterne. Und Gott sah, daß es gut war. Da wurde aus Abend und Morgen der vierte Tag.
Gott sprach: «Fische sollen im Wasser schwimmen und Vögel am Himmel fliegen!» Es geschah so. Gott machte alle Wassertiere und alle Vögel am Himmel. Er segnete sie und sprach: «Seid fruchtbar und vermehrt euch!» Da wurde aus Abend und Morgen der fünfte Tag.
Gott sprach: «Die Erde soll verschiedene Tiere hervorbringen: das Vieh auf der Weide, die Würmer auf dem Erdboden und das Wild in Feld und Wald!» Es geschah so. Gott machte jedes Tier nach seiner Art. Gott sah, daß es gut war. Und Gott sprach: «Laßt uns Menschen machen, die uns ähnlich sind. Sie sollen über die ganze Erde und alle Tiere herrschen.» Da machte Gott den Menschen nach seinem Bilde, Gott ähnlich schuf er ihn. Er machte sie als Mann und Frau. Und Gott segnete die Menschen und sprach: «Seid fruchtbar und vermehrt euch. Breitet euch aus über die Erde und macht sie euch untertan.» Gott sah an alles, was er gemacht hatte, und siehe, es war sehr gut. Da wurde aus Abend und Morgen der sechste Tag.
So wurden Erde und Himmel vollendet und alles, was dazu gehört. Und Gott ruhte am siebenten Tag von allen seinen Taten. Er segnete und heiligte den siebenten Tag.
Merkspruch: Durch den Glauben erkennen wir, daß die Welt durch Gottes Wort geschaffen ist, so daß alles, was man sieht, aus nichts geworden ist (Hebr 11, 3).

2. DER ERSTE MENSCH BEKOMMT EINE GEHILFIN
(1 Mose 2)

Als Erde und Himmel geschaffen wurden, machte Gott den Menschen aus Erde und hauchte ihm den Lebensatem ein. So wurde der Mensch eine lebendige Seele. Und Gott, der Herr, pflanzte einen Garten, in dem der Mensch wohnen sollte. Das war der Garten Eden, das Paradies. In ihm wuchsen viele Bäume, die gutschmeckende Früchte trugen. Mitten im Garten aber standen zwei besondere Bäume: der Baum des Lebens und der Baum der Erkenntnis des Guten und Bösen.
Gott setzte den Menschen in den Garten, damit er ihn bebaute und bewahrte. Gott gebot dem Menschen: «Von allen Bäumen im Garten darfst du essen.

Aber vom Baum der Erkenntnis des Guten und Bösen sollst du nicht essen. An dem Tag, an dem du davon ißt, mußt du sterben.»
Gott brachte alle Tiere zum Menschen. Der gab jedem seinen Namen. Aber der Mensch fand keine passende Gehilfin unter den Tieren. Da sprach Gott: «Es ist nicht gut, daß der Mensch allein ist. Ich will ihm eine Gehilfin machen, die um ihn ist.» Und Gott ließ den Menschen in einen tiefen Schlaf fallen. Dann nahm er eine Rippe des Menschen und machte eine Frau daraus. Gott brachte sie zu ihm. Da freute sich der Mensch und sagte: «Das ist doch Gebein von meinem Gebein und Fleisch von meinem Fleisch. Darum wird ein Mann seinen Vater und seine Mutter verlassen und seiner Frau anhängen. Und die zwei werden ein Fleisch sein.»
Gott nannte den ersten Menschen «Adam», das heißt «Erd-Mann». Adam aber nannte seine Frau «Eva», das heißt «Mutter des Lebens». Die ersten Menschen waren glücklich, denn sie waren eins mit Gott und wußten noch nichts von der Sünde.
Merkspruch: Ziehet den neuen Menschen an, der nach Gott geschaffen ist, in wahrer Gerechtigkeit und Heiligkeit (Eph 4, 24).

3. DIE ERSTEN MENSCHEN SÜNDIGEN
(1 Mose 3)

Der Teufel ist der Feind Gottes in der Welt. Von Anfang an wollte er die Menschen aus der Hand Gottes reißen. Dazu verbarg er sich in der Schlange. Sie war listiger als alle Tiere des Feldes. Die Schlange sprach zu Eva: «Sollte Gott gesagt haben, ihr dürft von keinem Baum im Garten essen?» Eva antwortete: «Wir essen Früchte von allen Bäumen. Nur von den Früchten eines Baumes hat Gott gesagt: Eßt nicht davon und rührt sie auch nicht an, sonst müßt ihr sterben.» Da sprach die Schlange zu Eva: «Ihr werdet nicht sterben, sondern ihr werdet wie Gott sein und erkennen, was gut und böse ist.»

Eva sah den Baum an und bekam große Lust, von seinen Früchten zu essen. Sie sahen so verlockend aus und sollten klug machen. Da nahm sie von der verbotenen Frucht und aß. Sie gab auch ihrem Mann davon, und er aß. Nun wurden ihre Augen geöffnet, und sie merkten, daß sie nackt waren. Da nahmen sie Feigenblätter und machten sich Schürzen daraus.

Am Abend des Tages ging Gott durch den Garten. Aber Adam und Eva versteckten sich vor ihm unter den Bäumen. Sie hatten ein schlechtes Gewissen. Und Gott rief Adam: «Adam, wo bist du?» Adam antwortete: «Ich hörte dich im Garten und fürchtete mich, denn ich bin nackt. Darum habe ich mich versteckt.» Gott sprach: «Wer hat dir gesagt, daß du nackt bist? Hast du etwa von dem verbotenen Baum gegessen?» Adam antwortete: «Die Frau, die du mir gegeben hast, gab mir von dem Baum, und ich aß.» Und Gott sprach zu Eva: «Warum hast du das getan?» Eva antwortete: «Die Schlange hat mich zum Essen verleitet.»

Da sprach Gott zur Schlange: «Weil du das getan hast, will ich dich verfluchen vor allen anderen Tieren. Dein Leben lang sollst du auf dem Bauch kriechen und Staub fressen. Und ich will Feindschaft setzen zwischen dir und der Frau, zwischen deinem Nachkommen und ihrem Nachkommen; der soll dir den Kopf zertreten und du wirst ihn in die Ferse stechen.»

Zu Eva sprach Gott: «Ich will dir viel Mühe und Schmerzen bereiten, wenn du Kinder bekommst. Und dein Mann soll dein Herr sein.» Zu Adam aber sprach Gott: «Verflucht soll der Acker sein um deinetwillen. Dornen und Disteln wird er dir tragen. Im Schweiß deines Gesichtes sollst du dein Brot essen, bis du wieder zur Erde wirst, von der du genommen bist.»

Gott sprach zu sich selbst: «Nun ist der Mensch geworden wie unsereiner. Er weiß, was gut und böse ist. Er soll nicht auch noch vom Baum des Lebens essen. Dann hätte seine Qual kein Ende.» Und Gott machte den Menschen Kleider aus Fellen und zog sie ihnen an. Dann trieb er sie aus dem Garten und ließ den Eingang von einem Engel mit einem blanken Schwert bewachen.

Merkspruch: Wie durch einen Menschen die Sünde in die Welt gekommen ist und der Tod durch die Sünde, so ist der Tod zu allen Menschen durchgedrungen, weil sie alle gesündigt haben (Röm 5, 12).

4. KAIN ERSCHLÄGT SEINEN BRUDER
(1 Mose 4)

Adam und Eva lebten lange auf der Erde. Sie hatten viele Kinder. Der erste Sohn hieß Kain, der zweite Abel. Kain war ein Bauer und Abel ein Schäfer. Eines Tages brachten die Brüder dem Herrn Opfer dar. Kain opferte von den Früchten seines Feldes, Abel von den Schafen seiner Herde. Und der Herr sah Abels Opfer gnädig an. Aber an Kains Opfer hatte er kein Gefallen. Da wurde Kain zornig, und sein Blick verfinsterte sich.

Der Herr sprach zu Kain: «Warum bist du zornig? Ist es nicht so: Wenn du Gott fürchtest, kannst du den Blick frei erheben? Bist du aber nicht gottesfürchtig, dann lauert die Sünde vor der Tür. Laß ihr nicht ihren Willen, sondern herrsche über sie.»

Und als die Brüder wieder auf dem Feld waren, erhob sich Kain gegen seinen

Bruder Abel und schlug ihn tot. Da sprach der Herr zu Kain: «Wo ist dein Bruder Abel?» Kain antwortete: «Ich weiß es nicht. Soll ich denn meines Bruders Hüter sein?» Der Herr aber sprach: «Was hast du getan? Das Blut deines Bruders schreit von der Erde zu mir. Verflucht sollst du sein auf der Erde, die das Blut deines Bruders aufgenommen hat. Der Acker soll dir seinen Ertrag nicht mehr geben und du sollst als heimatloser Flüchtling auf Erden leben.»
Kain aber sprach zum Herrn: «Meine Sünde ist größer, als daß sie mir vergeben werden könnte. Siehe, du vertreibst mich aus dem Land, und ich muß mich verbergen vor dir. Wer mich findet, wird mich tot schlagen.» Da machte der Herr ein Zeichen an Kain, damit ihn niemand erschlagen würde. Und Kain ging weg nach Osten und wohnte im Lande Nod. Eva aber bekam noch einen Sohn und nannte ihn Seth. Adam war damals 130 Jahre alt. Er starb mit 930 Jahren.
Merkspruch: Wer seinen Bruder haßt, der ist ein Totschläger (1 Joh 3, 15).

5. GOTT STRAFT DURCH DIE SINTFLUT
(1 Mose 7–9)

Es wurden immer mehr Menschen auf der Erde. Aus einzelnen Menschen wurden Familien und aus Familien ein ganzes Volk. Aber die Menschen waren böse, und es gab viel Unrecht. Da sprach Gott: «Ich will die Menschen

vernichten, die ich geschaffen habe.»
Nur Noah fand Gnade vor dem Herrn.
Er war ein gottesfürchtiger Mann und
sollte gerettet werden. Gott sprach zu
Noah: «Die Menschen sind böse. Die
Erde ist voll von ihrem Unrecht. Ich will
sie mit der Erde vernichten. Du aber
baue eine Arche. In diesem Schiff will
ich dich retten. Viele Kammern soll die
Arche haben. Bestreiche sie innen und
außen mit Teer. Drei Stockwerke soll
sie haben, an einer Seite eine Tür und
oben ein Fenster. Denn, siehe, ich will
eine große Flut kommen lassen, in der
alle Menschen und Tiere ertrinken.
Aber mit dir will ich einen Bund schließen. Ich will dich mit deiner Frau und
deine drei Söhne mit ihren Frauen retten. Auch von jedem Tier auf der Erde
sollst du ein Männchen und ein Weibchen mitnehmen, damit sie mit dir am
Leben bleiben.»
Noah tat, was Gott ihm aufgetragen
hatte. Die anderen Menschen lachten
ihn aus. Aber Noah vertraute Gott.
Dann war die Arche fertig. Noah sammelte Nahrung für alle. Die Tiere gingen in die Arche. Zuletzt stieg Noah mit
seiner Familie hinein und Gott schloß
hinter ihm zu.

Danach begann es zu regnen, 40 Tage und Nächte lang. Vom Himmel und aus der Tiefe ergoß sich Wasser auf die Erde. Das Wasser stieg immer höher. Sogar die höchsten Berge wurden überflutet. Aber die Arche schwamm auf den Fluten. Alle Menschen und Tiere ertranken. Nur Noah und alle, die bei ihm in der Arche waren, blieben übrig. Über ein Jahr lang stand die Erde so unter Wasser. Dann sank das Wasser, und die Arche ließ sich auf dem Berg Ararat nieder. 40 Tage danach ließ Noah einen Raben aus dem Fenster der Arche fliegen. Er wollte sehen, ob das Wasser auf der Erde weniger geworden war. Der Rabe kam nicht zurück. Da nahm Noah eine Taube und ließ sie hinausfliegen. Die Taube kam zurück. Sie hatte noch keinen trockenen Platz gefunden, wo sie sich ausruhen konnte. Nach sieben Tagen ließ Noah noch eine Taube frei. Am Abend kehrte sie zur Arche zurück und hatte ein Ölbaumblatt im Schnabel. Da wartete Noah noch einmal sieben Tage. Dann ließ er wieder eine Taube frei. Sie kehrte nicht zu ihm zurück. Und Gott sprach zu Noah: «Geh nun aus der Arche mit allen Menschen und Tieren.» Und sie gingen heraus. Da baute Noah einen Altar und brachte Gott ein Opfer dar zum Dank für die Rettung.
Und Gott sprach zu Noah: «Ich will die Erde nicht mehr bestrafen um des Menschen willen, denn das Herz des Menschen ist böse von Jugend an. Solange die Erde steht, soll nicht aufhören Saat und Ernte, Frost und Hitze, Sommer und Winter, Tag und Nacht.» Gott segnete Noah mit seinen Söhnen und sprach: «Seid fruchtbar und vermehrt euch und breitet euch über die Erde aus. Ich mache einen Bund mit euch. Nie wieder soll eine solche Flut kommen. Meinen Regenbogen habe ich in die Wolken gesetzt. Er soll das Zeichen des Bundes sein zwischen mir und den Menschen. Immer, wenn der Bogen zu sehen ist, will ich an meinen ewigen Bund mit euch denken.»
Merkspruch: Solange die Erde steht, soll nicht aufhören Saat und Ernte, Frost und Hitze, Sommer und Winter, Tag und Nacht (1 Mose 8, 22).

6. GOTT VERWIRRT DIE SPRACHE DER MENSCHEN
(1 Mose 11)

Noahs Kinder und Enkel wurden ein großes Volk und breiteten sich auf der Erde aus. Sie redeten alle eine Sprache. Erst wohnten sie an verschiedenen Orten der Erde. Dann fanden sie eine große und fruchtbare Ebene. Da wollten sie bleiben und eine große Stadt bauen. Sie brannten Ziegel und sprachen: «Wir wollen einen hohen Turm bauen, der bis an den Himmel reicht. So können wir uns ein Denkmal setzen und werden nicht zerstreut über die ganze Erde.» Sie wollten ihrer eigenen Kraft mehr vertrauen als Gott.
Als Gott ihren Turm sah, wurde er zornig und sprach: «Das ist der Anfang. Sie werden nicht aufhören damit und meinen, sie könnten alles erreichen. Ich will ihre Sprache verwirren, damit sie

aufhören zu bauen.» Gott kam herab und verwirrte ihre Sprache. Keiner verstand mehr den anderen. Sie redeten in unterschiedlichen Sprachen. Da mußten die Menschen aufhören, die Stadt zu bauen. Sie zerstreuten sich in verschiedene Länder. Ihre Stadt aber bekam den Namen «Babel», das heißt «Verwirrung», weil Gott dort ihre Sprache verwirrt hatte.

Merkspruch: Gott widersteht den Hochmütigen, aber den Demütigen gibt er Gnade (1 Petr 5, 5).

7. ABRAHAM WIRD VON GOTT GERUFEN
(1 Mose 12 und 13)

Viele Jahre nach der Sintflut lebte in der Stadt Haran im Zweistromland ein Mann, der hieß Abraham. Die Menschen, unter denen Abraham lebte, waren gottlos und böse. Auch Abrahams Verwandte beteten Götzenbilder an.

Da sprach Gott zu Abraham: «Zieh aus deiner Heimat weg, fort von deinen Verwandten und Freunden. Geh in ein

Land, das ich dir zeigen will. Ich will dich zu einem großen Volk machen. Ich werde dich segnen, und durch dich sollen alle Völker auf Erden gesegnet werden.»
Da zog Abraham los mit seiner Frau Sara. Er nahm mit alle seine Knechte und Mägde, all sein Vieh und alles, was ihm gehörte. Auch der Sohn seines Bruders zog mit ihm. Er hieß Lot. Und Gott führte sie alle nach Sichem im Land Kanaan, und sie wohnten dort. Da sprach Gott zu Abraham: «Dieses Land will ich deinen Kindern geben.» Da baute Abraham zum Dank einen Altar und lobte Gott.
Abraham und Lot wohnten friedlich beieinander. Sie waren sehr reich und ihre Viehherden wurden immer größer. Aber manchmal stritten sich ihre Hirten um das beste Weideland. Da redete Abraham mit Lot und sagte: «Zwischen uns soll es keinen Streit geben. Wir sind doch verwandt. Lieber wollen wir uns trennen. Das Land ist groß. Such dir aus, wohin du gehen willst. Gehst du nach rechts, ziehe ich nach links. Gehst du nach links, ziehe ich nach rechts.» Da wählte Lot das bessere Land bei den Städten Sodom und Gomorra. Es war eine fruchtbare Gegend, aber die Menschen dort waren gottlos und böse.
Merkspruch: Durch den Glauben wurde Abraham gehorsam, als er berufen wurde, in ein Land zu ziehen, das er erben sollte (Hebr 11, 8).

8. GOTT VERHEISST ABRAHAM EINEN SOHN
(1 Mose 15 und 18)

Abraham wurde alt. Nur eines fehlte ihm: Er hatte keine Kinder. Darüber waren Abraham und seine Frau Sara traurig. Da redete Gott in einer Nacht mit Abraham und sprach: «Fürchte dich nicht, Abraham, ich bin der allmächtige Gott. Lebe vor mir und sei gottesfürchtig. Ich bin dein Schutzschild und dein sehr großer Lohn.» Abraham antwortete: «Herr, du hast mir vieles gegeben. Aber ich habe keinen Nachkommen, der alles erben wird.» Da sprach der Herr: «Ich schließe meinen Bund mit dir. Du sollst Nachkommen haben. Ich will ein großes Volk aus dir machen. Geh hinaus und sieh dir die Sterne am Himmel an. Kannst du sie zählen? So viele Nachkommen will ich dir geben.» Da fragte Abraham nicht weiter. Er glaubte dem Herrn. Und das gefiel Gott.
Eines Tages kamen drei Männer und besuchten Abraham. Er gab ihnen zu essen und zu trinken. Als sie miteinander redeten, merkte Abraham, daß es Gott selbst war, der ihn besuchte. Und der Herr sprach zu Abraham: «Wenn ich in einem Jahr wieder zu dir komme, wird deine Frau Sara einen Sohn haben.» Sara war im Zelt und hörte alles mit an. Sie war schon alt und konnte nicht glauben, daß sie noch ein Kind bekommen sollte. Deshalb lachte sie vor sich hin.
Da sprach der Herr draußen vor dem Zelt: «Warum lacht Sara? Sollte für den

Herrn etwas unmöglich sein?» Sara war erschrocken und wollte nicht zugeben, daß sie gelacht hatte. Da sagte der Herr zu ihr: «Lüge nicht, Sara, du hast gelacht.»
Nach der Zeit, die Gott vorausgesagt hatte, bekam Sara einen Sohn. Er wurde Isaak genannt. Abraham und Sara hatten ihn sehr lieb.
Merkspruch: Bei Gott ist kein Ding unmöglich (Lk 1, 37).

9. SODOM UND GOMORRA WERDEN ZERSTÖRT
(1 Mose 18 und 19)

Abraham begleitete seine drei Besucher ein Stück auf ihrem Weg. Und der Herr sprach: «Abraham, ich will dir nicht verbergen, was ich vorhabe. Die Menschen in Sodom und Gomorra sind gottlos und ihre Sünden schreien zum Himmel. Deshalb werde ich diese Städte vernichten.» Abraham fragte: «Willst du die gottesfürchtigen Leute in der Stadt mit den Gottlosen strafen? Vielleicht sind 50 Gerechte in der Stadt. Sollen die auch umkommen? Willst du die Städte nicht wegen diesen 50 Men-

17

schen verschonen?» Gott antwortete: «Wenn ich 50 Gerechte finde, will ich der Stadt vergeben.»
Abraham fragte weiter: «Herr, ich wage mit dir zu verhandeln, obwohl ich doch nur ein armseliger Mensch bin. Wenn du nur 45 Gottesfürchtige in der Stadt findest, willst du wegen der fünf Menschen, die an der vollen Zahl fehlen, die ganze Stadt verderben?» Der Herr antwortete: «Finde ich 45 Gerechte, dann will ich die Stadt nicht vernichten.» Da fragte Abraham noch einmal: «Und wenn du nur 40 Gottesfürchtige findest?» Der Herr antwortete: «Ich will ihnen nichts antun, wenn ich 40 Gerechte finde.» Abraham sagte: «Ach Herr, werde nicht zornig, wenn ich weiter frage. Vielleicht sind es aber nur 30 Gottesfürchtige?» Auch da wollte Gott die Stadt verschonen. Abraham fragte nach 20 Gottesfürchtigen und Gott sagte wieder: «Ich will sie nicht bestrafen, wenn ich 20 Gerechte finde.» Abraham wagte kaum, noch einmal zu fragen: «Herr, vielleicht findest du nur 10 Gottesfürchtige in der Stadt?» Der Herr antwortete: «Auch dann will ich die Stadt verschonen!» Aber es fanden sich nicht einmal zehn Gottesfürchtige in der Stadt.

Am Abend kamen zwei Engel nach Sodom. Lot saß vor seinem Haus. Als er die beiden Fremden sah, ging er ihnen entgegen und lud sie ein, als seine Gäste über Nacht bei ihm zu bleiben. Er wußte nicht, daß es zwei Engel waren. Lot versorgte sie. In der Nacht umstellten die Leute von Sodom Lots Haus. Sie wollten die beiden Fremden mißhandeln. Da ging Lot vor das Haus, um mit der Menge zu reden. Aber die Leute trieben ihn in die Enge. Da zogen die Engel Lot ins Haus und verriegelten die Tür. Sie schlugen die Leute von Sodom mit Blindheit, so daß sie die Tür nicht mehr finden konnten. Da ging die Menge auseinander. Die Engel fragten Lot: «Hast du noch Verwandte in der Stadt? Du mußt sie herausführen, denn Gott wird die Stadt zerstören.» Da ging Lot heimlich zu seinen beiden Schwiegersöhnen und brachte ihnen diese Nachricht. Doch sie lachten ihn nur aus.

Als es Morgen wurde, drängten die Engel Lot, die Stadt mit seiner Frau und seinen beiden Töchtern zu verlassen. Lot zögerte noch, weil er all seinen Besitz in der Stadt zurücklassen mußte. Da nahmen die Engel Lot und die drei Frauen an der Hand und führten sie aus der Stadt. Sie sagten: «Beeilt euch! Geht auf den Berg und seht nicht zurück, sonst müßt ihr sterben!»

Sodom und Gomorra wurden völlig zerstört. Gott ließ Feuer vom Himmel regnen und vernichtete alles. Lots Frau aber blieb stehen und sah zurück. Sie wurde zu einer Salzsäule, weil sie nicht gehorcht hatte.

Am Morgen stand Abraham früh auf und sah von einem Berg aus hinüber nach Sodom und Gomorra. Es war nichts als Rauch zu sehen. Wo sich einst die beiden Städte befanden, liegt heute das Tote Meer.

Merkspruch: Irret euch nicht, Gott läßt sich nicht spotten (Gal 6, 7).

10. GOTT STELLT ABRAHAM AUF EINE PROBE
(1 Mose 22)

Gott wollte Abraham stark machen im Glauben. Deshalb stellte er ihn auf die Probe. Gott sprach zu Abraham: «Nimm deinen Sohn Isaak, den du lieb hast, und geh in das Land Morija. Dort sollst du Isaak opfern auf einem Berg, den ich dir zeigen werde!» Da bereitete Abraham alles vor: Er spaltete Holz für das Brandopfer, füllte Glut in einen Kessel und lud alles auf einen Lastesel. Dann zog er mit Isaak und zwei Dienern los. Nach drei Tagen sahen sie den Berg in der Ferne liegen. Da ließ Abraham die beiden Diener und den Esel warten. Allein mit Isaak ging er weiter. Der Junge trug das Holz, Abraham das Feuer und das Messer. Und Isaak wunderte sich, warum sie Holz und Feuer bei sich hatten, aber kein Lamm für das Brandopfer. Er fragte seinen Vater: «Wo ist das Schaf zum Brandopfer?» Abraham antwortete: «Mein Sohn, Gott wird sich ein Opfertier besorgen.»

Als sie auf dem Berg ankamen, baute Abraham einen Altar. Er legte das Holz darauf, band seinen Sohn fest und griff

nach dem Messer. Da rief ihn der Engel des Herrn: «Abraham, Abraham, stekke das Messer wieder weg! Tue deinem Sohn nichts. Nun weiß ich, daß du Gott über alles fürchtest. Selbst deinen einzigen Sohn hättest du nicht verschont.» Da sah Abraham einen Schafbock, der sich mit den Hörnern in einem Strauch verfangen hatte. Den opferte er anstelle seines Sohnes. Und Gott sprach zu Abraham: «Weil du gehorsam gewesen bist, will ich dich segnen. Deine Nachkommen werden so zahlreich wie die Sterne am Himmel und wie der Sand am Meeresstrand sein. Durch dich sollen alle Völker auf Erden gesegnet werden.» Und Abraham kehrte mit Isaak und den Dienern nach Hause zurück.
Merkspruch: Gott hat seinen eigenen Sohn nicht verschont, sondern hat ihn für uns alle dahingegeben (Röm 8, 32).

11. ISAAK BEKOMMT EINE FRAU
(1 Mose 24)

Abraham wurde sehr alt. Sara war schon gestorben. Auch Abraham dachte an das Sterben. Eines Tages rief er seinen ältesten Diener Elieser zu sich und sprach: «Schwöre mir, daß du meinem Sohn Isaak keine Frau von den Bewohnern dieses Landes geben wirst. Sondern zieh in meine Heimat und frage nach meinen Verwandten. Dort sollst du eine Frau für Isaak suchen.»
Elieser machte sich mit zehn Kamelen auf den Weg ins Zweistromland. Kostbare Geschenke nahm er mit. Nach vielen Tagen kam er zur Stadt Haran. Vor der Stadt war ein Brunnen. Dort ließ er seine Kamele ausruhen. Es war Abend geworden und die Frauen der Stadt kamen zum Brunnen, um Wasser zu schöpfen. Und Elieser betete: «Lieber Gott, laß mir meine Aufgabe gelingen. Wenn ein Mädchen zum Brunnen kommt, will ich es bitten: Gib mir etwas Wasser aus deinem Krug zu trinken. Sagt es: Trinke, ich will auch deinen Kamelen zu trinken geben, dann laß es das Mädchen sein, das du für Isaak bestimmt hast.»
Elieser hatte noch nicht zu Ende geredet, da kam ein schönes Mädchen zum Brunnen. Elieser bat: «Gib mir bitte ein wenig Wasser aus deinem Krug zu trinken.» Das Mädchen antwortete: «Ja, trinke. Deinen Kamelen will ich auch Wasser geben.» Und sie holte Wasser, bis alle Kamele getrunken hatten. Da schenkte Elieser dem Mädchen einen Stirnreif und zwei Armringe aus Gold. Er fragte das Mädchen: «Wie heißt du? Kann ich vielleicht im Haus deines Vaters über Nacht bleiben?» Das Mädchen antwortete: «Ich heiße Rebekka und bin die Enkeltochter Nahors. In unserem Haus ist viel Platz. Auch für deine Kamele ist genug Futter da.» Da kniete Elieser nieder und dankte Gott, weil er ihn so wunderbar geführt hatte.
Rebekka lief schnell nach Hause und erzählte alles. Da kam ihr Bruder Laban dem Elieser entgegen, um ihn ins Haus seines Vaters zu führen. Laban versorgte die Tiere des Gastes. Und Elieser wurde von der Familie freundlich aufgenommen. Als der Tisch schon gedeckt war, sprach er: «Bevor ich nicht meinen

Auftrag erledigt habe, will ich nicht essen. Ich bin der Diener Abrahams, eures Bruders, der vor vielen Jahren von hier weggezogen ist. Durch Gottes Hilfe ist er ein reicher Mann geworden. Große Viehherden, Knechte, Silber und Gold gehören ihm. Er hat auch einen Sohn, der heißt Isaak. Für Isaak soll ich eine Frau suchen. Gott hat mich wunderbar in euer Haus geführt.» Und er erzählte alles, was am Brunnen geschehen war. Am Schluß sagte Elieser: «Wollt ihr nun meinem Herrn die Treue von Verwandten erweisen, dann laßt Rebekka Isaaks Frau werden.» Da antworteten Rebekkas Eltern: «Das hat der Herr so gefügt. Ihm wollen wir nicht im Weg stehen. Nimm das Mädchen mit. Sie soll Isaaks Frau werden, wie es der Herr bestimmt hat.» Da dankte Elieser Gott. Er holte seine Geschenke hervor und verteilte sie an alle. Und er setzte sich fröhlich zum Essen.

Am nächsten Tag stand Elieser früh auf und machte sich zur Reise fertig. Rebekkas Eltern hätten das Mädchen gern noch ein paar Tage zu Hause behalten. Aber Elieser bat sie: «Gott hat Gnade zu meiner Reise gegeben. Haltet mich nicht auf! Ich möchte schnell zurück zu

meinem Herrn.» Auch Rebekka wollte nicht länger bleiben. Da ließ man sie ziehen. Die Eltern nahmen Abschied von Rebekka und segneten sie. So zog Elieser mit Rebekka zurück ins Land Kanaan.
Isaak war am Abend auf dem Feld, um zu beten. Da sah er Elieser mit seinen Kamelen von fern kommen. Er lief ihm entgegen und begrüßte ihn. Und Elieser erzählte alles, was er erlebt hatte. Isaak nahm Rebekka zur Frau und sie hatten einander sehr lieb.
Merkspruch: Gedenke an den Herrn in allen deinen Wegen, so wird er dich recht führen (Spr 3, 6).

12. JAKOB ERHÄLT DEN SEGEN
(1 Mose 25–27)

Isaak und Rebekka waren viele Jahre verheiratet. Sie wünschten sich Kinder, bekamen aber lange keine. Doch dann erhörte Gott ihre Gebete. Rebekka erwartete ein Kind. Und Gott sprach zu ihr: «Du wirst zwei Söhne bekommen. Von ihnen werden zwei Völker abstammen. Und die Nachkommen des Älteren werden dem Volk des Jüngeren dienen.»
Die beiden Söhne Rebekkas wurden als Zwillinge geboren. Den ersten nannte man Esau, den zweiten Jakob. Esau wurde von Beruf Jäger. Gern streifte er durch Wald und Felder. Oft brachte er seinem Vater ein erlegtes Tier als Braten nach Hause. Isaak hatte ihn deshalb besonders lieb. Jakob blieb lieber zu Hause und half seiner Mutter. Er war Rebekkas Liebling.

Eines Tages kam Esau müde und hungrig von der Jagd nach Hause. Jakob hatte sich Linsen gekocht und wollte gerade essen. Da sagte Esau: «Ich habe großen Hunger. Gib mir etwas von deinem Essen!» Jakob antwortete: «Du kannst gern davon essen. Aber verkaufe mir zuerst dein Erbrecht, das dem ältesten Sohn zusteht.» Jakob wollte den Segen Abrahams für sich haben. Esau antwortete: «Ach, ich muß ja doch einmal sterben. Was nützt es mir dann, daß ich vor dir geboren bin?» Und weil es Jakob so haben wollte, bekräftigte Esau sein Versprechen durch einen Schwur. So verkaufte er sein Erstgeburtsrecht für ein Linsengericht.
Es war viele Jahre später. Als Isaak alt geworden war, konnte er nicht mehr gut sehen. Da rief er Esau zu sich und sprach: «Mein Sohn, ich bin alt und schwach geworden. Ich muß bald sterben. Geh auf Jagd und bereite mir einen Wildbraten, so wie ich ihn gern habe. Danach will ich dir meinen Segen geben, bevor ich sterbe.» Rebekka hörte das, was Isaak zu Esau sagte. Sie rief Jakob zu sich und erzählte ihm alles. Dann sagte sie: «Lauf schnell und hole zwei Böcklein von unserer Herde. Die werde ich so braten, wie sie dein Vater gern ißt. Du bringst sie ihm und dann segnet er dich.» Jakob sagte: «Aber Esaus Haut ist voller Haare und meine nicht. Daran wird der Vater merken, daß ich nicht Esau bin. Er wird mich verfluchen und nicht segnen.» Doch Rebekka antwortete: «Geh und tue, was ich dir gesagt habe!» Jakob brachte die Tiere und die Mutter kochte das Essen.

Dann ließ sie Jakob Esaus Kleidung anziehen. Um die Handgelenke und den Hals band sie ihm Fellstücke. So schickte sie Jakob mit dem Essen zum Vater.
Isaak fragte: «Wer bist du?» Jakob antwortete: «Ich bin dein Sohn Esau. Ich bin von der Jagd zurück. Setze dich und iß! Und gib mir dann deinen Segen.» Da wunderte sich Isaak: «Wie hast du so schnell ein Tier gefunden?» Jakob antwortete: «Gott hat es mir geschenkt.» Der Vater sprach weiter: «Komm her zu mir! Ich will fühlen, ob du wirklich Esau bist.» Jakob trat an das Bett und Isaak betastete ihn. Dann sagte er: «Die Stimme klingt wie Jakobs Stimme, aber die Hände sind Esaus Hände. Bist du wirklich Esau?» Jakob antwortete: «Ja, ich bin es.» Da begann Isaak zu essen und zu trinken. Danach sagte er: «Gib mir einen Kuß, mein Sohn!» Und Jakob küßte den Vater. Als Isaak auch den Geruch von Esaus Kleidung merkte, war er ganz sicher, daß er den richtigen Sohn vor sich hatte. Da segnete er ihn und sprach: «Gott schenke dir reichlich Nahrung. Du sollst Herr sein über deine Brüder, und Völker sollen dir dienen. Verflucht ist, wer dir flucht. Gesegnet ist, wer dich segnet.»
Wenig später kam Esau von der Jagd zurück. Er bereitete dem Vater das Essen und brachte es ihm. Isaak fragte ihn: «Wer bist du?» Er antwortete: «Ich bin Esau, dein ältester Sohn.» Isaak erschrak und sagte: «Ich habe doch schon einen Sohn gesegnet.» Da wurde

Esau sehr traurig und weinte. Und er bat Isaak: «Vater, segne mich auch! Hast du denn nur einen Segen?» Isaak antwortete: «Was soll ich für dich tun? Ich kann den Segen nicht zurücknehmen. Du wirst deinem Bruder dienen müssen. Aber einmal wirst du wieder frei sein.» Von da an haßte Esau seinen Bruder und wollte ihn umbringen.
Merkspruch: Auch das kommt her vom Herrn Zebaoth; sein Rat ist wunderbar, und er führt es herrlich hinaus (Jes 28, 29).

13. JAKOB FLIEHT INS ZWEISTROMLAND
(1 Mose 28-30)

Isaak und Rebekka hörten, was Esau Böses vorhatte. Da sprachen sie zu Jakob: «Fliehe ins Zweistromland zu Laban, deinem Onkel. Bleibe dort, bis der Zorn deines Bruders nachgelassen hat.» Und Isaak segnete ihn zum Abschied mit dem Segen Abrahams.
Jakob hatte einen weiten Weg vor sich. Eines Abends fand er kein Haus, in dem er über Nacht bleiben konnte. Deshalb machte er sich ein Nachtlager auf dem Erdboden zurecht und legte sich neben einen Stein. Er mußte an seinen Bruder und an seine Eltern denken. Da schickte ihm Gott einen Traum. Jakob sah eine Leiter. Die war so hoch, daß ihre Spitze den Himmel berührte. Engel stiegen auf ihr herunter und hinauf. Oben stand Gott, der Herr. Er sprach zu Jakob: «Ich bin der Herr, der Gott deiner Väter Abraham und Isaak. Das Land, auf dem du liegst, will ich dir und deinen Kindern geben. Auf allen deinen Wegen will ich dich behüten und dich gesund wieder in dieses Land zurückbringen.» Als Jakob am Morgen erwachte, sprach er: «Hier ist wirklich Gottes Haus und die Tür zum Himmel.» Da nahm er den Stein, neben dem er gelegen hatte und stellte ihn als Denkmal auf. Und er nannte die Stelle «Bethel», das heißt «Haus Gottes».
Und Jakob kam zu Laban und arbeitete bei ihm. Da fragte ihn Laban: «Du sollst nicht umsonst bei mir arbeiten. Was willst du als Lohn haben?» Laban hatte zwei Töchter. Die ältere hieß Lea und die jüngere Rahel. Aber Rahel war hübscher als Lea. Jakob hatte Rahel lieb. Darum sagte er zu Laban: «Ich will sieben Jahre für dich arbeiten. Danach gib mir bitte Rahel zur Frau.» Laban antwortete: «Dir gebe ich meine Tochter lieber als einem Fremden. Es soll so sein, wie du gesagt hast.»
Und Jakob arbeitet sieben Jahre bei Laban. Er hatte Rahel so lieb, daß ihm die sieben Jahre vorkamen wie sieben Tage. Als die Zeit um war, gab ihm aber Laban Lea zur Frau. Er sagte zu Jakob: «Es ist bei uns nicht üblich, daß die jüngere Tochter vor der älteren heiratet. Wenn du noch einmal sieben Jahre bei mir arbeitest, sollst du auch Rahel bekommen.» So blieb Jakob noch einmal sieben Jahre bei Laban und auch Rahel wurde seine Frau.
Merkspruch: Ihr werdet den Himmel offen sehen und die Engel Gottes hinauf- und herabfahren auf den Menschensohn (Joh 1, 51).

14. JAKOB WIRD EIN MANN GOTTES
(1 Mose 31–33)

Zwanzig Jahre blieb Jakob bei Laban. Inzwischen war er ein reicher Mann geworden und Laban sah das nicht gern. Da sprach Gott zu Jakob: «Kehre in deine Heimat zurück!» Und Jakob machte sich auf den Weg mit seinen Frauen, seinen Kindern, seinen Knechten, seinen Herden und allem, was ihm gehörte. Er hatte aber Angst vor Esau. Deshalb schickte er Boten zu ihm. Sie sollten Esau sagen: «Dein Diener Jakob bittet dich: Laß mich Gnade finden vor deinen Augen.» Nach einiger Zeit kehrten die Boten zurück und brachten Jakob die Nachricht: «Dein Bruder kommt dir entgegen mit 400 Männern.» Da erschrak Jakob sehr und fürchtete sich noch mehr. Er betete zu Gott: «Herr, ich bin all die Barmherzigkeit und Treue nicht wert, die du an mir getan hast. Arm bin ich aus meiner Heimat weggegangen und kehre reich zurück. Behüte mich vor meinem Bruder.»
Jakob konnte in der Nacht vor Angst nicht schlafen. Und plötzlich kämpfte ein fremder Mann mit ihm. Lange dauerte der Kampf, doch keiner siegte. Als es wieder hell wurde, sagte der Mann zu Jakob: «Laß mich los, die Sonne geht

schon auf!» Da antwortete Jakob: «Ich lasse dich erst los, wenn du mich gesegnet hast.» Und der Mann fragte ihn: «Wie heißt du?» Er antwortete: «Ich heiße Jakob.» Da sprach der Mann: «Du sollst nicht mehr Jakob heißen, sondern Israel, das heißt Gottesstreiter. Denn du hast mit Gott und Menschen gekämpft und bist Sieger geblieben.» Da fragte Jakob: «Wer bist du?» Der Mann antwortete: «Warum fragst du noch?» Und er segnete Jakob. Da merkte Jakob, daß er mit Gott gekämpft hatte. Und Jakob nannte die Stelle «Pnuël», das heißt «Gesicht Gottes».
Als die Sonne aufging, sah Jakob seinen Bruder mit seinen Leuten kommen. Jakob verneigte sich sieben Mal vor ihm. Aber Esau lief ihm entgegen. Da umarmten sich die Brüder und küßten sich. Sie weinten vor Freude. Jakob wollte seinem Bruder viele Geschenke geben. Aber Esau sagte: «Behalte, was du hast. Ich besitze selber genug.» Doch Jakob bat ihn so lange, bis Esau einwilligte. Und die Brüder kehrten versöhnt in ihre Heimat zurück.
Merkspruch: Seid aber untereinander freundlich und herzlich und vergebt einer dem andern, wie auch Gott euch vergeben hat in Christus (Eph 4, 32).

15. JOSEF WIRD VERKAUFT
(1 Mose 37)

Jakob hatte zwölf Söhne. Einer von ihnen hieß Josef. Er war ein Sohn der Rahel, und Jakob hatte ihn besonders lieb. Deshalb schenkte er ihm ein schönes buntes Kleid. Josef erzählte seinem Vater immer, wenn er etwas Böses über seine Brüder hörte. Das hatten seine Brüder nicht gern. Sie wurden neidisch auf Josef und redeten kein freundliches Wort mehr mit ihm.
Einmal hatte Josef einen Traum. Davon erzählte er seinen Brüdern: «Ich habe geträumt, daß wir auf einem Feld waren und das gemähte Korn in Garben banden. Meine Garbe blieb aufrecht stehen, aber eure Garben verneigten sich tief vor meiner Garbe.» Da fragten ihn die Brüder: «Was soll das heißen? Du willst wohl unser König sein und über uns herrschen?» Ein anderes Mal sah Josef im Traum, wie sich Sonne, Mond und elf Sterne vor ihm verbeugten. Als er das seinem Vater erzählte, sagte Jakob: «Was hast du nur für Träume! Meinst du, daß sich deine Eltern und deine Brüder vor dir verbeugen sollen?» Die Brüder haßten Josef immer mehr. Aber Jakob konnte diese Träume nicht vergessen.
Eines Tages hüteten Josefs Brüder die Viehherden in der Nähe von Sichem. Sie waren schon ein paar Tage unterwegs. Da sagte Jakob zu Josef: «Geh und sieh, wie es deinen Brüdern geht. Und dann komm und erzähle mir alles.» Da zog Josef los. Die Brüder sahen ihn schon von weitem kommen. Da sagten sie zueinander: «Seht, da kommt unser Träumer! Wir wollen ihn umbringen und in ein Wasserloch werfen. Unserem Vater sagen wir dann, ein wildes Tier habe ihn gefressen. Dann wird man sehen, was seine Träume wert sind.» Aber Ruben, der älteste von den Brü-

dern, sagte: «Nein, wir wollen ihn nicht töten. Er ist ja unser Bruder. Wir werfen ihn in ein ausgetrocknetes Wasserloch.» Er wollte Josef heimlich wieder herausholen.
Als Josef zu den Brüdern kam, packten sie ihn, zogen ihm sein buntes Kleid aus und warfen ihn in das Wasserloch. Es war kein Wasser darin, aber Josef konnte nicht allein heraus. Als sich die Brüder zum Essen hinsetzten, sahen sie in der Nähe ein paar Kaufleute vorüberziehen. Da sagte einer der Brüder, der Juda hieß: «Kommt, wir verkaufen Josef an diese Leute! Dann brauchen wir ihn nicht zu töten. Er ist doch unser Bruder. So sind wir ihn los.» Da zogen sie Josef mit einem Seil aus dem Wasserloch und verkauften ihn für 20 Silberstücke an die Kaufleute. Die Fremden nahmen Josef mit nach Ägypten.
Die Brüder schlachteten einen Ziegenbock und beschmierten Josefs Kleid mit Blut. Dann schickten sie es durch einen Boten zu ihrem Vater und ließen ihm sagen: «Wir haben dieses Kleid gefunden. Gehört das nicht Josef?» Jakob erkannte das Kleid sofort und rief: «Josef ist tot. Ein wildes Tier muß ihn gefressen haben.» Und Jakob trauerte um Josef. Er wollte sich von niemandem trösten lassen. Er sagte: «Ich werde noch vor Kummer um meinen Sohn sterben.»
Merkspruch: Meine Gedanken sind nicht eure Gedanken, und eure Wege sind nicht meine Wege, spricht der Herr, sondern so viel der Himmel höher

ist als die Erde, so sind auch meine Wege höher als eure Wege und meine Gedanken als eure Gedanken (Jes 55, 8f).

16. GOTT SEGNET JOSEF IN ÄGYPTEN
(1 Mose 39 und 40)

Die fremden Kaufleute brachten Josef nach Ägypten. Dort wurde er als Sklave an einen Mann verkauft, der hieß Potifar. Potifar war Minister und verwaltete das Geld des Pharao. So nannte man in Ägypten die Könige. Und Gott segnete Josef. Jede Arbeit ging ihm gut von der Hand. Was er tat, gelang ihm. Als das Potifar merkte, setzte er Josef als Verwalter ein über sein ganzes Haus und über all seinen Besitz. Von da an lag Gottes Segen auch auf Potifars Haus. Josef war ein schöner, junger Mann. Er gefiel der Frau Potifars. Sie wollte auch Josef zum Mann haben. Doch Josef weigerte sich. Eines Tages sagte sie zu ihm: «Mein Mann ist verreist. Komm zu mir und sei du mein Mann!» Aber Josef antwortete: «Mein Herr hat mir alle Dinge anvertraut. Wie sollte ich ihm da ein so großes Unrecht antun, das Gott als Sünde verboten hat?» Die Frau wollte ihn aber an seinem Kleid festhalten. Doch Josef riß sich los und floh ohne Kleid. Da fing die Frau an, laut um Hilfe zu rufen, so daß alle Sklaven zusammenliefen. Die Frau sagte: »Josef wollte mich verführen, seine Frau zu werden. Ich habe mich gewehrt. Da ließ er sein Kleid zurück und floh.» Als Potifar nach Hause kam, erzählte ihm seine Frau, was Josef getan haben sollte. Da wurde Potifar sehr zornig und ließ Josef ins Gefängnis werfen.

Auch im Gefängnis half Gott Josef. Dem Gefängnisverwalter gefiel der junge Gefangene, dem Gott alles gelingen ließ. Er übertrug Josef bald die Aufsicht über alle anderen Gefangenen. Eines Tages wurden der Mundschenk und der oberste Bäcker des Pharao ins Gefängnis gebracht. In einer Nacht träumten die beiden. Aber sie konnten nicht herausfinden, was ihre Träume bedeuteten. Deshalb saßen sie traurig in ihrer Zelle, als Josef am Morgen zu ihnen kam. Er fragte sie: «Warum seid ihr heute so traurig?» Sie antworteten: «Wir haben beide geträumt, aber wir wissen nicht, was es bedeutet.» Josef sagte: «Nur Gott weiß, was Träume bedeuten. Doch erzählt mir einmal, was ihr geträumt habt.»

Der Mundschenk begann: «Ich sah im Traum einen Weinstock mit drei Reben. Er wuchs und blühte. Die Trauben wurden reif. Da zerdrückte ich die Beeren und ließ den Saft in den goldenen Becher des Pharao fließen. Dann reichte ich dem Pharao den Becher.» Da sagte Josef: «Die drei Reben bedeuten drei Tage. In drei Tagen wirst du vom Pharao wieder in dein Amt als Mundschenk eingesetzt und wirst ihm dienen wie vorher. Aber wenn du frei bist und es dir gut geht, dann denke an mich. Erzähle dem Pharao von mir, denn ich bin unschuldig in diesem Gefängnis.»

Als der Bäcker hörte, daß der Traum eine gute Bedeutung hatte, erzählte

auch er: «Ich habe geträumt, daß ich drei Körbe auf meinem Kopf trug. Im obersten Korb waren Backwaren für den Pharao. Da kamen Vögel und fraßen davon.» Da sagte Josef: «Die drei Körbe bedeuten drei Tage. In drei Tagen wird dich der Pharao am Galgen hängen lassen.»
Wie es Josef gesagt hatte, so geschah es. Drei Tage später feierte der Pharao seinen Geburtstag und setzte den Mundschenk wieder in sein Amt ein. Den Bäcker aber ließ er hängen. Und der Mundschenk dachte nicht mehr an Josef. Er mußte im Gefängnis bleiben. Aber Gott hatte Josef nicht vergessen.
Merkspruch: Laß dich nicht vom Bösen überwinden, sondern überwinde das Böse mit Gutem (Röm 12, 21).

17. JOSEF DEUTET DIE TRÄUME PHARAOS
(1 Mose 41)

Zwei Jahre danach hatte der Pharao nachts einen Traum. Er sah sich am großen Fluß Nil stehen. Da stiegen aus dem Wasser sieben schöne, dicke Kühe und weideten im Gras. Plötzlich kamen sieben häßliche, magere Kühe. Die fraßen die sieben dicken Kühe auf. Da erwachte der Pharao von diesem Traum. Als er wieder eingeschlafen war, träumte er noch einmal. Er sah einen einzigen Getreidehalm mit sieben dicken, vollen Ähren. Plötzlich wuchs daneben ein anderer Halm auf mit sieben kümmerlichen, vertrockneten Ähren. Und diese verschlangen die sieben vollen Ähren.

Der Pharao war traurig, denn er wußte nicht, was die Träume bedeuten sollten. Er ließ alle weisen Männer und Wahrsager Ägyptens zusammenrufen, aber sie konnten ihm nicht helfen. Da kam der Mundschenk zum Pharao und sagte: «Als ich vor zwei Jahren im Gefängnis war, hatte ich auch einen Traum. Unter den Gefangenen war ein junger Mann, der hieß Josef. Er hat mir den Traum richtig ausgelegt.» Da ließ der Pharao Josef aus dem Gefängnis holen. Er bekam ein neues Kleid und seine Haare wurden geschnitten. Dann ging Josef zum Pharao. Der erzählte ihm seine Träume. Josef sagte: «Beide Träume haben die gleiche Bedeutung. Gott läßt dem Pharao verkünden, was er vorhat. Die sieben dicken Kühe und vollen Ähren bedeuten sieben gute, fruchtbare Jahre. Die dünnen Kühe und kümmerlichen Ähren bedeuten sieben Jahre Hunger und Not. Gott wird es bald geschehen lassen, deshalb hat es der Pharao zweimal geträumt. Ich rate dem Pharao, einen klugen und verständigen Mann einzusetzen, der das Land regiert. In den sieben fruchtbaren Jahren soll er den fünften Teil der Getreideernte in große Scheunen sammeln lassen. Dann ist genug Vorrat da für die sieben schlechten Jahre und niemand muß hungern.» Dem Pharao und seinen Ratgebern gefielen diese Worte Josefs sehr. Der Pharao sagte: «Gott hat dich das alles wissen lassen. Keiner ist so klug wie du. Du sollst mein Stellvertreter werden. Mein Volk soll dir gehorchen.» Und er steckte Josef seinen goldenen Siegelring an den Finger, gab ihm schö-

ne Kleider und eine goldene Halskette. Dann ließ er ihn in seinem Wagen durch Ägypten fahren und als seinen Stellvertreter dem Volk bekannt machen.
Und alles kam so, wie es Josef vorausgesagt hatte. In den sieben guten Jahren wuchs mehr, als die Menschen verbrauchen konnten. Josef ließ die Scheunen vergrößern und neue bauen. So konnte viel Getreide gesammelt werden. Dann kamen die sieben schlechten Jahre. Auf den Feldern wuchs nichts und die Menschen hätten verhungern müssen. Da schickte sie der Pharao zu Josef. Der verkaufte ihnen das gesammelte Getreide. Auch aus den Nachbarländern kamen Menschen nach Ägypten, um bei Josef Getreide zu kaufen.
Merkspruch: Alle eure Sorge werft auf ihn, denn er sorgt für euch (1 Petr 5, 7).

18. JOSEFS BRÜDER KOMMEN NACH ÄGYPTEN
(1 Mose 42)

Auch im Land Kanaan war die Hungersnot groß. Da hörte Jakob, daß es in Ägypten genug Getreide gab. Und er sprach zu seinen Söhnen: «Zieht nach Ägypten und kauft dort Getreide, sonst müssen wir verhungern.» Nur Benja-

min, seinen jüngsten Sohn, ließ Jakob nicht mitziehen. Benjamin war ein Sohn der Rahel wie Josef. Den wollte Jakob nicht auch noch verlieren.
Als die Brüder nach Ägypten kamen, wurden sie zu Josef gebracht. Sie warfen sich vor ihm auf den Boden, merkten aber nicht, wer vor ihnen stand. Josef erkannte sie sofort. Doch er ließ sich nichts anmerken und behandelte sie wie Fremde. Er fragte: «Woher kommt ihr und was wollt ihr?» Sie antworteten: «Wir kommen aus dem Land Kanaan und wollen Getreide kaufen.» Aber Josef sagte: «Das glaube ich euch nicht. Ihr seid Kundschafter und wollt sehen, wo unser Land ungeschützt ist.» Die Brüder erschraken und sagten: «Nein, Herr, wir sind anständige Leute. Wir sind alle Brüder. Unser Vater hatte zwölf Söhne. Den Jüngsten haben wir zu Hause gelassen und ein Bruder lebt nicht mehr.» Aber Josef tat so, als glaubte er ihnen nicht. Er ließ sie ins Gefängnis bringen. Nach drei Tagen ging er zu ihnen und sagte: «Ich will nicht ungerecht zu euch sein, denn ich fürchte Gott. Bringt mir euren jüngsten Bruder, dann werde ich sehen, ob ihr die Wahrheit gesagt habt. Doch einer von euch bleibt so lange hier im Gefängnis, bis ihr zurück seid.» Da sagten die Brüder zueinander: «Das ist die Strafe dafür, daß wir damals Josef verkauft

haben und kein Mitleid mit ihm hatten.» Sie wußten aber nicht, daß Josef ihr Gespräch verstand. Denn er hatte bisher nur durch einen Übersetzer mit ihnen geredet. Er ließ Simeon vor ihren Augen fesseln und ins Gefängnis führen. Ihre Säcke wurden mit Getreide gefüllt. Josef gab aber heimlich den Befehl, ihnen auch ihr Geld wieder in die Säcke zu legen. Die Brüder luden ihre Säcke auf die Esel und zogen nach Hause.
Als sie auf der Reise eine Pause machten und einen Sack öffneten, fanden sie das Geld. Da erschraken sie und sagten: «Warum hat uns Gott das angetan? Nun wird man uns für Diebe halten.» Zu Hause erzählten sie ihrem Vater alles, was geschehen war. Als Jakob hörte, daß sie Benjamin mit nach Ägypten nehmen wollten, rief er: «Ihr raubt mir alle meine Kinder. Josef ist tot, Simeon mußte in Ägypten bleiben und nun wollt ihr mir auch Benjamin noch wegnehmen. Ich will ihn nicht mit euch ziehen lassen. Denn wenn ihm etwas zustößt, bringt mich der Kummer ins Grab.»
Merkspruch: Wen der Herr lieb hat, den züchtigt er (Hebr 12, 6).

*19. JOSEF GIBT SICH
ZU ERKENNEN*
(1 Mose 43–45)

Bald war das Getreide verbraucht, das die Brüder in Ägypten gekauft hatten. Aber die Hungersnot hörte noch nicht auf. Da sagte Jakob zu seinen Söhnen: «Ihr müßt noch einmal nach Ägypten reisen, damit wir nicht verhungern.» Juda antwortete: «Vater, du weißt, wir dürfen nicht ohne Benjamin nach Ägypten kommen. Laß ihn mit uns ziehen. Ich verbürge mich dafür, daß wir ihn zurückbringen.» Da sagte Jakob: «Wenn es nicht anders geht, will ich ihn mitziehen lassen. Nehmt aber reichlich Geschenke mit, und bringt auch das Geld von der ersten Reise wieder zurück. Der Herr lasse euch Gnade finden vor den Augen des strengen Ägypters, daß ihr mit Simeon und Benjamin zurückkehrt.» So zogen die Brüder zum zweiten Mal nach Ägypten. Sie kamen zu Josef, und er sah, daß sie Benjamin mitgebracht hatten. Da ließ er sie von seinem Verwalter in sein Haus führen, um mit ihnen zu essen. Nun bekamen die Brüder Angst. Sie dachten, sie sollten wegen des Geldes bestraft werden. Deshalb sagten sie zu Josefs Verwalter: «Wir waren schon einmal hier, um Getreide zu kaufen. Auf dem Weg nach Hause fanden wir das Geld in unseren Säcken wieder. Wir wissen nicht, wie es dahin gekommen ist. Hier ist das Geld.» Aber der Verwalter antwortete: «Ich habe euer Geld damals richtig erhalten. Ihr braucht keine Angst zu haben.» Dann wurde Simeon aus dem Gefängnis geholt und zu ihnen gebracht. Mittags kam Josef zu den Brüdern. Sie verbeugten sich tief vor ihm und überreichten ihm ihre Geschenke. Und Josef redete freundlich mit ihnen. Er fragte auch nach seinem Vater. Als er Benjamin sah, sagte er: «Das ist wohl euer jüngster Bruder. Gott segne dich, mein Sohn.» Er hatte aber seinen jüngsten

Bruder sehr lieb und mußte vor Freude weinen. Da lief er schnell hinaus in sein Zimmer. Als er sein Gesicht gewaschen hatte, kam er zurück und setzte sich mit den Brüdern zum Essen. Josef hatte sie aber alle genau nach der Reihenfolge ihres Alters setzen lassen. Darüber wunderten sich die Brüder. Und er ließ ihnen allen das gleiche Essen auftragen, das er selber aß. Benjamin bekam fünfmal mehr vorgesetzt als die anderen. Nach dem Essen redete Josef mit seinem Verwalter und sagte zu ihm: «Fülle den Männern ihre Säcke mit Getreide. Auch ihr Geld sollen sie wieder mitnehmen. Dem Jüngsten aber lege meinen silbernen Becher oben in seinen Sack.» Der Verwalter tat so, wie es ihm Josef befohlen hatte. Dann zogen die elf Brüder nach Hause.

Als sie noch nicht lange fort waren, sagte Josef zu seinem Verwalter: «Reite schnell den Männern hinterher! Frage sie: Warum habt ihr Gutes mit Bösem vergolten und den Becher meines Herrn gestohlen?» Der Verwalter holte die Brüder bald ein und sagte zu ihnen: «Mein Herr war so gut zu euch und ihr habt seinen silbernen Becher gestohlen. Warum habt ihr das getan?» Die Brüder erschraken und antworteten: «Wir sind doch keine Diebe! Sogar das Geld vom letzten Mal haben wir zurückgebracht. Sieh selbst nach! Wenn der Becher bei einem von uns gefunden wird, dann soll dieser sterben. Wir alle aber wollen

dann deine Sklaven sein unser Leben lang.» Der Verwalter begann die Säcke zu durchsuchen. Beim Ältesten fing er an. Als er zu Benjamin kam, fand sich der Becher in seinem Sack. Da erschraken die Brüder sehr.
Niedergeschlagen kehrten sie mit dem Verwalter in die Stadt zurück. Sie wurden zu Josef gebracht. Vor ihm warfen sie sich auf den Erdboden und sprachen: «Herr, wir haben deinen Becher nicht gestohlen. Aber wir können es nicht beweisen. Gott bestraft uns, weil wir früher böse waren. Wir müssen nun alle deine Sklaven sein.» Josef antwortete: «Nein, ich bin nicht ungerecht. Nur der soll mein Sklave sein, bei dem der Becher gefunden wurde.» Da trat Juda vor und bat: «Mein Herr, hab Mitleid mit unserem alten Vater! Laß unseren jüngsten Bruder wieder nach Hause ziehen. Mein Vater hängt sehr an ihm. Er würde vor Kummer sterben. Ich habe mich dafür verbürgt, daß wir ihn gesund zurückbringen. Laß mich an seiner Stelle hier bleiben und dein Sklave sein!»
Nun konnte es Josef nicht mehr aushalten. Er schickte seine ägyptischen Diener hinaus. Kein Fremder sollte dabei sein. Dann weinte er und sagte: «Ich bin doch euer Bruder Josef! Erkennt ihr mich nicht? Lebt denn mein Vater noch?» Die Brüder erschraken so sehr, daß sie zuerst nicht antworten konnten. Da sagte Josef: «Kommt her zu mir! Ihr braucht keine Angst zu haben. Ich bin euch nicht mehr böse. Gott hat mich damals nach Ägypten geführt, damit ihr in der Not nicht verhungern müßt. Ihr hattet Böses mit mir vor, Gott hat es zum Guten gewendet. – Zieht nun schnell nach Hause zum Vater und sagt ihm: Dein Sohn Josef lebt. Gott hat ihn zum Herrn über Ägypten gemacht. Du sollst zu ihm kommen, damit er dich im Alter versorgen kann.» Josef umarmte seine Brüder immer wieder und weinte vor Freude. Er schenkte jedem von ihnen ein Festkleid. Benjamin aber bekam fünf Kleider. Er gab ihnen Geschenke für den Vater mit und einen Wagen mit Pferden für seine Reise. Beim Abschied ermahnte Josef die Brüder: «Streitet euch nicht unterwegs!»
Merkspruch: Ihr gedachtet es böse mit mir zu machen, aber Gott gedachte es gut zu machen (1 Mose 50, 20).

20. JAKOB KOMMT NACH ÄGYPTEN
(1 Mose 46–50)

Die Brüder kamen nach Hause und erzählten dem Vater alles. Jakob konnte es erst gar nicht glauben. Als er aber die vielen Geschenke Josefs sah, glaubte er es doch. Er sagte: «Mein Sohn Josef lebt noch. Wie froh bin ich! Ich will schnell zu ihm reisen, damit ich ihn noch sehe, bevor ich sterbe.»
Und Jakob machte sich auf den Weg nach Ägypten. Er nahm seine Söhne und ihre Familien mit und alles, was ihm gehörte. Als er an die Grenze des Landes Kanaan kam, dankte er dem Gott seiner Vorfahren und brachte ihm ein Opfer dar. Und in der Nacht redete Gott mit Jakob und sprach: «Fürchte dich nicht, Jakob! Auch in Ägypten

werde ich dich nicht verlassen. Aus dir und aus deinen Nachkommen will ich ein großes Volk machen. Und ich werde euch wieder in das verheißene Land Kanaan zurückbringen.»
Jakob sandte seinen Sohn Juda voraus zu Josef. Als Josef hörte, daß sein Vater kommt, fuhr er ihm entgegen. Und Josef umarmte seinen Vater und weinte lange an seinem Hals. Dann sagte Jakob: «Nun will ich gern sterben, denn ich habe dich noch einmal gesehen!»
Josef führte seinen Vater und seine Brüder zum Pharao und stellte sie ihm vor. Er schämte sich nicht, daß sie einfache Hirten waren, die in Ägypten wenig geachtet wurden. Der Pharao begrüßte sie freundlich. Er fragte Jakob: «Wie alt bist du?» Jakob antwortet: «130 Jahre bin ich alt. Kurz und böse ist die Zeit meines Lebens gewesen. Das Alter meiner Vorfahren werde ich wohl nicht erreichen.» Und Jakob segnete den Pharao.
Der Pharao ließ Josefs Brüder im Lande Goschen wohnen. Josef sorgte für seine Familie. Jakob lebte noch 17 Jahre in Ägypten und sah, wie seine Familie größer wurde. Als Jakob fühlte, daß er sterben mußte, rief er seine Söhne zu sich. Zuerst segnete er Josef und seine beiden Söhne. Josefs Söhne Efraim und

Manasse erhielten das gleiche Erbe wie die Söhne Jakobs. Dann segnete Jakob alle seine Söhne und sprach zu ihnen: «Mein Leben geht zu Ende. Begrabt mich nicht hier in Ägypten, sondern bringt mich zurück in das verheißene Land Kanaan. Dort sind schon mein Vater Isaak und mein Großvater Abraham begraben.» Die Söhne versprachen es ihm. Da sagte Jakob: «Ich sterbe nun, aber Gott wird euch behüten und wieder in das Land unserer Väter führen. Herr, ich warte auf dein Heil!»
Als Jakob gestorben war, brachten ihn seine Söhne nach Kanaan und begruben ihn neben Isaak und Abraham. Dann zogen sie zurück nach Ägypten und wohnten im Land Goschen.

Merkspruch: Der Herr behüte deinen Ausgang und Eingang von nun an bis in Ewigkeit (Ps 121, 7).

21. MOSE WIRD GEBOREN
(2 Mose 1 und 2)

Viele Jahre später lebten Jakobs Nachkommen immer noch in Ägypten. Sie wurden nach ihren Vorfahren «Volk

Israel» oder «Hebräer» genannt. Da regierte ein anderer Pharao, der nichts mehr von Josef wußte. Er hatte Angst vor dem großen fremden Volk, das in seinem Land wohnte. Deshalb ließ er Verwalter einsetzen, die den Israeliten durch harte Arbeit das Leben schwer machen sollten. Sie mußten für den Pharao Städte bauen. Vom Morgen bis zum Abend hatten sie Ziegel zu brennen und auf den Feldern zu arbeiten. Aber je mehr die Israeliten von den Ägyptern unterdrückt wurden, um so mehr wuchs ihr Volk. Da gab der Pharao einen bösen Befehl. Alle Söhne, die im Volk Israel geboren wurden, sollten in den großen Fluß Nil geworfen werden.

Zu dieser Zeit bekam eine Hebräerin einen kleinen Jungen. Es war ein schönes, gesundes Kind. Die Mutter versteckte den Säugling drei Monate lang. Dann ging es nicht mehr länger. Sie baute ein Kästchen aus Schilf und bestrich es mit Harz. So konnte es auf dem Wasser schwimmen. Dann legte sie das Kind hinein und versteckte das Kästchen im Schilf am Ufer des Nil. Sie hatte aber noch eine ältere Tochter, die hieß Mirjam. Mirjam blieb in der Nähe des Ufers, um zu sehen, was mit ihrem Bruder geschehen würde.

Da kam die Tochter des Pharao zum Fluß und badete. Sie sah das Kästchen im Schilf und ließ es holen. Als sie das weinende Kind sah, sagte sie: «Ach, es ist sicher einer von den kleinen Hebräerjungen!» Sie hatte Mitleid mit dem Kind, weil es weinte. Da lief Mirjam schnell hin und fragte: «Soll ich eine hebräische Mutter holen, die dem Kind zu trinken geben kann?» Die Tochter des Pharao erlaubte es. Da holte Mirjam ihre Mutter. Die Tochter des Pharao sagte zu ihr: «Nimm das Kind mit nach Hause und versorge es gut. Ich will dich dafür bezahlen.» Die Mutter nahm ihren Jungen mit nach Hause und pflegte ihn. Als er groß genug war, wurde er zur Tochter des Pharao gebracht. Und sie kümmerte sich um ihn, als wäre er ihr eigener Sohn. Er wurde von ihr «Mose» genannt, das heißt «der aus dem Wasser Gezogene». Mose wuchs und wurde ein Mann.

Merkspruch: Er hat seinen Engeln befohlen über dir, daß sie dich behüten auf allen deinen Wegen (Ps 91, 11).

22. GOTT RUFT MOSE IN SEINEN DIENST
(2 Mose 2–4)

Eines Tages ging Mose hinaus zu seinen Brüdern. Er merkte, wie schwer sie arbeiten mußten. Da sah er, wie ein ägyptischer Aufseher einen Hebräer unbarmherzig schlug. Das machte Mose ganz wütend. Er blickte sich um. Es war niemand in der Nähe zu sehen. Da schlug Mose den Ägypter, bis er tot liegen blieb, und verscharrte ihn im Sand.

Am nächsten Tag ging Mose wieder hinaus. Da sah er, wie sich zwei Hebräer stritten. Er sagte zu ihnen: «Warum schlagt ihr euch? Ihr gehört doch zu *einem* Volk.» Doch einer der Männer sagte zu Mose: «Wer hat dich zu unse-

rem Aufseher gemacht? Willst du uns auch einfach umbringen?» Da merkte Mose, daß seine böse Tat nicht verborgen geblieben war. Auch der Pharao erfuhr davon. Mose bekam Angst und floh ins Nachbarland Midian.
Eines Tages ruhte er sich dort an einem Brunnen aus. Da kamen sieben Mädchen zum Brunnen. Sie waren die Töchter des Priesters Jetro und wollten ihre Schafherden am Brunnen trinken lassen. Doch die anderen Hirten drängten sich vor. Mose half den Mädchen.
Als die Mädchen nach Hause kamen, fragte ihr Vater: «Warum seid ihr heute so zeitig zurück?» Sie antworteten: «Ein ägyptischer Mann saß am Brunnen und hat uns geholfen.» Jetro fragte: «Warum habt ihr den Fremden dort gelassen und nicht zu uns eingeladen?» Da liefen die Mädchen noch einmal zurück und holten Mose. So kam Mose ins Haus des Priesters Jetro. Er blieb dort 40 Jahre und heiratete eine von den Töchtern Jetros. Sie hieß Zippora.
Das Volk Israel mußte immer noch schwer arbeiten für die Ägypter. Die Israeliten riefen zu Gott. Er sollte sie retten aus ihrer Not. Gott hörte ihr Klagen und er erinnerte sich an seinen

Bund mit Abraham, Isaak und Jakob. Er wollte seinem Volk helfen.
Einmal hütete Mose am Gottesberg Horeb die Schafe seines Schwiegervaters Jetro. Da sah er einen Dornenbusch brennen. Aber der Busch verbrannte nicht. Mose wollte sich den Busch aus der Nähe ansehen. Als er vor ihm stand, hörte er plötzlich eine Stimme: «Mose, Mose, zieh deine Schuhe aus. Das Land, auf dem du stehst, ist heilig. Ich bin der Gott deiner Väter.» Mose verhüllte sein Gesicht, denn er wagte nicht, Gott anzuschauen. Gott sagte weiter: «Ich habe gesehen, wie schlecht es meinem Volk in Ägypten geht. Ich habe ihre Klagen gehört. Ich will sie aus Ägypten herausführen und sie in ein großes, fruchtbares Land bringen, in dem es Milch und Honig im Überfluß gibt. Dich habe ich dazu bestimmt, mein Volk aus Ägypten zu führen. Geh deshalb zum Pharao und sage ihm das.» Mose erschrak sehr und sagte: «Herr, das kann ich nicht!» Aber Gott sprach: «Ich werde bei dir sein und dir helfen. Ich gebe dir mein Versprechen: Wenn du mit dem Volk Israel in das Land eurer Väter zurückkehrst, wirst du mir auf diesem Berg Horeb ein Opfer bringen.»
Mose sagte: «Das Volk wird mich fragen: Wer hat dich geschickt? Was soll ich dann antworten?» Gott sprach: «Sage ihnen: Der Herr, der Gott eurer Väter, hat mich geschickt.» Und Mose fragte weiter: «Sie werden mich fragen: Wie heißt der Gott unserer Väter? Was soll ich antworten?» Gott sprach: «Mein Name ist: Ich werde sein, der ich sein werde.» Gott schenkte Mose Kraft, Wunder zu tun. Dadurch sollte das Volk ihm glauben.
Aber Mose wollte noch nicht gehen. Er sagte: «Herr, ich bin ungeübt im Reden. Mir fällt es schwer, mit anderen Menschen zu sprechen.» Gott sprach: «Geh zu deinem Volk! Ich werde dir sagen, was du reden sollst.» Doch Mose antwortete: «Nein, Herr, sende, wen du willst. Ich kann nicht!» Da wurde Gott zornig, weil Mose nicht gehorchen wollte, und sagte: «Es ist genug. Geh und gehorche! Dein Bruder Aaron soll für dich reden. Ich werde euch beiden helfen. Nimm deinen Hirtenstab mit. Mit ihm sollst du Wunder tun.» Da machte sich Mose auf den Weg. Er ging mit seinem Bruder zu den Anführern seines Volkes und redete mit ihnen. Und sie glaubten ihm, was er ihnen erzählte.
Merkspruch: Gesegnet ist der Mann, der sich auf den Herrn verläßt und dessen Zuversicht der Herr ist (Jer 17, 7).

23. MOSE FÜHRT DAS VOLK ISRAEL AUS ÄGYPTEN
(2 Mose 5–12)

Mose und Aaron gingen zum Pharao. Sie sprachen zu ihm: «Der Herr, unser Gott, will, daß wir für ihn ein Fest feiern. Laß uns dazu alle in die Wüste ziehen!» Der Pharao antwortete: «Wer ist dieser Gott? Ich kenne ihn nicht. Warum sollte ich ihm gehorchen? Ich lasse euch nicht gehen. Geht an eure Arbeit!» Und seinen Aufsehern und

Verwaltern gab er den Befehl: «Den Hebräern geht es bei uns zu gut. Sie wollen ein Fest feiern. Laßt sie noch schwerer arbeiten als bisher. Gebt ihnen kein Stroh mehr zum Ziegelmachen. Sie sollen selbst sehen, wo sie es finden. Treibt sie an, daß sie trotzdem nicht weniger Ziegel abliefern!» Und so geschah es. Den Israeliten ging es noch schlechter als vorher. Da sprach Gott zu Mose: «Jetzt werdet ihr erkennen, daß ich der Herr bin. Ich werde den Pharao strafen, bis er euch gehen läßt. Ich will ihn dahin bringen, daß er euch aus seinem Land treibt.» Gott ließ harte Plagen über Ägypten kommen. Alles Wasser in den Bächen, Flüssen und Brunnen verwandelte sich in Blut. Frösche, Fliegen und Stechmücken plagten die Menschen und Tiere. Hagel vernichtete die Ernte. Was noch übrig blieb, fraßen Heuschrecken. Die Menschen erkrankten an Pocken. Pferde, Ochsen, Kamele und Schafe starben an einer bösen Seuche. Zuletzt kam eine lange Sonnenfinsternis. Einen ganzen Tag lang blieb es dunkel wie in der Nacht. Nur das Volk Israel blieb verschont von diesen Plagen. So wollte Gott den Pharao zum Gehorsam erziehen. Aber das Herz des Pharao blieb böse und verstockt. Immer wenn eine Plage über die Ägypter kam, ließ er Mose und Aaron rufen. Er sagte dann zu ihnen: «Betet zu eurem Gott, damit diese Plage aufhört. Ich will euch gehen lassen.» Doch wenn die Plage zu Ende war, dachte der Pharao nicht mehr an sein Versprechen, und es blieb alles beim alten.
Da sagte Gott zu Mose: «Noch *eine* Plage will ich den Ägyptern schicken. Dann werden sie euch ziehen lassen. Ja, sie werden euch bitten. Bereitet euch in der zehnten Nacht des Monats auf eine große Reise vor. Jeder Familienvater soll ein Lamm schlachten und mit dem Blut die Türpfosten bestreichen. Das Fleisch des Lammes müßt ihr essen. Nichts darf davon übrigbleiben. In dieser Nacht will ich alle Söhne der Ägypter erschlagen, die als erste geboren worden sind. Auch alle ältesten Tiere sollen sterben. Nur dort will ich vorübergehen, wo ich das Blut an den Türpfosten sehe. Euch soll kein Unglück geschehen.»
Das Volk Israel tat, was Gott durch Mose gesagt hatte. In der Nacht wurden alle Erstgeborenen der Ägypter getötet. In jedem Haus lag ein Toter und wurde betrauert. Da erschrak der Pharao sehr. Noch in der Nacht ließ er Mose und Aaron zu sich rufen und sprach zu ihnen: «Zieht schnell aus meinem Land. Dient eurem Gott, wo ihr wollt. Auch eure Herden dürft ihr mitnehmen.» Und die Ägypter drängten die Israeliten zur Eile. So groß war ihre Angst vor dem Gott Israels und seinen Strafen.
Merkspruch: Durch Stillesein und Hoffen würdet ihr stark sein (Jes 30, 15).

24. GOTT RETTET SEIN VOLK AM SCHILFMEER
(2 Mose 13–15)

Das Volk Israel, das in die Wüste zog, war sehr groß. 600 000 Männer mit ihren Familien gehörten dazu. Gott selbst

41

führte das Volk auf dem Weg. Tagsüber war er bei ihnen in einer Wolke und nachts in einer Feuerwolke.
Bald bereute der Pharao, was er zu Mose und Aaron gesagt hatte. Er sprach zu seinen Ratgebern: «Warum haben wir die Israeliten ziehen lassen? Nun ist niemand mehr da, der für uns arbeitet.» Er ließ seine Kriegswagen anspannen und jagte ihnen mit seinen Soldaten hinterher.
Das Volk Israel hatte am Schilfmeer sein Lager aufgeschlagen und ruhte sich aus. Da sahen sie hinter sich in der Ferne eine Staubwolke herankommen. Sie erkannten die Soldaten des Pharao. Die Israeliten erschraken sehr und beklagten sich bei Mose: «Gab es nicht genug Gräber in Ägypten? Warum hast du uns hierher geführt? Lieber hätten wir in Ägypten weiter schwer gearbeitet, als hier in der Wüste zu sterben!» Aber Mose antwortete ihnen: «Fürchtet euch nicht! Gebt acht, was der Herr jetzt tun wird. Er wird für euch kämpfen!»
Da schob Gott eine Wolke zwischen das Volk Israel und die Verfolger. So konnten die Ägypter nicht näher kommen. Gott sagte Mose, was er tun sollte. Und Mose streckte seine Hand aus über das Meer. Da teilte sich das Wasser. Ein starker Ostwind trocknete den Meeresboden, so daß die Israeliten mit trockenen Füßen hindurchgehen konnten. Auf beiden Seiten blieb das Wasser wie eine Mauer stehen. Die Ägypter wollten ihnen folgen. Aber die Wagen verloren ihre Räder und kippten um. So ließ sie der Herr nur langsam vorwärts kommen. Als die Israeliten hindurch gezogen waren, streckte Mose seine Hand wieder über das Meer. Das Wasser kam zurück. Der Pharao und alle seine Soldaten ertranken. Das Volk Israel aber stand am Ufer und dankte Gott. Alle sangen ein Lied:
Der Herr ist meine Hilfe und mein Heil.
Ich will dem Herrn singen,
denn er hat mir wunderbar geholfen.
Rosse und Reiter stürzt er ins Meer.
Er ist ein großer Kämpfer.
«Der Herr» ist sein Name.
Ihn will ich loben.
Merkspruch: Durch den Glauben gingen sie durchs Rote Meer wie über trockenes Land (Hebr 11, 29).

25. GOTT SORGT IN DER WÜSTE FÜR SEIN VOLK
(2 Mose 15–17)

Zwischen dem Schilfmeer und dem Land Kanaan liegt eine große Wüste. Diese mußte das Volk Israel durchqueren. Gott zeigte ihm durch seine Wolke den Weg.
Nach drei Tagen kamen die Israeliten nach Mara. Dort fanden sie endlich wieder Wasser. Aber das Wasser schmeckte bitter, so daß man es nicht trinken konnte. Da beklagten sich die Israeliten bei Mose und Aaron: «Wollt ihr uns verdursten lassen? Was sollen wir trinken?» Mose schrie zum Herrn um Hilfe. Und Gott zeigte Mose ein Stück Holz. Das warf er ins Wasser. Nun konnte man das Wasser trinken. Gott redete dort mit dem Volk Israel.

Es sollte ihm vertrauen und gehorchen lernen. Durch Mose ließ Gott den Israeliten sagen: «Wenn ihr meiner Stimme gehorcht und meinen Willen tut, dann will ich euch keine Plagen oder Krankheiten schicken. Denn ich bin der Herr, euer Arzt!»
Dann kam das Volk Israel in die Nähe des Berges Sinai. Sie hatten nichts mehr zu essen. Wieder beklagten sie sich bei Mose und Aaron und sagten: «In Ägypten gab es genug zu essen. Wären wir doch dort geblieben. Hier müssen wir verhungern.» Gott sprach zu Mose: «Ich habe die Klagen des Volkes gehört. Am Morgen werde ich Brot vom Himmel regnen lassen und am Abend dem Volk Fleisch geben. Daran sollt ihr erkennen, was ihr für einen Gott habt und mir vertrauen.» Am Abend kamen große Scharen Wachteln. Die ließen sich in der Wüste nieder, um auszuruhen. So konnten sie die Israeliten leicht fangen. Alle wurden satt. Am Morgen aber lag der Tau in der Wüste. Als der Tau weg war, blieb etwas im Sand zurück. Es sah aus wie Körner und schmeckte süß wie Honig. Die Israeliten nannten es «Man-

na». Für jeden Tag war neues Manna da, und jeder konnte sich sattessen. Ein Krug voll Manna wurde aufgehoben. Er sollte später daran erinnern, wie Gott in der Wüste für sein Volk gesorgt hat.
Die Israeliten zogen weiter. Da versperrte ihnen ein anderes Volk den Weg. Das waren die Amalekiter. Mose sagte zu Josua: «Suche tapfere Männer aus, die gegen die Amalekiter kämpfen. Ich will auf den Berg gehen und beten.» Josua zog mit den Männern in den Kampf. Aber Mose stieg mit Aaron und Hur auf den Berg und betete. Immer wenn er seine Hände beim Beten hoch zum Himmel streckte, war das Volk Israel dem Sieg nahe. Wenn aber Moses Hände müde herabsanken, siegten die Amalekiter. Da stützten Aaron und Hur Moses Hände bis es Abend wurde. Und Josua besiegte mit seinen Männern die Amalekiter. Mose baute dem Herrn zum Dank für den Sieg einen Altar und opferte.
Merkspruch: Unsere Hilfe steht im Namen des Herrn, der Himmel und Erde gemacht hat (Ps 124, 8).

26. GOTT GIBT DIE ZEHN GEBOTE
(2 Mose 19 und 20)

Das Volk Israel war schon drei Monate lang unterwegs ins verheißene Land. Sie machten eine Ruhepause am Berg Sinai. Und Mose stieg auf den Berg. Dort redete Gott mit ihm und sprach: «Sage den Israeliten: Ihr habt gesehen, wie ich die Ägypter bestraft und euch wunderbar geführt habe. Gehorcht meiner Stimme und haltet meinen Bund. Dann sollt ihr mein auserwähltes Volk sein. Denn die ganze Erde gehört mir. Ihr sollt mein heiliges Volk sein und mir wie Priester dienen. Haltet euch bereit, ich will mit euch reden.»
Am dritten Tag hörten die Israeliten Donnern und Posaunenblasen vom Berg. Es blitzte und die Wolke Gottes verhüllte den Berggipfel. Der ganze Berg rauchte und bebte. Und Gott kam und redete selber zum Volk. Er sprach: «Ich bin der Herr, dein Gott.

1. Du sollst nicht andere Götter haben neben mir.
2. Du sollst den Namen des Herrn, deines Gottes, nicht unnütz gebrauchen, denn der Herr wird den nicht ungestraft lassen, der seinen Namen mißbraucht.
3. Du sollst den Feiertag heiligen.
4. Du sollst deinen Vater und deine Mutter ehren, auf daß dir's wohlgehe und du lange lebst auf Erden.
5. Du sollst nicht töten.
6. Du sollst nicht ehebrechen.
7. Du sollst nicht stehlen.
8. Du sollst nicht falsches Zeugnis reden gegen deinen Nächsten.
9. Du sollst nicht begehren deines Nächsten Haus.
10. Du sollst nicht begehren deines Nächsten Frau, Knecht, Magd, Vieh oder alles, was sein ist.

Denn ich, der Herr, dein Gott, bin ein starker, eifernder Gott, der an denen, die mich hassen, die Sünde der Väter heimsucht bis zu den Kindern im dritten und vierten Glied; aber denen, die mich

lieben und meine Gebote halten, tue ich wohl bis in tausend Glied.»

Mose sprach zu den Israeliten: «Diese Gebote hat euch der Herr gegeben. Führt euer Leben danach. Fürchtet den Herrn! Auch eure Kinder und Enkelkinder sollen diese Gebote halten. Ihr sollt euren Gott lieben mit eurem ganzen Herzen, mit eurer ganzen Seele und mit aller eurer Kraft. Diese Worte sollt ihr euch zu Herzen nehmen. Eure Kinder sollen sie lernen und ihr sollt immer davon reden.»

Mose baute einen Altar und brachte Gott ein Opfer. Mit dem Blut des Opferlammes besprengte er erst den Altar und dann auch die Israeliten. Er sprach: «Das ist das Blut des Bundes, den Gott mit euch geschlossen hat.» Da antwortete das ganze Volk: «Wir wollen alles tun, was der Herr gesagt hat.» Und Gott sprach zu Mose: «Komm zu mir auf den Berg. Ich will dir die Gebote und andere Gesetze geben, die du dem Volk Israel sagen sollst.» Da stieg Mose auf den Berg. Die Wolke Gottes verhüllte immer noch den Gipfel des Berges. Mose ging in die Wolke hinein. 40 Tage blieb er auf dem Berg Sinai. Dort redete Gott mit ihm.

Merkspruch: Es ist dir gesagt, Mensch, was gut ist und was der Herr von dir fordert, nämlich Gottes Wort halten und Liebe üben und demütig sein vor deinem Gott (Mi 6, 8).

27. DAS VOLK ISRAELS BETET DAS GOLDENE KALB AN
(2 Mose 32)

Das Volk Israel wartete auf Mose. Er war 40 Tage lang auf dem Berg Sinai. Da wurden sie ungeduldig und sagten zu Aaron: »Wir wissen nicht, wo Mose bleibt. Vielleicht ist ihm etwas zugestoßen. Deshalb mache du uns einen Gott, der uns führt!« Aaron antwortete: «Bringt mir alle goldenen Ohrringe,

dann will ich euch helfen.» Sie brachten ihre goldenen Ohrringe zu ihm. Aaron machte daraus ein goldenes Kalb. Da rief das Volk: «Das ist der Gott, der uns aus Ägypten geführt hat.» Für den nächsten Tag ließ Aaron ein großes Fest ausrufen. Alle Israeliten standen früh auf. Sie opferten vor dem goldenen Kalb Brandopfer und Dankopfer. Dann wurde gegessen und getrunken, gesungen und getanzt.
Da sprach der Herr auf dem Berg zu Mose: «Steig schnell hinunter, denn dein Volk läuft ins Unglück. Es hat sich einen anderen Gott gesucht.»
Mose kehrte vom Berg zurück. In der Hand hielt er zwei Steintafeln. Gott hatte sie gemacht und die Zehn Gebote darauf geschrieben. Als Mose zum Lager kam, sah er das ganze Volk Israel um das goldene Kalb tanzen. Da wurde er sehr zornig und schleuderte die Tafeln gegen den Felsen, so daß sie zerbrachen. Dann nahm er das goldene Kalb und zermalmte es zu Pulver. Mose ließ das Volk zusammenrufen und sprach zu ihnen: «Ihr habt schwer gesündigt gegen den allmächtigen Gott. Ich will wieder auf den Berg gehen und Gott bitten, daß er eure Sünde vergibt.»
Mose stieg wieder auf den Berg und sprach zu Gott: «Ach, Gott und Herr, das Volk hat schwer gesündigt. Sie haben sich einen Götzen aus Gold gemacht. Vergib ihnen! Wenn nicht, dann streiche auch meinen Namen aus dem Buch des Lebens.» Aber der Herr antwortete: «Ich will nur den aus meinem Buch streichen, der gegen mich sündigt. Geh nun und führe das Volk weiter.

Mein Engel soll dich begleiten. Ihre Sünde werde ich strafen, wenn die Zeit dafür gekommen ist.» Mose hatte zwei neue Steintafeln mitgebracht und Gott schrieb noch einmal die Zehn Gebote darauf.
Merkspruch: Ach Herr, strafe mich nicht in deinem Zorn und züchtige mich nicht in deinem Grimm! Wende dich, Herr, und errette mich, hilf mir um deiner Güte willen! (Ps 6, 2.5).

28. DIE STIFTSHÜTTE WIRD GEBAUT
(2 Mose 35–40)

Gott sprach zu Mose: «Das Volk Israel soll mir ein heiliges Haus bauen, damit ich bei ihnen wohne. Diese Hütte soll sie an den Bund erinnern, den ich mit ihnen gestiftet habe.» Gott sagte Mose genau, woraus er die Stiftshütte machen sollte und wie sie aussehen sollte. Das Volk brachte Mose dafür Gold, Silber, Erz, Holz und kostbare Stoffe. Sie opferten das alles gern für Gottes Haus. Und Mose ließ die Stiftshütte von geschickten Handwerkern bauen. Sie war 15 Meter lang, 5 Meter breit und 5 Meter hoch. Im Innern wurde die Stiftshütte durch einen Vorhang geteilt. Vor dem Vorhang war das Heilige und hinter dem Vorhang das Allerheiligste. Um die Stiftshütte herum ließ Mose einen Zaun bauen. Im Hof vor der Hütte versammelte sich das Volk.
Im Allerheiligsten stand ein Kasten aus Holz. Das war die Bundeslade. Sie hatte einen Deckel aus reinem Gold. Zwei

Engel mit ausgebreiteten Flügeln standen darauf. In der Bundeslade wurden die beiden Steintafeln mit den Zehn Geboten aufbewahrt. Im Heiligen stand der Räucheraltar. Jeden Morgen wurde hier ein Rauchopfer entzündet. Im Vorhof ließ Mose einen Brandopferaltar errichten. Dort wurden zu Gottes Ehre Opfertiere verbrannt.

Mose setzte Priester ein, die Gott in seinem Haus dienen sollten. Wenn die Priester das Volk segneten, sagten sie: «Der Herr segne dich und behüte dich; der Herr lasse sein Angesicht leuchten über dir und sei dir gnädig; der Herr hebe sein Angesicht über dich und gebe dir Frieden.» So hatte Gott es befohlen.

Merkspruch: Eines bitte ich vom Herrn, das hätte ich gerne: daß ich im Hause des Herrn bleiben könne mein Leben lang, zu schauen die schönen Gottesdienste des Herrn und seinen Tempel betrachten (Ps 27, 4).

29. DAS VOLK ISRAEL WENDET SICH VON GOTT AB
(4 Mose 10–14)

Ein Jahr lang blieb das Volk Israel am Berg Sinai. Das Volk wurde gezählt und geordnet. Die Zelte der Israeliten bildeten ein großes Lager. Die Stiftshütte stand draußen vor dem Lager. Wenn Mose in die Stiftshütte ging, kam die Wolke Gottes und ließ sich über der Stiftshütte nieder. Und der Herr redete mit Mose wie mit seinem Freund.

Eines Tages erhob sich die Wolke Gottes von der Stiftshütte. Nun wußten die Israeliten, daß sie weiterziehen sollten. Sie stellten sich in Gruppen auf und zogen los. Bald kamen sie an die Grenze des verheißenen Landes. Da schickte Mose zwölf Kundschafter los und sprach zu ihnen: «Geht in das Land und seht, wer dort wohnt: Ob es ein starkes oder ein schwaches Volk ist und ob es in Zelten oder in Städten wohnt. Seht euch das Land an, ob es fruchtbar ist. Und bringt von seinen Früchten etwas mit!»

Die Kundschafter durchforschten das ganze Land. Es war gerade die Zeit der Weinernte. Sie fanden eine große Weinrebe. Zwei Männer mußten sie auf einem Stock tragen. Auch Feigen und Granatäpfel brachten sie mit, als sie nach 40 Tagen wieder zu Mose kamen. Sie erzählten dem Volk: «In dem Land gibt es Milch und Honig im Überfluß. Aber es leben dort starke Völker. Sie sind groß wie Riesen und wohnen in befestigten Städten. Sie werden mit uns kämpfen und uns nicht in das Land hineinlassen.»

Da bekamen die Israeliten Angst und wollten nicht mehr in das verheißene Land ziehen. Sie beklagten sich bei Mose: «Ach, wären wir doch in Ägypten geblieben und dort gestorben! Laßt uns umkehren und wieder nach Ägypten gehen.» Aber Josua und Kaleb, die das Land mit erkundet hatten, sprachen: «Das Land ist sehr gut, das uns Gott versprochen hat. Er wird uns gnädig sein und uns hineinbringen. Wendet euch nicht von Gott ab! Er wird uns helfen. Wir brauchen uns nicht zu fürchten.» Aber das Volk hob Steine auf und

wollte die beiden Männer erschlagen. Da sprach Gott zu Mose: «Wie lange soll ich dieses eigensinnige Volk noch ertragen, das mir nicht vertraut? Ich will sie bestrafen. Keiner von den Erwachsenen hier wird in das verheißene Land kommen außer Josua und Kaleb. Alle sollen sie in der Wüste sterben. Sie haben meine Zeichen und Wunder gesehen und mir nicht geglaubt. Ihre Kinder sollen vierzig Jahre lang als Hirten in der Wüste leben. Kehrt zurück in die Wüste.»
Merkspruch: Gehe nicht ins Gericht mit deinem Knecht; denn vor dir ist kein Lebendiger gerecht (Ps 143, 2).

30. GOTT BESTRAFT SEIN VOLK
(4 Mose 20 und 21)

Vierzig Jahre lang lebte das Volk Israel in der Wüste. Es mußte immer weiterziehen und durfte an keinem Ort länger bleiben. Das war die Strafe dafür, daß sie Gott nicht vertraut hatten.
Eines Tages kamen die Israeliten nach Kadesch. Dort fanden sie kein Wasser. Da beklagten sie sich wieder bei Mose. Und Gott sprach zu Mose: «Geh mit Aaron zu dem Felsen dort und rede mit dem Felsen vor dem ganzen Volk. Dann wird er euch Wasser geben.» Mose rief das Volk vor dem Felsen zusammen und sagte: «Hört, ihr Ungehorsamen! Werden wir euch wohl Wasser aus diesem Felsen hervorbringen können?» Dabei schlug er zweimal mit seinem Stock gegen den Felsen. Da kam viel Wasser heraus, so daß Menschen und Tiere trinken konnten.

Gott aber sprach zu Mose und Aaron: «Ihr habt nicht getan, was ich euch befohlen habe. Weil ihr genauso ungehorsam seid wie das Volk, sollt auch ihr nicht in das verheißene Land kommen.» Die Israeliten nannten die Quelle «Klagewasser», weil sie sich dort wieder beklagt hatten.
Als das Volk Israel schon lange in der Wüste umhergezogen war, wurde es müde und wollte nicht mehr weiter. Sie begannen wieder, sich bei Mose zu beklagen und sagten: «Warum hast du uns aus Ägypten geführt? Hier gibt es kein richtiges Brot und kein Wasser. Das Manna haben wir satt und wollen es nicht mehr essen.»
Da schickte Gott zur Strafe giftige Schlangen. An ihrem Biß starben viele Menschen. Die Israeliten kamen zu Mose und sagten: «Wir haben gesündigt und uns gegen Gott aufgelehnt. Das war nicht richtig. Bitte Gott, daß er diese Schlangen wieder wegnimmt.» Mose betete für das Volk. Gott sagte zu ihm: «Mache eine Schlange aus Bronze und richte sie auf als Zeichen. Wer gebissen wird, soll diese Schlange ansehen. Dann wird er nicht sterben.« Mose tat, wie ihm Gott befohlen hatte. Wer nun gebissen wurde und zu der aufgerichteten Schlange sah, blieb am Leben.
Merkspruch: Wie Mose in der Wüste die Schlange erhöht hat, so muß der Menschensohn erhöht werden, damit alle, die an ihn glauben, das ewige Leben haben (Joh 3, 14f).

49

31. MOSE STIRBT
(4 Mose 27; 5 Mose 31–34)

Als die vierzig Jahre in der Wüste fast zu Ende waren, schlugen die Israeliten ihr Lager im Land der Moabiter auf. Die Moabiter wohnten an der Grenze des verheißenen Landes. Nur noch der Fluß Jordan trennte die Israeliten von ihrem Ziel.

Mose war alt geworden. Er sollte nicht mit ins verheißene Land kommen. Gott sprach zu ihm: «Du sollst nicht mit über den Jordan ziehen, weil du in Kadesch ungehorsam warst. Aber ich will dir das Land aus der Ferne zeigen. Josua habe ich zu deinem Nachfolger bestimmt. Er wird das Volk Israel in das verheißene Land Kanaan führen. Er soll mir vertrauen und sich nicht fürchten.»

Mose redete mit dem Volk. Er sagte ihnen: «Ich bin schon 120 Jahre alt und werde bald sterben. In das verheißene Land soll ich nicht kommen. So hat es Gott gesagt. Gott stellt euch vor die Entscheidung: Leben oder Tod, Fluch oder Segen. Entscheidet euch für das Leben! Glaubt an den Herrn, euren Gott! Gehorcht seiner Stimme und sucht nur bei ihm Rat und Hilfe. Nehmt euch diese Worte zu Herzen. Dann werdet ihr lange in dem verheißenen Land wohnen.» Und Mose rief Josua zu sich. Er stellte ihn vor das Volk Israel und sprach zu Josua: «Du sollst das Volk in das Land der Verheißung führen. So hat es Gott bestimmt. Er wird dir helfen und euch nicht im Stich lassen. Vertraue dem Herrn und fürchte dich nicht!» Dann stieg Mose auf den Berg Nebo. Das ist ein hoher Berg nicht weit entfernt von der Stadt Jericho. Mose war noch kräftig und mit seinen Augen sah er noch gut. Gott zeigte ihm das verheißene Land vom Süden bis zum Norden, bis zum Meer im Westen das ganze Land Juda, die Jordanebene und die Stadt Jericho. Gott sprach: «Das ist das Land, das ich Abraham, Isaak und Jakob verheißen habe. Du hast es nun gesehen, aber du wirst nicht hineinkommen. Du bist am Ziel deines Leben.» Mose starb auf dem Berg Nebo. Gott selbst begrub ihn. Niemand hat je sein Grab gefunden.

Merkspruch: Lehre uns bedenken, daß wir sterben müssen, auf daß wir klug werden (Ps 90, 12).

32. DAS VOLK ISRAEL KOMMT NACH KANAAN
(Josua 1–7 und 24)

Mose war gestorben. Gott sprach zu Josua: «Geh jetzt und führe das Volk über den Jordan in das verheißene Land. Ich werde dir helfen, wie ich es bei Mose getan habe. Ich will dich nicht verlassen. Vertraue mir und befolge meine Gebote. Dann wird dir alles gelingen.« Da machte sich Josua auf und führte das Volk Israel in das verheißene Land. Gleich am Anfang merkten die Israeliten, wie Gott mit ihnen ging. Sie kamen an den Jordan. Und Gott hielt das Wasser des Flusses zurück. So konnte das Volk Israel hindurchgehen, ohne naß zu werden. Das Wasser blieb auf einer Seite wie eine Mauer stehen.

Am anderen Ufer kamen die Israeliten in eine fruchtbare Ebene. Hier fanden sie Getreide und konnten nach Jahren wieder Brot backen. Nun brauchte Gott sein Volk nicht mehr mit Manna zu versorgen.

Dann kamen sie zur Stadt Jericho. Das war eine große, befestigte Stadt. Eine hohe Mauer schützte sie. Das Volk Israel schlug sein Lager vor der Stadt auf. Aber die Bewohner hielten die Tore verschlossen. Die Israeliten konnten nicht hineinkommen. Eines Tages ging Josua hinaus vor das Zeltlager und betete. Plötzlich sah er einen fremden Mann, der ihm gegenüberstand. Er hatte ein blankes Schwert in der Hand. Josua ging auf ihn zu und fragte: «Wer bist du? Einer von unseren Männern oder ein Feind?» Der Fremde antwortete: «Ich bin der Anführer des himmlischen Heeres der Engel. Zu deiner Stärkung bin ich gekommen.» Da warf sich Josua vor ihm auf die Erde und sprach: «Was hat der Herr mir zu sagen?» Der Engel sagte: «Zieh deine Schuhe aus, denn du stehst auf heiligem Land. So spricht der Herr: Ich schenke dir den Sieg über Jericho. Du wirst es erobern. An sechs Tagen sollst du mit deinem Heer *ein* Mal um die Stadt ziehen. Am siebenten Tag aber müßt ihr *sieben* Mal

um die Stadt ziehen. Laßt dabei Posaunen blasen und das Volk ein Kriegsgeschrei anstimmen. Dann werden die Mauern Jerichos einstürzen.» Und alles geschah so, wie es der Engel vorausgesagt hatte. Mit Gottes Hilfe errang das Volk Israel einen Sieg nach dem anderen. Bald gehörte den Israeliten das ganze Land. Und Josua teilte es auf unter die zwölf Stämme.

Viele Jahre vergingen. Josua war alt geworden. Er ließ das Volk Israel zu einer großen Versammlung in die Stadt Sichem rufen. Das Volk versammelte sich auf einem Feld. Josua stand unter einer alten Eiche. Dort hatte schon Abraham dem Herrn einen Altar gebaut. Josua sprach zu den Israeliten: «Der Herr, unser Gott, hat uns bis zum heutigen Tag behütet. In den Kriegen war er unsere Hilfe. Aus Ägypten hat er uns geführt. Mit Essen und Trinken sind wir von ihm versorgt worden. Er hat uns vor dem Tod gerettet und endlich in das verheißene Land gebracht. Deshalb sollt ihr den Herrn, unsern Gott, liebhaben. Betet nicht die Götzen der anderen Völker an. Fürchtet den Herrn und

dient ihm. Wenn es euch nicht gefällt, dem Herrn zu dienen, dann sucht euch irgendwelche Götzen. Ich aber und mein Haus wollen dem Herrn dienen.» Da antwortete das Volk: «Wir wollen den Herrn nicht verlassen! Er ist unser Gott. Ihm wollen wir gehorchen und dienen.»
Josua machte einen Bund mit dem Volk Israel. Noch einmal wiederholte er die Gebote des Herrn. Und er schrieb alles in das Gesetzbuch Gottes. Unter der Eiche bei Sichem ließ Josua einen großen Stein als Denkmal aufstellen. Und er sprach: «Dieser Stein soll unser Zeuge sein, daß ihr eurem Gott nicht untreu werdet.» Dann schickte Josua die Israeliten wieder nach Hause. Bald danach starb er. Er war 110 Jahre alt geworden und wurde im Gebirge Ephraim begraben.
Merkspruch: Glaubt ihr nicht, so bleibt ihr nicht (Jes 7, 9).

33. GIDEON HILFT ISRAEL
(Richter 6 und 7)

Bald vergaßen die Israeliten, was sie mit Josua Gott versprochen hatten. Andere Menschen lebten. Sie wollten nichts mehr von Gott und dem Bund wissen, den er mit ihren Vätern geschlossen hatte. Das Volk Israel diente den Götzen der Kanaaniter, die vor ihm im Lande gewohnt hatten. Das gefiel Gott nicht. Er ließ fremde Völker kommen, die die Israeliten überfielen. Die Fremden verwüsteten die Felder. Menschen und Tiere wurden totgeschlagen oder gefangen weggeführt. Da merkte das Volk, daß es ohne Gottes Hilfe nicht leben konnte. Es betete zum Herrn um Rettung aus der Not.
Der Herr schickte seinen Engel zu einem jungen Bauern. Der hieß Gideon. Der Engel sprach zu ihm: «Der Herr ist mit dir, du tapferer Mann! Du sollst dein Volk von seinen Feinden befreien. Der Herr schickt dich.» Aber Gideon antwortete: «Ich bin nur ein Bauer, wie soll ich mein Volk befreien?» Der Engel sagte: «Fürchte dich nicht! Der Herr wird dir helfen.» Gott sagte Gideon, was er tun sollte. Zuerst ließ er durch ihn die Götzenbilder im ganzen Land zerstören. Dann rief Gideon die Israeliten zum Krieg gegen die Feinde. Als er die Posaune zum Sammeln blasen ließ, kamen 30 000 Männer zu ihm. Aber der Herr sprach: «Es sind zu viele. Nach dem Sieg werden sie mit ihren Taten prahlen und vergessen, daß ich ihnen geholfen habe. Deshalb sollen nur 300 Mann kämpfen. Schicke alle anderen nach Hause!» Die Übriggebliebenen teilte Gideon in drei Gruppen ein. Jeder bekam eine Posaune und einen Krug mit einer brennenden Fackel darin. Dann überfielen sie in der Nacht das Lager der Feinde. Sie kamen von drei verschiedenen Seiten und bliesen ihre Posaunen. Dabei zerschlugen alle ihre Krüge und hielten die Fackeln hoch. Sie schrien laut: «Hier ist das Schwert des Herrn und Gideon!» Die Feinde wurden von dem Lärm überrascht und erschraken sehr. Sie meinten, ein riesiges Heer habe sie umzingelt. Sie fingen an, gegeneinander zu kämpfen. Sie erschlu-

gen ihre eigenen Leute und flohen nach allen Seiten. So schenkte Gott seinem Volk durch Gideon den Sieg.

Merkspruch: Gott ist unsere Zuversicht und Stärke, eine Hilfe in den großen Nöten, die uns getroffen haben (Ps 46, 2 f).

34. ABIMELECH WILL KÖNIG WERDEN
(Richter 9)

Gideon hatte 70 Söhne. Als er gestorben war, sorgten sie gemeinsam für Ordnung im Land. Aber die Israeliten hatten Gott bald wieder vergessen und beteten Götzenbilder an.
Einer von den Söhnen Gideons hieß Abimelech. Er wollte nicht mit seinen Brüdern zusammen regieren. Deshalb ging er in die Stadt Sichem und redete mit den Leuten. Dort wohnten die Verwandten seiner Mutter. Abimelech sagte zu ihnen: «Jetzt regieren euch 70 Männer. Wäre es nicht besser, wenn nur einer Herr über euch ist? Wie wäre es mit mir? Mich kennt ihr doch!» Die Leute von Sichem waren damit einverstanden.
Da ging Abimelech hin und suchte sich einige böse Gefährten. Mit ihnen überfiel er seine Brüder. Er brachte sie alle um. Nur der jüngste Bruder konnte fliehen. Er hieß Jotam.
Dann ließ Abimelech die Leute von Sichem unter der alten Eiche vor der Stadt zusammenrufen. Und sie wählten ihn zum König. Doch plötzlich hörten sie vom gegenüberliegenden Berg eine Stimme. Das war Jotam. Der rief herüber: «Ihr Männer von Sichem! Ich will euch eine Geschichte erzählen. Hört gut zu! Die Bäume wollten einen König haben. Sie sprachen zum Ölbaum: Sei du unser König! Er antwortete: Soll ich mein kostbares Öl aufgeben und die Bäume regieren? Da gingen sie zum Feigenbaum: Sei du unser König! Aber er antwortete: Soll ich meine süßen Früchte aufgeben und die Bäume regieren? Auch zum Weinstock kamen sie mit ihrer Bitte. Doch er sprach: Soll ich meinen Wein aufgeben und die Bäume regieren? Zuletzt sagten sie zum Dornenbusch: Sei du unser König! Der Dornenbusch antwortete: Wenn ihr mich wirklich als König haben wollt, dann kommt und vertraut euch meinem Schatten an. Wollt ihr aber nicht, dann wird mein Feuer alles verbrennen. – Ihr Männer von Sichem! Ihr habt Abimelech zum König gewählt. Ihr wißt, was er getan hat. Urteilt selbst! Wenn das gut war, dann werdet glücklich mit ihm. Wenn es aber nicht gut war, dann wird euch sein Feuer verbrennen!» Als Jotam fertig geredet hatte, floh er und versteckte sich wieder.
Abimelech blieb drei Jahre lang König in Sichem. Er regierte grausam und ungerecht. Die Leute wollten nichts mehr von ihm wissen. Sie hörten nicht auf ihn. Da kam Abimelech mit seinen Soldaten und zerstörte die Stadt. Mehr als 1 000 Menschen verbrannten dabei. Danach kämpfte Abimelech gegen eine andere Stadt. Die Bewohner der Stadt hatten sich in einen Turm gerettet. Nun wollte Abimelech den Turm in Brand

stecken. Da warf eine Frau einen großen Stein herunter auf Abimelech und erschlug ihn. So bestrafte Gott Abimelech und die Leute von Sichem für ihre Bosheit.
Merkspruch: Heute, wenn ihr seine Stimme hören werdet, so verstocket eure Herzen nicht (Hebr 3, 7 f).

35. RUT KOMMT NACH BETHLEHEM
(Rut 1–4)

Einmal gab es im Land Kanaan eine große Hungersnot. Viele Menschen mußten sterben, weil sie nichts zu essen hatten. Damals wohnte in Bethlehem ein Mann, der hieß Elimelech. Der zog mit seiner Frau Noomi und seinen beiden Söhnen ins Nachbarland Moab. Dort gab es noch genug zu essen. Bald danach starb Elimelech. Seine Söhne heirateten Moabiterinnen. Doch auch die beiden Söhne wurden krank und starben bald. Da war Noomi mit ihren Schwiegertöchtern allein im fremden Land. Sie hatte Heimweh und machte sich auf den Weg zurück nach Kanaan. Die Schwiegertöchter kamen mit. Sie hießen Orpa und Rut. Als sie aber an die Grenze des Landes kamen, sagte Noomi zu den beiden: «Nun müßt ihr umkehren. Gott behüte euch! Er wird

euch für eure Liebe und Treue belohnen.» Orpa küßte Noomi und kehrte um. Rut aber sprach: «Ich will nicht umkehren, sondern mit dir gehen. Wo du hingehst, da will ich auch hingehen. Dein Volk ist mein Volk. Dein Gott ist mein Gott. Nur der Tod soll uns trennen.«

So kam Rut mit Noomi nach Bethlehem. Dort wohnten sie in einem kleinen Haus. Noomi sorgte für den Haushalt und Rut arbeitete auf den Feldern. Es war gerade Erntezeit. Da sammelte Rut fleißig Getreide, um für den Winter einen Vorrat zu haben.

Und Gott führte Rut auf das Feld eines reichen Mannes. Der hieß Boas. Mittags kam Boas selbst aufs Feld. Er begrüßte seine Arbeiter. «Der Herr sei mit euch!» sagte er. Die Arbeiter antworteten: «Der Herr segne dich!» Boas sah Rut auf seinem Feld und fragte: «Wer ist das?» Da erzählten ihm die Arbeiter, daß sie die Schwiegertochter von Noomi ist. Boas sagte zu Rut: «Du kannst gern weiter bei mir Getreide aufsammeln. Niemand soll es dir verbieten. Wenn du Hunger und Durst hast, dann laß dir von meinen Arbeitern etwas geben.» Rut verbeugte sich und dankte Boas. Zur Essenszeit ließ Boas Rut rufen. Er sagte zu ihr: «Komm, setz dich zu uns und iß mit uns.»

Nach dem Essen gingen alle wieder an ihre Arbeit. Heimlich sagte Boas zu seinen Arbeitern: «Nehmt es heute nicht so genau beim Aufsammeln. Laßt einfach ein paar Ähren liegen.» So fand Rut an diesem Tag besonders viel Getreide. Abends ging sie fröhlich nach Hause. Noomi fragte: «Wo hast du denn heute so viel gefunden?» Da erzählte Rut von Boas und wie freundlich er zu ihr war. Noomi sagte: «Boas ist ein Verwandter meines Mannes. Gott hat uns nicht im Stich gelassen. Er segne Boas für seine Barmherzigkeit.»

Rut gefiel Boas, und er hatte sie gern. Sie war eine treue und fleißige Frau. Und sie vertraute Gott. Später heirateten die beiden. Gott segnete sie und schenkte ihnen Kinder und Enkelkinder. Ein Urenkel der Rut hieß David. Er wurde später König des Volkes Israel.

Merkspruch: Gutes zu tun und mit anderen zu teilen, vergeßt nicht; denn solche Opfer gefallen Gott (Hebr 13, 16).

36. SAMUEL KOMMT ZUM PRIESTER ELI
(1 Samuel 1 und 2)

Im Gebirge Ephraim wohnte damals ein Mann. Der hieß Elkana und seine Frau Hanna. Die beiden hatten keine Kinder. Darüber waren sie sehr traurig. Einmal ging Hanna mit Elkana nach Silo. Dort stand die Stiftshütte. Da betete Hanna: «Ach Herr, schenke mir doch einen Sohn. Ich will ihn nicht für mich behalten, sondern ihn dir gern wiedergeben. Er soll dir an der Stiftshütte dienen.» Hanna betete lange und mußte dabei weinen. Neben der Tür der Stiftshütte saß der Priester Eli. Er sah, wie Hanna ihre Lippen bewegte und weinte. Da dachte Eli, sie habe zu viel

getrunken und wollte sie wegschicken. Doch Hanna sagte: «Ach, ich bin nicht betrunken. Ich bin nur traurig und habe gerade dem Herrn alles gesagt.» Da sagte Eli: «Geh im Frieden. Gott wird dein Gebet erhören.» Hanna ging mit ihrem Mann fröhlich nach Hause. Nach einem Jahr bekam sie einen kleinen Jungen. Hanna und Elkana nannten ihn Samuel, das heißt «Gott erhört», weil sie ihn vom Herrn erbeten hatten.
Als Samuel ein paar Jahre alt war, brachte ihn Hanna zur Stiftshütte. Zum Priester Eli sagte sie: «Das ist mein Sohn Samuel. Ich habe ihn von Gott erbeten. Darum soll er sein Leben lang dem Herrn dienen.» Samuel blieb bei Eli. Er half dem Priester beim Dienst an der Stiftshütte. Einmal im Jahr kamen seine Eltern, um dort zu opfern. Da konnte Samuel seinen Vater und seine Mutter wiedersehen.
Der Priester Eli hatte zwei Söhne. Auch sie waren Priester. Aber sie führten ein

schlimmes Leben. Gottes Gebote beachteten sie nicht und gaben dem Volk Israel ein schlechtes Beispiel. Als Eli das merkte, redete er mit seinen Söhnen. Aber sie hörten nicht auf ihn. Und er wagte nicht, sie zu bestrafen. So wurde es immer schlimmer mit ihnen.
Merkspruch: Ihr Kinder, seid gehorsam den Eltern in allen Dingen; denn das ist wohlgefällig in dem Herrn (Kol 3, 20).

37. GOTT RUFT SAMUEL
(1 Samuel 3–7)

Nachts schlief Samuel in der Stiftshütte. Einmal hörte er im Schlaf eine Stimme rufen: «Samuel, Samuel!» Da stand er auf und ging hinüber zu Eli. «Hier bin ich», sagte Samuel. «Du hast mich gerufen.» Eli antwortete: «Ich habe dich nicht gerufen. Du hast geträumt. Lege dich wieder schlafen.» Aber die Stimme rief zum zweiten Mal: «Samuel, Samuel!« Samuel ging wieder zu Eli und sagte: «Hier bin ich. Du hast mich gerufen.» Doch Eli schickte ihn weg. Die Stimme rief zum dritten Mal: «Samuel, Samuel!» Samuel ging zu Eli und sagte: «Hier bin ich. Du hast mich gerufen.» Da merkte Eli, daß Gott Samuel rief. Er sagte: «Leg dich wieder schlafen. Und wenn du noch einmal gerufen wirst, dann antworte: Rede, Herr, dein Knecht hört!» Samuel legte sich wieder schlafen. Da rief ihn die Stimme noch einmal. Samuel antwortete, wie es Eli befohlen hatte: «Rede, Herr, dein Knecht hört!» Und der Herr sprach zu ihm: «Ich will Elis Söhne für ihre Bosheit bestrafen. Sie sollen sterben. Eli wußte davon und hat nichts dagegen getan. Darum soll er am gleichen Tag wie seine Söhne sterben.» Danach konnte Samuel nicht mehr schlafen. Er lag wach bis zum Morgen. Früh öffnete er die Türen am Haus des Herrn. Er wagte aber nicht, zu Eli zu gehen. Doch Eli rief ihn zu sich und fragte: «Was hat dir der Herr gesagt? Sage mir alles und verschweige nichts!» Samuel erzählte ihm alles, was Gott in der Nacht gesagt hatte. Da sagte Eli: «Es ist der Herr. Ihm müssen wir uns beugen. Er wird tun, was richtig ist.»
Nicht lange danach gab es Krieg. Das Volk Israel kämpfte gegen die Philister. Die Israeliten nahmen die Bundeslade mit in den Krieg. Gott sollte ihnen deshalb den Sieg geben. Die beiden Söhne Elis waren bei der Bundeslade. Eli blieb zu Hause. Er war schon 98 Jahre alt und konnte nicht mehr gut sehen. Eli saß zu Hause und wartete auf Nachrichten von der Schlacht. Er machte sich Sorgen wegen der Bundeslade. Da kam ein Bote in die Stadt. Er erzählte: «Israel hat den Kampf verloren. 30 000 Männer sind erschlagen worden. Auch Elis Söhne sind tot. Die Bundeslade haben die Philister geraubt.» Als Eli das hörte, fiel er vor Schreck vom Stuhl und war sofort tot. So machte Gott wahr, was er Samuel vorher gesagt hatte.
Nun mußte Samuel das Volk Israel führen. Aber die Israeliten hatten den Philistern zu dienen. Jahrelang blieb das so. Samuel sprach zu dem Volk: «Der Herr hat uns so gestraft, weil wir ihn verlas-

sen haben. Kehrt wieder um zu ihm und vertraut ihm, dann wird er uns helfen.» Die Israeliten hörten auf Samuel. Sie verbrannten ihre Götzenbilder. Samuel versammelte das ganze Volk in Mizpa und lehrte sie wieder das Gesetz des Herrn, wie es Mose auf dem Berg Sinai erhalten hatte. Die Bundeslade schickten die Philister zurück. Sie hatte ihnen nur Unglück gebracht. Und Gott schenkte den Israeliten wieder einen Sieg gegen die Philister. Samuel richtete einen Stein als Denkmal auf und sprach zum Volk: «Bis hierher hat uns der Herr geholfen.» Deshalb nannten die Israeliten diesen Stein «Eben-Ezer», das heißt «Stein der Hilfe».
Merkspruch: Bekehre du mich, so will ich mich bekehren; denn du, Herr, bist mein Gott! (Jer 31, 18).

38. SAUL WIRD KÖNIG
(1 Samuel 8–10)

Als Samuel alt wurde, machte er seine Söhne zu Anführern des Volkes Israel. Aber seine Söhne waren ungerecht und ließen sich durch Geschenke bestechen. Da kamen die Ältesten von Israel zu Samuel und sprachen: «Du bist alt geworden. Deine Söhne folgen nicht deinem Beispiel. Gib uns deshalb einen König, wie ihn auch andere Völker haben. Er soll uns regieren.» Das gefiel Samuel gar nicht. Er antwortete: «Warum wollt ihr einen König haben wie alle Heidenvölker? Ist nicht Gott, der Herr, unser König?» Aber Gott sagte zu Samuel: «Gib ihnen, was sie wollen. Sie verachten nicht dich, sondern mich. Gib ihnen einen König.»
In dieser Zeit lebte im Gebiet des Stammes Benjamin ein Bauer, der hieß Kisch. Dem waren ein paar Eselinnen weggelaufen. Er schickte seinen Sohn Saul mit einem Knecht los, sie zu suchen. Doch sie konnten die Eselinnen nicht finden. Saul wollte schon umkehren. Aber der Knecht sagte: «Wir wollen Samuel fragen. Er ist ein Mann Gottes und weiß bestimmt Rat.» So kamen sie nach Rama zu Samuel. Als Samuel Saul sah, sagte ihm Gott: «Das ist der Mann, der König über mein Volk werden soll.» Samuel lud Saul ein, als Gast über Nacht bei ihm zu bleiben. Er aß mit ihm und sagte: «Um die Eselinnen brauchst du dir keine Sorgen zu machen. Sie sind schon gefunden worden.» Da blieb Saul bei Samuel. Am nächsten Morgen aber, als Saul wieder nach Hause gehen wollte, sagte Samuel zu ihm: «Siehe, der Herr hat dich zum König über das Volk Israel bestimmt.» Er goß Salböl auf Sauls Kopf. Als Saul nach Hause ging, kam der Geist Gottes über ihn. Er wurde ein ganz anderer Mensch.
Danach rief Samuel das Volk Israel zusammen. Sie versammelten sich in der Stadt Mizpa. Er stellte ihnen ihren König vor. Und Saul gefiel den Israeliten. Er war größer als alle. Keiner sah so stattlich aus wie er. Alle jubelten ihrem König zu. Aber Samuel sprach zum Volk: «Fürchtet den Herrn, unsern Gott! Dient ihm treu mit ganzem Herzen. Dann wird es euch und eurem König gut gehen. Ich will nicht aufhö-

ren, für euch zu beten, und werde euch den richtigen Weg zeigen.»
Merkspruch: Der Herr hat Gefallen an denen, die ihn fürchten, die auf seine Güte hoffen (Ps 147, 11).

39. SAUL GEHORCHT GOTT NICHT
(1 Samuel 15)

Saul führte viele Kriege für Israel. Gott segnete ihn. So konnte er viele Siege erringen. Das Volk Israel freute sich darüber. Doch nicht immer gehorchte Saul Gottes Befehlen. Manchmal dauerte es ihm zu lang. Dann tat er Dinge, die Gott nicht wollte. Immer wieder ließ ihn Gott durch Samuel warnen.
Eines Tages sagte Samuel zu Saul: «Ziehe in den Krieg gegen die Amalekiter. Vernichte sie mit ihrem König und allem, was sie besitzen. Verschone nichts! So will es Gott. Denn die Amalekiter haben die Israeliten nicht durch ihr Land ziehen lassen, als sie aus Ägypten kamen.» Saul zog in den Kampf. Er besiegte die Amalekiter. Aber ihren König ließ er am Leben. Auch von den Viehherden nahmen Saul und seine Soldaten mit, was gut und brauchbar war. Nach der Schlacht kam Samuel zu Saul. Saul ging ihm entgegen und sprach: «Ich habe den Befehl des Herrn ausgeführt.» Samuel antwortete: «Warum höre ich Schafe blöken und Rinder brüllen? Was bedeutet das?» Saul antwortete: «Die besten Schafe und Rinder hat das Volk nicht getötet. Sie sollen dem Herrn als Opfer gebracht werden.» Samuel sagte: «Gehorsam ist besser als Opfer! Warum hast du den Befehl Gottes nicht ausgeführt? Ungehorsam gegenüber Gott ist genauso schlimm wie Götzendienst. Weil du ungehorsam gewesen bist, hat dich der Herr verworfen. Du kannst nicht länger König in Israel sein. Heute hat der Herr das Königtum von dir genommen und es einem anderen gegeben, der besser ist als du.» Da bereute Saul sein Unrecht. Doch von da an ging es abwärts mit Sauls Königtum.
Merkspruch: Fürchte Gott und halte seine Gebote; denn das gilt für alle Menschen (Pred 12, 13).

40. GOTT SUCHT SICH EINEN NEUEN KÖNIG
(1 Samuel 16)

Der Herr sprach zu Samuel: «Geh nach Bethlehem zum Bauern Isai. Einen von seinen Söhnen habe ich an Sauls Stelle zum König bestimmt.» Samuel ging nach Bethlehem und lud Isai zu einem Opferessen ein. Isai stellte ihm seine Söhne vor. Zuerst kam der älteste Sohn. Er war groß und kräftig. Samuel dachte: «Das wird der neue König sein.» Aber Gott sprach zu ihm: «Schaue nicht seine Größe an. Der Mensch sieht, was vor den Augen ist. Aber der Herr sieht das Herz an.» Und Samuel ließ der Reihe nach alle Söhne Isais zu sich kommen. Doch keiner war der Richtige. Da fragte Samuel Isai: «Sind das alle deine Söhne?» Isai antwortete: «Ja, nur der Jüngste ist noch auf der Weide und hütet die Schafe. Aber er ist fast noch ein Kind.»

Samuel sagte: «Holt ihn her!» Als David kam, sagte Gott zu Samuel: «Der ist es. Den habe ich ausgewählt. Salbe ihn zum König über Israel.» Samuel nahm sein Horn und goß Salböl auf Davids Kopf. Und der Geist Gottes kam über David. Von Saul nahm Gott seinen Geist weg. Ein böser Geist kam über ihn. Wenn der böse Geist ihn quälte, wurde Saul traurig und böse. Seine Ratgeber sagten zu ihm: «Vielleicht geht es dir besser, wenn du Musik hörst. Wir kennen einen jungen Mann, der sehr schön Harfe spielen kann. Er heißt David und ist der Sohn des Isai.» Saul war damit einverstanden. Er ließ David an seinen Königshof holen. Immer wenn der böse Geist Saul quälte, spielte David auf seiner Harfe.

Dann ging es Saul besser. Saul hatte David lieb. Er machte ihn zu seinem Waffenträger.

Merkspruch: Erforsche mich, Gott, und erkenne mein Herz; prüfe mich und erkenne, wie ich's meine. Und sieh, ob ich auf bösem Wege bin, und leite mich auf ewigem Wege (Ps 139, 23 f).

41. DAVID KÄMPFT MIT GOLIAT
(1 Samuel 17)

An der südlichen Grenze des Landes Kanaan wohnte das Volk der Philister. Oft kam es zum Krieg zwischen dem Volk Israel und den Philistern. Einmal lagen sich die beiden feindlichen Heere

gegenüber. Da trat ein Riese vor das Heer der Philister. Der hieß Goliat. Er war fast drei Meter groß. Ein großes Schwert und einen Speer trug er in seinen Händen. Sein Helm und seine Rüstung schützten ihn. Ein Waffenträger hielt seinen Schutzschild. Goliat rief zu den Israeliten hinüber: «Sucht einen von euch aus, der mit mir kämpft. Kann er mich besiegen, dann wollen wir eure Diener sein. Siege ich aber über ihn, dann sollt ihr unsere Diener sein.» Die Israeliten erschraken. Keiner wollte mit dem Riesen kämpfen. 40 Tage lang forderte sie Goliat zum Kampf heraus. Auch drei Brüder Davids dienten als Soldaten im Heer der Israeliten. David war wieder zu Hause und hütete die Schafe seines Vaters. Eines Tages schickte ihn der Vater zu den Brüdern. David sollte sehen, wie es den Soldaten ging. Als David ins Lager kam, hörte er Goliat rufen. Es tat ihm weh, daß das Volk Gottes so verspottet wurde. David sagte: «Wenn es keiner wagt, will ich gegen den Riesen kämpfen.» Er wurde zum König geführt. Aber Saul sagte zu David: «Du kannst nicht gegen Goliat kämpfen. Du bist noch zu jung. Er ist ein geübter Soldat.» David antwortete: «Als Hirte habe ich mit Bären und Löwen kämpfen müssen und sie besiegt.

Gott wird mir auch im Kampf gegen diesen Riesen helfen.» Da ließ ihn Saul seine Rüstung anziehen und setzte ihm seinen Helm auf. Aber David konnte damit nicht laufen. Es war alles viel zu groß und zu schwer. Er zog die Rüstung wieder aus.
Dann suchte er sich fünf glatte Steine im Bach und steckte sie in seine Hirtentasche. Er nahm seine Schleuder und seinen Hirtenstab und ging dem Riesen entgegen. Als Goliat ihn sah, lachte er laut und rief: «Bin ich denn ein Hund, daß du mich mit einem Stecken verjagen willst? Komm her, ich werde dein Fleisch den Raubtieren zu fressen geben.» David antwortete ihm: «Du kommst mit Schwert, Speer und Schild zu mir. Ich aber komme im Namen des Gottes Israels, den du verspottest.» Goliat lief auf ihn zu. Da nahm David einen Stein und schoß ihn mit seiner Schleuder zu Goliat hinüber. Der Stein traf den Riesen am Kopf und zerschlug ihm die Stirn. Goliat stürzte zu Boden und David lief schnell zu ihm. Er nahm Goliats Schwert und schlug ihm den Kopf ab. Als die Philister sahen, daß ihr stärkster Mann tot war, flohen sie alle. Und die Israeliten verfolgten sie bis an die Grenze des Landes.
Merkspruch: Ist Gott für uns, wer kann wider uns sein? (Röm 8, 31).

42. DAVID UND JONATAN WERDEN FREUNDE
(1 Samuel 17–20)

Nach dem Kampf mit Goliat kam David wieder in den Palast des Königs und wohnte dort. Saul hatte einen Sohn, der hieß Jonatan. Jonatan und David wurden gute Freunde. Jonatan beschenkte David und sagte: «Alles, was ich habe, gehört auch dir.»
Der Krieg gegen die Philister war zu Ende. Das Volk Israel feierte seinen Sieg. Auf Posaunen und Pauken, Flöten und Pfeifen wurde gespielt. Die Menschen tanzten vor Freude. Sie sangen: «Saul hat tausend Feinde erschlagen, aber David zehntausend.» Da wurde Saul neidisch auf David. Der böse Geist kam über ihn und machte ihn wütend. David wollte ihn mit seiner Harfe beruhigen. Saul nahm seinen Speer und warf ihn nach David. Doch David konnte ausweichen. Der Speer blieb in der Wand stecken.
Jonatan sagte zu seinem Vater: «Versündige dich nicht an David. Er hat uns geholfen und nichts Schlechtes getan. Gott steht auf seiner Seite.» Da wurde Saul ruhiger. Doch bald danach passierte es noch einmal, daß Saul den Speer nach David warf. Nun floh David aus dem Palast und versteckte sich im Wald. In der Nacht traf sich David heimlich mit Jonatan. David fragte ihn: «Was habe ich getan, daß dein Vater mich umbringen will?» Jonatan antwortete: «Fürchte dich nicht. Ich will noch einmal mit meinem Vater reden. Vielleicht kann ich ihn umstimmen.» Jonatan gab

David die Hand und sprach: «Ich weiß, daß ich nicht nach meinem Vater König werde. Gott hat dich dazu bestimmt. Er schenke dir seinen Segen. Wenn du später König bist, dann denke an mich. Sei barmherzig zu meiner Familie.» Das versprach David Jonatan. Bis zum Tod wollten sie Freunde bleiben.

Am nächsten Tag suchte Saul David. Jonatan sagte zu seinem Vater: «David ist nach Hause gegangen.» Da wurde Saul wütend und schrie: «Bringt ihn her! Er muß sterben.» Jonatan fragte: «Was hat er denn getan?» Saul antwortete: «Solange David lebt, kannst du nicht König werden.» Doch Jonatan nahm David in Schutz. Saul wurde noch wütender und bedrohte Jonatan mit seinem Speer. Nun wußte Jonatan, daß David fliehen mußte.

Er ging hinaus und traf sich wieder heimlich mit David im Wald. Dort erzählte er ihm alles. Dann verabschiedeten sich die beiden Freunde voneinander und David floh.

Merkspruch: Es gibt Freunde, die hängen fester als ein Bruder (Spr 18, 24).

43. SAUL VERFOLGT DAVID
(1 Samuel 21–27)

Auf seiner Flucht kam David nach Nob. Dort wohnte der Priester Ahimelech. Ahimelech wunderte sich, daß David keine Soldaten bei sich hatte. Da sagte David zu ihm: «Ich bin in einer geheimen Sache für den König unterwegs. Niemand darf etwas davon wissen. Meine Gefährten warten in einem Versteck auf mich. Kannst du uns etwas zu essen geben?» Ahimelech hatte nur Schaubrote. Diese Brote wurden jede Woche neu für Gott in die Stiftshütte gelegt. Und der Priester gab David davon. Als Saul später davon erfuhr, ließ er Ahimelech und seine Familie umbringen.

David floh ins Gebirge und versteckte sich in einer Höhle. Da kamen seine Brüder und Freunde zu ihm. Saul wollte David gefangennehmen. Mit 3 000 Soldaten suchte er ihn. Eines Abends kamen sie zu einer Höhle. Saul war müde und legte sich allein in die Höhle. Seine Begleiter schliefen draußen.

Ganz hinten in der Höhle hatte sich David mit seinen Freunden versteckt. Das wußte Saul nicht. Die Freunde sagten zu David: «Der Herr hat Saul in deine Hände gegeben. Heute kannst du ihm alles Böse heimzahlen.» David schlich sich an Saul heran. Mit seinem Messer schnitt er einen Zipfel vom Mantel des Königs ab. Dabei schlug sein Herz wie wild. Als er wieder zu seinen Freunden kam, sagte er zu ihnen: «Der Herr behüte mich davor, daß ich mich an dem Gesalbten des Herrn vergreife.»

Am Morgen wollte Saul mit seinen Soldaten weiterziehen. Da kam David nach ihm aus der Höhle und rief vom Berg herunter: «Mein Herr und König! Der Herr hat dich heute Nacht in meine Hände gegeben. Aber ich habe dir nichts Böses angetan. Hier ist der Zipfel deines Mantels, den ich abgeschnitten habe. Daran kannst du erkennen, daß ich nichts Böses vorhabe. Der Herr soll Richter sein zwischen dir und mir.»

Da schämte sich Saul und weinte. Er sagte zu David: «Du bist gerechter als ich. Der Herr belohne dich dafür, daß du mich heute Nacht nicht umgebracht hast. Ich weiß, daß du König werden wirst. Aber versprich mir, daß du meine Familie nicht ausrotten wirst.» David versprach das Saul. Und Saul zog mit seinen Soldaten nach Hause.

Aber bald danach begann Saul wieder, David zu verfolgen. Mit seinem Hauptmann Abner und vielen Soldaten suchte er ihn in der Wüste Sif. In der Nacht schlief der König in der Mitte des Lagers, umgeben von seinen Soldaten. Da schlich sich David mit einem Freund ins Lager. Saul lag auf der Erde und schlief. Sein Speer steckte neben seinem Kopf im Boden. Davids Begleiter wollte Saul damit erstechen. Aber David ließ es nicht zu. Sie nahmen den Speer und den Wasserkrug des Königs mit. Dann schlichen sie wieder davon.

Sie kletterten auf einen Berg, der dem Lager gegenüberlag. Von dort aus rief David laut hinüber: «He, Abner, warum bewachst du den König so schlecht? Sieh, ich war bei ihm und habe seinen Speer und seinen Wasserkrug mitgenommen.» Saul erkannte Davids Stimme. Er antwortete: «David, ich habe an dir gesündigt. Komm zurück! In Zukunft will ich dir nichts Böses mehr antun.» Saul kehrte nach Hause zurück. David aber ging ins Land der Philister. Er wohnte in der Stadt Ziklag. Dort hatte er Ruhe vor Saul.

Merkspruch: Liebt eure Feinde, segnet, die euch fluchen, tut wohl denen, die euch hassen, und bittet für die, die euch beleidigen und verfolgen (Mt 5, 44).

44. DAVID WIRD KÖNIG
(1 Samuel 31 und 2 Samuel 1–9)

Samuel war gestorben. Nun gab es niemand mehr, den Saul um Rat fragen konnte und der im Namen Gottes mit ihm redete. Wieder kam es zum Krieg mit den Philistern. Saul war ganz verzagt. Er fragte den Herrn um Rat. Aber der Herr antwortete ihm nicht.

Im Gebirge Gilboa kam es zum Kampf. Sauls Heer verlor die Schlacht. Der König wurde schwer verwundet und stürzte sich selbst in sein Schwert. Er wollte nicht lebend in die Hände der Feinde fallen. Auch Sauls Söhne kamen im Kampf um. Als David vom Tod Sauls und Jonatans hörte, war er sehr traurig.

Nun wurde David König des Volkes Israel. In Jerusalem ließ er die Burg Zion bauen. Dort wohnte er. David holte die Bundeslade mit den Gesetzestafeln nach Jerusalem. Sie wurde in einem großen Zelt aufgestellt. So konnten die Gottesdienste in Davids Nähe gehalten werden. David dichtete Lieder von Gott und seinen großen Taten. Viele davon stehen in unserer Bibel. Sie heißen Psalmen. Das Volk Israel sang und betete diese Lieder. David spielte dazu auf seiner Harfe.

Gott hatte David vieles geschenkt. Deshalb lobte David Gott gern und sang: «Lobe den Herrn, meine Seele, und vergiß nicht, was er dir Gutes getan hat.» David wollte auch anderen Menschen helfen. Er schickte seine Boten aus und sagte zu ihnen: «Seht, ob ihr jemand von Sauls Familie findet!» Die Boten kehrten zurück und berichteten: «Wir haben einen Sohn Jonatans gefunden. Als einziger ist er übrig geblieben. Er heißt Mefi-Boschet und ist an den Beinen gelähmt. Er ist ganz arm.» Da ließ ihn David holen. Mefi-Boschet hatte Angst vor dem König. Aber David sprach zu ihm: «Fürchte dich nicht! Ich will dir helfen, denn dein Vater war mein Freund.» Er schenkte Mefi-Boschet alles, was Saul gehört hatte. Diener bestellten für ihn die Felder. Und er wohnte sein Leben lang bei David.

Merkspruch: Selig sind die Barmherzigen; denn sie werden Barmherzigkeit erlangen (Mt 5, 7).

67

45. DAVID ÜBERTRITT GOTTES GEBOT
(2 Samuel 11 und 12)

David war ein mächtiger König. Gott half ihm. Viele Kriege konnte er gewinnen. Später brauchte David nicht immer selber mitzukämpfen. Sein Hauptmann Joab führte für ihn das Heer.
Einmal waren Davids Soldaten in den Krieg gezogen. David blieb zu Hause. Eines Tages ging der König auf dem Dach seines Palastes spazieren. Da sah er im Hof des Nachbarhauses eine junge Frau beim Baden. Sie war sehr schön und gefiel David. Er fragte seinen Diener nach ihr. Die Frau hieß Batseba. Ihr Mann Uria war Soldat und kämpfte im Heer des Königs. David ließ Batseba holen. Sie wurde seine Frau. Dann schrieb er einen Brief an seinen Hauptmann und befahl ihm: «Laß Uria in der vordersten Reihe kämpfen. Zieht euch hinter ihm zurück, damit er im Kampf umkommt.» Joab gehorchte dem Befehl des Königs. Bald wurde Uria von den Feinden erschlagen. Nun war Batseba eine Witwe. David nahm sie in sein Haus auf. Und sie bekam einen Sohn.

Dem Herrn aber gefiel diese Tat Davids gar nicht. Er schickte den Propheten Nathan zu ihm. Nathan sprach zu David: «Ich will dir eine Geschichte erzählen: Es wohnten zwei Männer in einer Stadt. Der eine war reich, der andere arm. Der Reiche hatte viele Schafe und Rinder. Der Arme besaß nur ein einziges Schaf. Eines Tages kam ein Gast zu dem reichen Mann, den er freundlich bewirten wollte. Aber seine Tiere waren ihm zu kostbar. Deshalb ließ er das Schaf des armen Mannes holen. Es wurde geschlachtet und zum Essen zubereitet.» Als das David hörte, wurde er zornig und sprach zu Nathan: «Der Reiche hat den Tod verdient! Wie heißt der Mann?» Da sprach Nathan zu David: «Du bist der Mann! Gott hat dich reich gesegnet. Er hat dir Frau und Kinder gegeben. Aber du hast sein Gebot verachtet. Im Gesetz Gottes steht: Du sollst nicht töten. Du sollst nicht ehebrechen. Du hast Uria töten lassen und dir seine Frau genommen. Wie konntest du dem Volk ein so schlechtes Beispiel geben? Der Herr wird dich dafür strafen und Unglück über dich und deine Familie kommen lassen.» David sprach zu Nathan: «Ich habe gesündigt! Der Herr sei mir gnädig und vergebe mir meine Schuld.» Nathan antwortete: «Weil du deine Sünde bereust, vergibt dir der Herr. Du mußt jetzt nicht sterben. Aber dein Kind wird nicht am Leben bleiben.» So geschah es.

Auch später erlebte David mit seinen Kindern viel Leid. Trotzdem vergaß er nicht, Gott für alles zu danken, was er ihm geschenkt hatte. Im 103. Psalm betete er: «Barmherzig und gnädig ist der Herr, geduldig und von großer Güte. Er handelt nicht mit uns nach unseren Sünden und vergilt uns nicht nach unsrer Missetat. Denn so hoch der Himmel über der Erde ist, läßt er seine Gnade walten über denen, die ihn fürchten. So fern der Morgen ist vom Abend, läßt er unsre Übertretungen von uns sein. Wie sich ein Vater über Kinder erbarmt, so erbarmt sich der Herr über die, die ihn fürchten» (Ps 103, 8. 10–13).

Merkspruch: Schaffe in mir, Gott, ein reines Herz, und gib mir einen neuen, beständigen Geist. Verwirf mich nicht von deinem Angesicht und nimm deinen heiligen Geist nicht von mir (Ps 51, 12 f).

46. ABSALOM WILL KÖNIG WERDEN
(2 Samuel 15–18)

Einer von Davids Söhnen hieß Absalom. Er war ein stattlicher junger Mann mit langen Haaren. Absalom konnte es nicht erwarten, selbst König zu werden. Deshalb kaufte er sich Wagen und Pferde. Fünfzig Soldaten mußten ihn als Leibwache beschützen. Am Morgen setzte er sich gern neben das Stadttor und wartete auf Leute, die zum König wollten. Von denen ließ er sich erzählen, warum sie beim König Rat suchten. Wenn sie ihm alles erzählt hatten, sagte er: «Dein Anliegen ist gut. Du hast recht. Aber der König wird dich nicht hören. Wenn ich Richter in Israel wäre,

würde ich den armen Leuten helfen!» Auf diese Weise gewann Absalom die Herzen vieler Israeliten.
Nach einiger Zeit meinte Absalom, er habe nun genug Leute für sich gewonnen. Da zog er nach Hebron und ließ sich dort zum König ausrufen. Viele Israeliten hielten zu ihm. David mußte mit seinen Leuten aus Jerusalem fliehen. Durch das Tal des Kidronbaches verließ er die Stadt. Da bewarf ihn ein Mann mit Steinen und rief hinter ihm her: «Du Bluthund und Verbrecher! Jetzt bekommst du die Strafe für alles, was du an anderen Böses getan hast.» Der Mann hieß Schimi und war ein Verwandter Sauls.
Absalom zog nach Jerusalem und ließ sich als König feiern. Dann machte er sich mit seinen Soldaten auf den Weg, um David gefangen zu nehmen. David ordnete seine Begleiter für den Kampf. Er befahl ihnen: «Kämpft, aber verschont mir meinen Sohn Absalom.» David hatte ihn immer noch sehr lieb. Im Kampf wurde Absaloms Heer besiegt. Absalom wollte auf einem Maultier fliehen. Doch er blieb mit seinen langen Haaren in den Ästen einer Eiche hängen. Das Maultier lief unter ihm weg. Absalom hing in der Luft und konnte sich nicht allein befreien. So fand ihn Joab, der Heerführer Davids. Und er erstach Absalom mit drei Speeren. Als David davon hörte, konnte er sich über den Sieg gar nicht freuen. Er trauerte

um seinen Sohn und rief: «Absalom, mein Sohn Absalom! Lieber wäre ich an deiner Stelle gestorben.» Diesen Kummer konnte David sein ganzes Leben lang nicht vergessen.
Merkspruch: Das Dichten und Trachten des menschlichen Herzens ist böse von Jugend auf (1 Mose 8, 21).

47. DAVID WIRD HOCHMÜTIG
(2 Samuel 24; 1 Könige 1 und 2)

Als David alle seine Feinde besiegt hatte, wurde er stolz und hochmütig. Eines Tages wollte er wissen, wie viele Soldaten es in seinem Land gab. Er sagte zu seinem Hauptmann Joab: «Geh umher im ganzen Land und zähle die kampffähigen Männer.» Joab antwortete: «Mein König, Gott gebe dir noch hundertmal so viele Soldaten, wie du jetzt hast. Aber warum mußt du sie zählen lassen? So etwas gefällt Gott nicht.» Doch David hörte nicht auf Joab. Der Hauptmann zog zehn Monate lang durchs Land und zählte die Soldaten. Als er zum König zurückkehrte, berichtete er ihm: «Es gibt 800 000 kampffähige Männer in Israel und 500 000 in Juda.» Da erkannte David seinen Fehler. Er bat Gott: «Herr, vergib mir meine Schuld.» Gott schickte den Propheten Gad zu David. Er sagte zum König: «So spricht der Herr: Ich will dich bestrafen für deinen Hochmut. Es gibt drei Möglichkeiten der Strafe. Wähle selbst! Willst du, daß für drei Jahre eine Hungersnot in dein Land kommt? Oder soll ich dir Feinde ins Land schicken, daß du drei Monate lang vor ihnen fliehen mußt? Oder willst du, daß drei Tage lang eine schreckliche Krankheit im Land herrscht?» David antwortete: «Ich habe große Angst. Doch will ich lieber in die Hand des Herrn fallen als in die Hände von Menschen. Denn der Herr ist barmherzig.» Gott schickte die schlimme Krankheit. Der Engel des Herrn ließ 70 000 Menschen sterben. David aber sah den Engel auf der Höhe des Berges Zion stehen. Da ging David hinauf und baute dem Herrn einen Altar. Er opferte und betete: «Herr, ich habe gesündigt und falsch gehandelt. Nimm diese Sünde von mir und strafe mich. Doch verschone mein armes Volk.» Der Herr erhörte das Gebet Davids und befahl seinem Engel: «Es ist genug!» Die Krankheit hörte auf. An der gleichen Stelle, an der damals der Engel gestanden hatte, wurde später der Vorhof des Tempels errichtet. Und wo David geopfert hatte, stand dann der Brandopferaltar.
David wurde alt und schwach. Als er fühlte, daß er bald sterben würde, ließ er die Ältesten des Volkes zu sich rufen. Er stellte ihnen seinen Sohn Salomo vor und bestimmte ihn zu seinem Nachfolger. David sprach zu seinem Sohn: «Ich wollte dem Herrn ein festes Haus bauen, in dem die Bundeslade stehen sollte. Aber der Herr wollte es nicht. Wenn du König bist, sollst du ihm das Haus bauen.» David übergab Salomo Pläne und Zeichnungen für den Bau des Tempels. Er hatte dafür schon einen großen Vorrat an Gold, Silber, Bronze und Eisen gesammelt. David sprach zu seinem

Sohn: «Fürchte dich nicht! Sei ein tapferer Mann. Diene dem Herrn und halte seine Gebote.» Bald danach starb David. Vierzig Jahre lang war er König in Israel und er wurde in Jerusalem begraben.

Merkspruch: Sei mir gnädig, Gott, sei mir gnädig! Denn auf dich traut meine Seele, und unter dem Schatten deiner Flügel habe ich Zuflucht, bis das Unglück vorübergehe (Ps 57, 2ff).

48. SALOMO WIRD KÖNIG
(1 Könige 3–8)

Nach Davids Tod wurde Salomo König des Volkes Israel. Er lebte nach Gottes Geboten. In einer Nacht redete Gott im Traum mit ihm. Der Herr sprach: «Bitte etwas von mir, was ich dir geben soll.» Salomo antwortete: «Herr, ich bin noch jung und habe ein großes Volk zu regieren. Gib mir deshalb ein gehorsames Herz, damit ich erkenne, was gut und böse ist. Laß mich dein Volk nach deinem Willen regieren.» Diese Antwort gefiel dem Herrn. Er sprach: «Ich will dir mehr geben, als du von mir erbeten hast.» Und Gott schenkte Salomo viel

Weisheit, dazu Reichtum und Macht, so daß er auch in anderen Ländern berühmt wurde.
Salomo ließ den Tempel bauen. Viele tausend Menschen halfen bei den Bauarbeiten. Sie fällten große Zedernbäume im Libanongebirge. Steine wurden aus dem Gebirge geholt und behauen. Nach sieben Jahren war der Tempel des Herrn fertig. Wenn man hineinging, kam man zuerst in den Vorhof. Hier wurden auf dem Brandopferaltar die Tieropfer für Gott dargebracht. Dann ging man weiter in das Heilige. Hier stand der Räucheraltar. An jedem Morgen wurden dort Rauchopfer verbrannt. Den innersten Raum bildete das Allerheiligste. Dort stand die Bundeslade mit den Gesetzestafeln. Den Deckel der Bundeslade nannte man Gnadenstuhl. Auf diesem standen zwei goldene Engel mit ausgebreiteten Flügeln. Das Allerheiligste durfte nur der Hohepriester betreten.
Salomo weihte den Tempel dem Herrn. Er betete: «Herr Gott, du bist groß und allmächtig. Nicht einmal die Himmel können dich fassen. Wie sollte es dieses Haus können, das ich dir gebaut habe? Erhöre mein Gebet und laß dich hier von uns finden. Behüte dieses Haus Tag und Nacht. Denn du hast von diesem Ort gesagt: Hier soll mein Name sein. Wir wollen zu allen Zeiten an diesem Altar zu dir beten. Erhöre uns und sei uns gnädig, lieber Herr und Gott!» Salomo segnete das Volk, und ließ Dankopfer darbringen. Zwei Wochen lang feierte Salomo mit dem Volk Israel die Einweihung des Tempels.

Von dieser Zeit an war der Tempel in Jerusalem das Heiligtum des Volkes Israel. Jedes Jahr kamen an den großen Festtagen viele Menschen zum Tempel. Sie opferten, sangen und lobten Gott. *Merkspruch:* Das ist ein köstlich Ding, dem Herrn danken und lobsingen deinem Namen, du Höchster, des Morgens deine Gnade und des Nachts deine Wahrheit verkündigen (Ps 92, 2f).

49. SALOMOS REICH ZERBRICHT
(1 Könige 11–14)

Salomo holte viele ausländische Frauen an seinen Königshof. Aus ihrer Heimat brachten sie ihre Götzen mit und dienten ihnen. Seinen Frauen zuliebe duldete es der König. So nahm der Götzendienst immer mehr zu. Das gefiel Gott nicht. Er warnte Salomo, aber der König gehorchte nicht. Da sprach Gott zu Salomo: «Du hast meinen Bund und meine Gebote nicht gehalten. Darum will ich das Königtum von deiner Familie wegnehmen. Nur ein Stamm Israels soll deinen Nachkommen bleiben. Weil dein Vater David mir treu gewesen ist, soll das aber nicht zu deinen Lebzeiten geschehen, sondern erst unter deinem Sohn.»
Nach Salomos Tod sollte sein Sohn Rehabeam König werden. Das Volk Israels versammelte sich in Sichem. Sie sagten zu Rehabeam: «Für deinen Vater mußten wir hart arbeiten. Erleichtere uns diese Last, dann wollen wir dir gern dienen.» Da fragte der junge König die erfahrenen Ratgeber seines Vaters. Sie sagten ihm: «Komm ihnen ent-

gegen und rede freundlich mit ihnen, dann werden sie dir später immer gehorchen.» Das gefiel Rehabeam nicht. Er fragte auch noch die jungen Leute, mit denen er aufgewachsen war. Die rieten ihm: «Du darfst dem Volk nicht nachgeben. Greife härter durch als dein Vater.» Und Rehabeam gab dem Volk zur Antwort: «Ich will euch nichts erlassen. Mein Vater hat euch mit Peitschen geschlagen. Ich werde euch mit Nagelpeitschen antreiben.»
Da wendete sich das Volk von Rehabeam ab. Nur der Stamm Juda blieb bei ihm. Nun gab es zwei Reiche in Israel: Das Südreich des Stammes Juda mit der Hauptstadt Jerusalem. Hier war Rehabeam König. Und das Nordreich der zehn Stämme mit den Städten Samaria und Sichem. Dort wählte man den Heerführer Jerobeam zum König. An den Festtagen zogen auch die Israeliten aus dem Nordreich weiter zum Tempel. Das sah Jerobeam nicht gern. Er sprach: «So kann das nicht weitergehen. Sonst wird das Volk eines Tages Rehabeam wieder als König haben wollen.» Und Jerobeam ließ zwei große Götzenbilder aufstellen, eines für den Norden in Dan und eines für den Süden in Bethel. Neue Feiertage wurden eingeführt. So brachte Jerobeam sein Volk davon ab, Gott in Jerusalem anzubeten. Das gefiel Gott nicht, und er hielt seine schützende Hand nicht mehr über das Reich Jerobeams. Es gab keinen Frieden im Land, solange der König lebte.
Merkspruch: Gerechtigkeit erhöht ein Volk; aber die Sünde ist der Leute Verderben (Spr 14, 34).

50. GOTT VERSORGT DEN PROPHETEN ELIA
(1 Könige 16 und 17)

Später lebte im Nordreich der zehn Stämme ein neuer König. Er hieß Ahab und war ganz gottlos. Seine Frau Isebel war die Tochter des Königs von Sidon. Sie betete den Götzen Baal an und verführte auch Ahab zum Götzendienst. 450 Baalspriester brachte Isebel mit nach Israel. Aber die Priester Gottes ließ Ahab verfolgen.
Da schickte Gott den Propheten Elia zu Ahab und ließ ihm sagen: «Mir gefällt nicht, was du tust. Ich bin ein lebendiger Gott. Du sollst erfahren, was ich kann. In den nächsten Jahren soll es in deinem Land weder Regen noch Tau geben, solange ich es will.» Und es geschah so, wie Elia dem König gesagt hatte. Es regnete nicht. Die Felder vertrockneten. Bald herrschte Hunger im Land.
Gott befahl dem Propheten Elia, daß er sich am Bach Krit versteckte. Er schickte Raben, die Elia mit Fleisch und Brot versorgten. Als aber auch dieser Bach austrocknete, sandte Gott den Propheten in die Stadt Zarpat. Vor dem Stadttor traf Elia eine Witwe, die Holz sammelte. Elia bat die Frau: «Gib mir einen Schluck Wasser und ein Stück Brot!» Die Frau antwortete: «Ich habe nur noch eine Handvoll Mehl und ein bißchen Öl. Das wollen mein Sohn und ich essen. Dann müssen wir sterben.» Aber Elia sagte zu der Witwe: «Fürchte dich nicht! Das Mehl im Topf soll nicht aufgebraucht werden und im Ölkrug soll immer etwas übrig bleiben, bis es Gott

wieder regnen läßt. Geh nach Hause und backe etwas!» Die Witwe ging und tat, was Elia gesagt hatte. Er aß und gab der Frau mit ihrem Sohn davon ab. Mehl und Öl aber wurden nicht alle.
Merkspruch: Der Herr ist gütig und eine Feste zur Zeit der Not und kennt die, die auf ihn trauen (Nah 1, 7).

51. GOTT VERNICHTET GÖTZENDIENER
(1 Könige 18)

Drei Jahre dauerte die Trockenheit im Reich des Königs Ahab. Im ganzen Land herrschte große Not. Da schickte Gott Elia zum König. Als Ahab den Propheten kommen sah, rief er: «Da bist du also, du Mann, der Israel ins Unglück stürzt!» Elia antwortete: «Nicht ich habe Israel ins Unglück gebracht, sondern du und deine Frau Isebel. Ihr verachtet Gottes Gebote und betet Götzen an. Rufe alle auf dem Berg Karmel zusammen. Das Volk soll selbst entscheiden, wer der Herr ist.» Da sandte Ahab Boten aus und das Volk versammelte sich auf dem Berg Karmel. Dort redete Elia mit den Israeliten und sprach: «Wie lange wollt ihr noch auf beiden Seiten hinken? Entscheidet euch: Ist der Herr Gott, dann betet ihn allein an. Ist aber Baal Gott, dann dient ihm.» Das Volk antwortete nicht. Da sagte Elia zu den Baalspriestern: «Bereitet ein Opfer vor, zündet aber kein Feuer an. Betet zu Baal, daß er das Opfer entzündet. Aber ich will dem Herrn ein Opfer bringen und zu ihm beten. Wer mit Feuer antwortet, soll unser Herr sein.» Es wurden zwei Ochsen gebracht. Die Baalspriester bereiteten einen für das Brandopfer vor. Sie tanzten um ihren Altar und riefen: «Baal, erhöre uns!» Sie ritzten sich mit Messern in die Haut, um Baal gnädig zu stimmen. Doch sie bekamen keine Antwort. Als es Mittag wurde, verspottete sie Elia und sprach: «Ruft lauter! Baal ist doch ein Gott! Sicher hat er zu tun oder ist aufs Feld gegangen. Vielleicht schläft er gerade. Ruft lauter, damit er aufwacht!» Die Baalspriester riefen noch lauter und ritzten sich noch mehr mit ihren Messern. Sie tanzten wie wild. Aber eine Antwort erhielten sie nicht. Da sprach Elia zum Volk: «Kommt her!» Er baute einen Altar. Rings um den Altar zog Elia einen Graben. Er bereitete das Holz vor und schlachtete den Ochsen für das Opfer. Dann ließ er in Eimern Wasser holen und dreimal über den ganzen Altar mit dem Tier und dem Holz gießen. Der Graben füllte sich mit Wasser. Dann begann Elia zu beten: «Herr, Gott Abrahams, Isaaks und Jakobs. Alle sollen heute erfahren, daß du der Gott Israels bist und ich dein Diener. Das alles habe ich auf deinen Befehl getan. Erhöre mich, Herr! Laß dieses Volk erkennen, daß du der rechte Gott bist. Bringe es wieder auf den richtigen Weg.» Da ließ Gott Feuer vom Himmel fallen. Es verschlang alles: das Opfertier, das Holz, die Steine, die Erde und das Wasser im Graben. Als das die Israeliten sahen, warfen sie sich auf die Erde und riefen: «Der Herr ist Gott, der Herr ist Gott!» Elia befahl dem

Volk: «Nehmt die Baalspriester gefangen! Sie sollen die Strafe bekommen, die das Gesetz für Götzendiener vorschreibt.» Elia führte die Baalspriester an den Bach Kischon und tötete sie. Danach ging Elia wieder auf den Gipfel des Berges Karmel. Dort bückte er sich vor Gott tief bis zur Erde und bat um Regen. Dann befahl er seinem Diener: «Geh dorthin und schau zum Meer hinüber!» Der Diener kam zurück und sagte: «Es ist nichts zu sehen.» Da betete Elia noch einmal und schickte den Diener wieder hin. So geschah es sechs Mal. Beim siebenten Mal kam der Diener zurück und sagte: «Über dem Meer steigt eine Wolke auf. Die ist so klein wie die Faust eines Mannes.» Da schickte Elia den Diener zum König Ahab und ließ ihm sagen: «Spanne deine Pferde an und fahre nach Hause, damit der Regen dich nicht überrascht.» Es kam Sturm auf und der Himmel bedeckte sich mit schwarzen Wolken. Dann begann es heftig zu regnen. Und Ahab fuhr im Regen nach Hause.

Merkspruch: Du sollst anbeten den Herrn, deinen Gott und ihm allein dienen (5 Mose 6, 13; Mt 4, 10).

52. GOTT STÄRKT ELIA
(1 Könige 19)

Ahab erzählte seiner Frau Isebel alles, was auf dem Berg Karmel geschehen war und was Elia den Baalspriestern angetan hatte. Da wurde Isebel zornig und sprach: «Elia muß sterben!» Als Elia das hörte, erschrak er und floh in die Wüste. Mutlos und müde setzte er sich unter einen Wachholderstrauch und betete: «Es ist genug, Herr. Nimm nun meine Seele und laß mich sterben. Ich bin nicht besser als meine Väter.» Elia schlief ein. Plötzlich weckte ihn ein Engel und sprach zu ihm: «Steh auf, Elia! Iß und trink! Du hast einen weiten Weg vor dir.» Als Elia seine Augen öffnete, sah er ein geröstetes Brot und einen Krug Wasser neben sich stehen. Elia aß und trank. Dann lief er los, immer weiter nach Süden. Vierzig Tage und Nächte war er unterwegs, bis er zum Berg Horeb kam.

Elia wollte sich in einer Höhle des Berges ausruhen. Dort redete Gott mit ihm. Elia klagte Gott sein Leid. Er hatte ihm als Prophet immer treu gedient. Nun aber mußte er Angst haben um sein Leben. Gott tröstete ihn und gab ihm neue Kraft. Er befahl Elia, an den Eingang der Höhle zu treten. Elia sollte

Gottes Nähe spüren. Erst kam ein starker Sturm auf, der an den Felswänden rüttelte. Aber Gott war nicht im Sturm. Dann bebte die Erde. Aber Gott war nicht im Erdbeben. Danach brauste ein Feuersturm vorüber. Aber Gott war nicht im Feuer. Zuletzt kam ein stilles, sanftes Sausen des Windes. Da spürte Elia die Nähe Gottes. Er verhüllte sein Gesicht mit dem Mantel. Gott sprach zu ihm: «Geh zurück bis nach Damaskus. Nimm Elisa, den Sohn Schafats, und salbe ihn zum Propheten. Er soll dein Nachfolger werden.»
Elisa war gerade auf dem Feld und pflügte, als Elia zu ihm kam. Elia warf seinen Prophetenmantel über ihn. Das war das Zeichen für die Berufung ins Prophetenamt. Elisa sprach: «Laß mich noch nach Hause gehen, damit ich mich von meinem Vater und meiner Mutter verabschiede.» Elia ließ ihn gehen. Dann zog Elisa mit dem Propheten und wurde sein Schüler.
Merkspruch: Die auf den Herrn harren, kriegen neue Kraft, daß sie auffahren mit Flügeln wie Adler, daß sie laufen und nicht matt werden, daß sie wandeln und nicht müde werden (Jes 40, 31).

53. GOTT STRAFT AHAB
(1 Könige 21 und 22)

Ahab hatte einen Königspalast in Samaria. Neben dem Palast lag der Weinberg eines Mannes, der hieß Nabot. Eines Tages sagte der König zu Nabot: «Gib mir deinen Weinberg. Ich will mir einen Garten anlegen. Ich gebe dir dafür Geld oder einen anderen Weinberg.» Aber Nabot sprach: «Davor behüte mich der Herr! Ich kann den Weinberg nicht verkaufen. Er hat schon meinen Vätern gehört. Ich habe ihn geerbt. Gott will, daß ich mein Erbe bewahre.»
Ahab ging wütend nach Hause. Er warf sich auf sein Bett und wollte vor Ärger nichts essen. Da kam Isebel zu ihm und er erzählte ihr alles. Isebel sagte: «Sei nicht traurig. Ich werde dir den Weinberg verschaffen.» Sie schrieb einen Brief an die Ältesten der Stadt. Darin stand: «Besorgt zwei falsche Zeugen, die gegen Nabot aussagen. Die sollen ihn anklagen, daß er Gott und den König verspottet hat. Verurteilt ihn zum Tode und steinigt ihn vor der Stadt.» Auf den Brief setzte Isebel den Namen und das Siegel des Königs. Die Ältesten der Stadt taten, was ihnen die Königin befohlen hatte. Bald meldete ein Bote der Königin: «Nabot ist tot.» Isebel ging zu Ahab und sprach: «Steh auf! Der Weinberg gehört dir. Nabot ist tot!» Und Ahab ging, um sich den Weinberg anzusehen.
Da schickte Gott den Propheten Elia zu ihm. Elia sagte zum König: «Du hast Nabot umbringen lassen und dir seinen Weinberg genommen. Darum spricht der Herr: Hunde haben Nabots Blut aufgeleckt. Auch dein Blut soll von Hunden aufgeleckt werden.»
Drei Jahre danach mußte Ahab in den Krieg ziehen. Er verkleidete sich als einfacher Soldat, um nicht erkannt zu werden. Trotzdem traf ihn ein feindlicher Pfeil. Er verblutete in seinem Kampfwagen. Als seine Diener den

Wagen sauber machten, leckten Hunde das Blut des Königs auf.
Merkspruch: Wer Sünde tut, der ist der Sünde Knecht (Joh 8, 34).

54. NAAMAN WIRD GEHEILT
(2 Könige 2 und 5)

Elia war alt geworden und der Herr wollte ihn zu sich in den Himmel holen. Da ging Elia mit Elisa zum Jordan. Elia sprach zu seinem Schüler: «Heute werde ich von dir weggenommen. Erbitte dir noch etwas von mir!» Elisa antwortete: «Gib mir so viel von deinem Geist, wie deinem erstgeborenen Sohn zustehen würde.» Elia sprach: «Du hast um viel gebeten. Aber du sollst es bekommen, wenn ich von dir genommen werde.» Da sah Elisa einen feurigen Wagen mit feurigen Pferden. In dem fuhr Elia zum Himmel. Und er verschwand vor Elisas Augen. Auch Elisa wurde ein mächtiger Prophet, der viele Zeichen und Wunder tat. Das machte seinen Namen bekannt bis in die Nachbarländer Israels.

In Syrien gab es zu dieser Zeit einen Heerführer, der hieß Naaman. Der syrische König achtete ihn sehr, weil er schon in vielen Schlachten gesiegt hatte. Plötzlich wurde Naaman aussätzig. Der Aussatz ist eine schlimme Hautkrankheit. In Naamans Haus arbeitete ein Mädchen als Dienerin. Es war von den Syrern gefangen aus Israel weggeführt worden. Das Mädchen sagte zu seiner Herrin: «Wenn mein Herr doch zu unserem Propheten Elisa käme. Der würde ihn heilen.» Als Naaman das hörte, redete er mit seinem König. Der König sagte: «Geh hin zu dem Propheten. Ich stelle dir einen Schutzbrief aus und gebe dir zwei Zentner Silber, 6000 Goldstücke und zehn Festkleider als Geschenke mit.»

Naaman machte sich auf den Weg. Er kam nach Samaria zum König von Israel. Der las den Schutzbrief und wußte nicht, was das bedeuten sollte. Er wurde zornig und sagte: «Bin ich Gott? Ich kann doch keinen Menschen heilen oder lebendig machen. Der König von Syrien sucht wohl einen Grund zum Streit mit uns?» Da sandte Elisa einen Boten zum König und ließ ihm sagen: «Schicke den syrischen Heerführer zu mir. Er soll merken, daß es noch einen Propheten des wahren Gottes gibt.» Naaman kam zu Elisa. Der Prophet sandte seinen Diener hinaus. Der sprach zu Naaman: «Mein Herr läßt dir sagen: Geh zum Jordan und wasche dich siebenmal in ihm. Dann wirst du gesund.» Naaman war empört. Zu seinen Begleitern sagte er: «Ich dachte, der Prophet würde wenigstens herauskommen und mir die Hände auflegen und zu seinem Gott beten. Nun schickt er mich an den schmutzigen Jordan. Sind die Flüsse in Damaskus nicht viel besser?» Aber seine Diener redeten ihm zu. Sie sprachen: «Herr, wenn der Prophet etwas Großes von dir verlangt hätte, dann hättest du es bestimmt getan. Warum solltest du nicht auch das Einfache tun?» Da fuhr Naaman doch zum Jordan. Er stieg hinein und tauchte siebenmal unter. Als er herausstieg, war er gesund. Naaman kehrte um und kam wieder zu Elisa. Er lobte Gott und sprach: «Jetzt weiß ich, daß es nur in Israel einen Gott gibt, der helfen kann. Ich will in Zukunft keinen anderen Gott anbeten. Nimm als Dank meine Geschenke.» Doch Elisa wollte nichts nehmen. Da machte sich Naaman auf den Heimweg.

Als sich Naaman schon ein Stück entfernt hatte, sagte Elisas Diener Gehasi zu sich selbst: «Warum hat mein Herr nichts von den Geschenken des reichen Syrers genommen? Wir hätten es gebrauchen können. Ich werde ihm nachreiten und mir etwas geben lassen. Davon kann ich Felder und Weinberge kaufen.» Gehasi ritt Naaman nach. Als der ihn kommen sah, hielt er an und stieg vom Wagen. Gehasi sprach zu Naaman: »Mein Herr läßt dir sagen: Es sind gerade zwei arme Prophetenschüler zu mir gekommen. Gib mir für sie doch einen Zentner Silber und zwei Festkleider.» Naaman antwortete: «Nimm lieber zwei Zentner Silber und die Kleider.» Er drängte es ihm auf. Gehasi ritt nach Hause und versteckte die Sachen. Als er zu Elisa hineinkam, fragte ihn der Prophet: «Woher kommst du, Gehasi?» Er antwortete: «Ich war nicht fort.» Elisa sprach: «Du denkst, es hat niemand gesehen, wo du gewesen bist. Aber der Geist Gottes hat es mir gezeigt. Naaman ist von seiner Krankheit geheilt worden. Dafür wirst du seinen Aussatz bekommen.» Und Gehasi wurde aussätzig.

Merkspruch: Geldgier ist eine Wurzel alles Übels (1 Tim 6, 10).

55. ELISA VERHILFT ISRAEL ZUM FRIEDEN
(2 Könige 6 und 13)

Der König von Syrien führte Krieg gegen Israel. Er wollte das Heer der Israeliten in einen Hinterhalt locken. Doch Elisa warnte seinen König und verriet ihm das Versteck der Gegner. So konnten die Syrer nichts ausrichten. Das geschah mehrere Male nacheinander. Da sagte der syrische König zu seinen Heerführern: «Unter uns muß ein Verräter sein. Die Israeliten wissen immer schon vorher, wo wir uns versteckt haben.» Aber die Heerführer antworteten: «Es gibt keinen Verräter unter uns. Der Prophet Elisa ist daran schuld. Er verrät seinem König deine geheimen Pläne.» Der syrische König ließ erkunden, wo sich der Prophet aufhielt. Dann schickte er seine Soldaten, um Elisa gefangenzunehmen.

Elisa war gerade in der Stadt Dotan. Als sein Diener am Morgen aufwachte, sah er, daß die ganze Stadt von syrischen Soldaten umstellt war. Er sagte zu Elisa: «O weh, was wollen wir jetzt tun?» Elisa antwortete: «Fürchte dich nicht! Auf unserer Seite sind mehr als auf der Seite der Feinde.» Und Elisa betete: «Herr, öffne ihm die Augen, daß er sehen kann.» Da sah sein Diener rings um die Stadt das himmlische Heer mit seinen Pferden und Wagen kampfbereit stehen.

Als das syrische Heer gegen die Stadt vorrückte, schlug Gott die Syrer mit Blindheit. So konnten sie nicht kämpfen. Und Elisa führte sie nach Samaria zum König von Israel. Der König fragte den Propheten: «Soll ich sie alle töten lassen?» Elisa antwortete: «Nein, töte sie nicht. Denn du warst es nicht, der sie besiegt hat. Gib ihnen zu essen und schicke sie in ihr Land zurück. Dann werden sie dort von unserem Gott erzählen, der uns beschützt.» Danach führten die Syrer eine Zeit lang keinen Krieg mehr gegen Israel.

Als Elisa alt und krank geworden war, wußte er, daß er bald sterben müßte. Da kam der König Joasch zu ihm. Er weinte und sprach: «Mein Vater, mein Vater, du hast unser Volk immer wieder vor Gefahren bewahrt. Verlaß uns nicht!» Elisa wollte den König trösten und sprach zu ihm: «Nimm deinen Pfeil und Bogen. Spanne den Bogen und lege den Pfeil ein. Öffne das Fenster in Richtung Osten.» Elisa legte seine Hand auf die Hand des Königs und sagte: «Schieß ab!» Der König ließ den Pfeil fliegen. Elisa sprach: «Das ist ein Pfeil vom Herrn. Er wird dir Sieg geben gegen deine Feinde im Osten.» So stärkte Elisa seinen König durch dieses Zeichen.

Merkspruch: Lobet den Herrn, ihr seine Engel, ihr starken Helden, die ihr seinen Befehl ausrichtet, daß man höre die Stimme seines Wortes! Lobet den Herrn, alle seine Heerscharen, seine Diener, die ihr seinen Willen tut! (Ps 103, 20 f).

56. HIOB BLEIBT GOTT TREU
(Hiob 1–42)

Im Land Uz lebte ein gottesfürchtiger Mann, der hieß Hiob. Er hatte sieben Söhne und drei Töchter. Hiob war sehr reich und viele Diener arbeiteten bei ihm. Gott freute sich über Hiob.
Da traten die Engel im Himmel vor Gott. Auch der Teufel kam. Der Herr fragte ihn: «Wo kommst du her?« Der Teufel antwortete: «Ich bin auf der Erde umhergegangen. Auch deinen Diener Hiob habe ich gesehen. Der ist nicht umsonst so gottesfürchtig. Du hast ihm alles geschenkt, was sein Herz wünscht. So ist es leicht, gottesfürchtig zu sein. Nimm ihm alles weg, was er hat. Dann wird er dir nicht mehr dienen!» Der Herr antwortete: «Wir werden es sehen. Du darfst ihm wegnehmen, was er hat. Aber an ihm selber sollst du dich nicht vergreifen.»
Am gleichen Tag kam ein Bote zu Hiob und sagte: «Feinde sind in unser Land gekommen. Sie haben deine Hirten erschlagen und alle Rinder und Esel geraubt. Ich bin allein mit dem Leben davongekommen, um dir zu berichten.» Dann kam ein zweiter Bote. Der rief: «Feuer ist vom Himmel gefallen und hat deine Schafherden vernichtet. Alle Hirten sind tot. Ich allein bin übriggeblieben.» Als er noch redete, kam ein dritter Bote und sprach: «Deine Söhne und Töchter feierten im Haus deines ältesten Sohnes ein Fest. Plötzlich kam ein starker Sturm auf. Das Haus stürzte ein und begrub alle unter sich. Deine Kinder sind tot. Nur ich bin entkommen.» Da zerriß Hiob sein Kleid und trauerte. Aber er machte Gott keine Vorwürfe, sondern betete: «Der Herr hat's gegeben, der Herr hat's genommen. Der Name des Herrn sei gelobt!»
Wieder traten die Engel vor Gott. Auch der Teufel kam. Gott fragte ihn: «Nun, hält Hiob am Glauben fest?» Der Teufel antwortete: «Ja, er hält noch am Glauben fest. Seinen Reichtum kann ein Mensch leicht verlieren. Die Hauptsache ist, daß er gesund bleibt. Plage Hiob mit einer Krankheit, dann wird er seinen Glauben aufgeben.» Der Herr sprach: «Gut, auch das will ich zulassen. Ich gebe Hiob in deine Hand. Nur sein Leben darfst du nicht antasten.»
Da wurde Hiob sehr krank. Vom Scheitel bis zur Fußsohle war seine Haut mit eitrigen Geschwüren bedeckt. Seine Frau konnte ihn nicht mehr ansehen. Sie fragte ihn: «Warum hältst du an deinem Glauben fest? Trenne dich von Gott und stirb!» Aber Hiob antwortete: «Haben wir Gutes empfangen von Gott und sollten das Böse nicht auch annehmen? Ich weiß, daß mein Erlöser lebt, und er wird mich später aus der Erde auferwecken. Und ich werde danach mit dieser meiner Haut umgeben werden und werde in meinem Fleisch Gott

sehen.» Und Hiob sagte sich nicht von Gott los.

Hiob wurde von drei Freunden besucht. Sie wollten ihn trösten und sprachen: «Gott ist gerecht. Niemand muß schuldlos leiden. Selig ist der Mann, den Gott straft. Nimm die Strafe des Herrn an. Er schlägt, aber seine Hand heilt auch. Er schickt jedem Menschen, was er verdient. Niemanden bestraft er zu Unrecht.» Aber Hiob antwortete: «Ihr seid schlechte Tröster. Das alles weiß ich auch. Plagt mich nicht länger, denn ich bin unschuldig. Ich will den Herrn selber fragen. Er soll mir sagen, warum ich leiden muß und weshalb er mich bestraft.» Gott antwortete Hiob in einem Gewittersturm. Er sprach: «Mensch, wer bist du, daß du Rechenschaft von mir forderst? Wo warst du, als ich die Erde und den Himmel geschaffen habe? Wer lenkt Sonne und Mond in ihrer Bahn? Wer regiert Menschen und Tiere, Wind und Wolken? Willst du dem Allmächtigen etwas vorschreiben?» Hiob antwortete: «Herr, ich erkenne, daß du alles kannst. Nichts ist zu schwer für dich. Ich habe unvernünftig geredet. Vergib mir! Von ganzem Herzen will ich dir dienen.»

Da nahm der Herr alles Leid von Hiob und schenkte ihm doppelt so viel, wie er verloren hatte. Hiob lebte noch 140 Jahre und hatte wieder viele Kinder.

Merkspruch: Selig ist der Mann, der die Anfechtung erduldet; denn nachdem er bewährt ist, wird er die Krone des Lebens empfangen, die Gott verheißen hat denen, die ihn lieb haben (Jak 1, 12).

57. JONA PREDIGT IN NINIVE
(Jona 1–4)

In Gat-Hefer lebte ein Mann, der hieß Jona. Eines Tages sprach Gott zu ihm: «Geh in die große Stadt Ninive, die im Zweistromland liegt. Sage den Menschen dort, wie böse und gottlos sie leben. Wenn sie nicht umkehren, werde ich ihre Stadt zerstören.» Doch Jona wollte nicht. Er ging in die Hafenstadt Jafo. Dort fand er ein Schiff, das nach Spanien fahren sollte. Das war Jona gerade recht, denn er wollte weit fort. Jona bezahlte sein Fahrgeld, und das Schiff fuhr ab. Als sie auf dem offenen Meer waren, kam ein schwerer Sturm auf. Das Schiff wurde hin und her geworfen und drohte zu zerbrechen. Die Matrosen warfen die Ladung über Bord, damit das Schiff leichter würde. Aber es half nichts. Jeder betete vor Angst zu seinem Gott. Jona aber hatte sich unten im Schiff schlafen gelegt. Da kam der Kapitän zu ihm und sagte: «Bete du auch zu deinem Gott. Vielleicht kann er uns retten!» Schließlich wollten die Matrosen herausbekommen, wer an dem Unglück des Schiffes schuld wäre. Sie warfen das Los und es fiel auf Jona. Sie fragten ihn: «Wer bist du und woher kommst du?» Jona antwortete: «Ich bin ein Israelit und fürchte den Gott, der Himmel, Erde und Meer geschaffen hat. Ich wollte vor ihm fliehen. Aber er hat mich eingeholt. Deshalb ist dieser Sturm über uns gekommen. Werft mich ins Meer, dann habt ihr Ruhe.» Erst wollten die Matrosen nicht. Aber als der Sturm immer schlimmer wurde, warfen sie Jona doch ins Meer. Die Matrosen auf dem Schiff fürchteten sich vor Jonas Gott und wollten ihm nun auch dienen.

Gott schickte einen großen Fisch, der verschluckte Jona. Drei Tage und Nächte mußte er im Bauch des Fisches bleiben. Dort betete er und dankte Gott für seine Rettung. Nun wollte er auf Gottes Ruf hören. Da befahl Gott dem Fisch, Jona ans Land zu spucken. Gott sagte zu Jona: «Geh nun nach Ninive! Predige dort, was ich dir sagen werde!» Und Jona machte sich auf den Weg. Er kam nach Ninive. Dort rief er den Menschen zu: «Wenn ihr nicht umkehrt und Gottes Gebote haltet, wird eure Stadt in 40 Tagen zerstört.» Die Leute von Ninive erschraken und bereuten ihr Tun. Der König der Stadt aß und trank nichts. Zum Zeichen seiner Reue zog er das Königskleid aus, legte sich einen Sack um und setzte sich in Asche. Er rief die Menschen seiner Stadt auf: «Bittet Gott um Gnade. Vielleicht läßt er sich umstimmen und zerstört unsere Stadt nicht.»

Gott sah, daß die Menschen ihre Sünden bereuten und zu ihm umkehrten. Da verschonte Gott die Stadt. Aber Jona wurde zornig darüber und sagte: «Ach Herr, ich wußte, daß du gnädig und barmherzig bist. Deshalb wollte ich nicht nach Ninive gehen. Nun stehe ich da wie ein Lügner. Ich will lieber ster-

ben als leben!» Gott sprach zu ihm: «Meinst du, du hast recht, wenn du über mich zornig bist?» Jona ging hinaus vor die Stadt und baute sich eine Hütte. Von dort aus wollte er sehen, was mit der Stadt geschieht. Es war sehr heiß. Und Gott hatte Mitleid mit Jona. Er ließ über Nacht einen großen Strauch wachsen. Nun konnte sich Jona in den Schatten des Strauches legen. Darüber freute er sich.
Doch am nächsten Morgen schickte Gott einen Wurm. Der nagte den Strauch an, so daß er schnell welk wurde und vertrocknete. Und der Ostwind wehte besonders heiß. Da wurde Jona ganz elend. Er wünschte sich den Tod. Und Gott sprach zu ihm: «Meinst du immer noch, daß es recht ist, wenn du auf mich böse bist?» Jona antwortete: «Ja, ich werde bis zu meinem Tod zornig über dich sein!» Gott sprach: «Du trauerst um den Strauch, der dir Schatten gab. Ich habe ihn für dich wachsen lassen. Du hattest keine Mühe mit ihm. Und ich sollte mich nicht über eine große Stadt erbarmen?»
Merkspruch: Barmherzig und gnädig ist der Herr, geduldig und von großer Güte (Ps 103, 8).

58. EIN SCHAFHIRTE WIRD PROPHET
(Amos 1–9)

In Israel herrschte Frieden. Das Land hatte Ruhe vor seinen Feinden, und den Menschen ging es gut. Aber das Volk war untereinander zerstritten. Die einen lebten in unermeßlichem Reichtum, die anderen hungerten. Die Reichen hatten kein Mitleid mit den Armen und die Armen haßten die Reichen. Wer seine Schulden nicht bezahlen konnte, wurde erbarmungslos als Sklave verkauft. Einer betrog den anderen in Geschäften. Münzen und Gewichte wurden gefälscht. Zur gleichen Zeit feierten die Israeliten aber prächtige Gottesdienste. An ihrem selbsterdachten Heiligtum in Bethel beteten sie zu Gott und brachten ihm Opfer dar. Sie riefen Gott um Hilfe an, lebten aber nicht nach seinen Geboten. Das gefiel Gott nicht. Da berief Gott Amos zu seinem Propheten. Amos lebte in Tekoa bei Bethlehem und war Hirte. Gott machte Amos zu seinem Boten. Er schickte ihn nach Bethel. Dort predigte Amos ein Jahr lang. Der Geist Gottes sagte ihm, was er verkünden sollte. Amos sprach: «So spricht der Herr: Mir gefallen eure Gottesdienste und Opfer nicht. Hört auf, schöne Lieder zu singen und Saiteninstrumente zu spielen. Ich will eure Freudenfeste in Trauer umwandeln. Eure prachtvollen Häuser sollen ausgeraubt werden. Über die Trümmer eurer Häuser wird man euch als Gefangene wegführen in ein fremdes Land. Sucht mich, so werdet ihr leben! Ich werde Hunger ins Land schicken. Nicht nur Hunger nach Brot oder Wasser, sondern Hunger nach meinem Wort. Ihr werdet von einem Ende des Landes zum anderen laufen und Gottes Wort nicht finden.» Dem gottlosen König kündigte Amos den Untergang seines Reiches an.
Da ging der Oberpriester von Bethel

zum König und sprach: «Amos hetzt das Volk gegen dich auf. Man kann seine Worte nicht mehr anhören. Es wird noch einen Aufruhr geben. Verbiete ihm, weiter zu predigen!» Amos mußte das Land verlassen. Doch Gott berief andere Propheten, so daß sein Wort weiter gehört werden konnte.
Merkspruch: Suchet mich, so werdet ihr leben! (Amos 5, 4).

59. JESAJA RUFT ZUR UMKEHR
(Jesaja 1 und 6)

Zu dieser Zeit wurde auch Jesaja zum Propheten berufen. In einem Traum sah er Gott im Tempel. Der Herr saß auf einem hohen Thron. Der Saum seines Kleides füllte den ganzen Tempel. Um ihn herum standen Engel. Sie sangen: «Heilig, heilig, heilig ist der Herr Zebaoth. Alle Welt ist voll von seiner Ehre!» Von dem gewaltigen Gesang der Engel erbebten die Grundmauern des Tempels. Das ganze Haus füllte sich mit Rauch und Nebel. Jesaja rief: «Wehe mir, ich bin verloren! Meine Lippen sind unrein und ich gehöre zu einem Volk, das nicht würdig ist, mit Gott zu reden. Ich habe den König der Welt, den Herrn Zebaoth, mit meinen Augen gesehen.» Da nahm ein Engel mit einer Zange ein glühendes Kohlenstück vom Altar. Damit berührte er Jesajas Lippen und sprach: «Siehe, die Glut hat deine Lippen berührt. Deine Schuld ist weggenommen. Dir sind deine Sünden vergeben. Geh nun hin und rede im Auftrag Gottes zum Volk. Willst du mein Bote sein?» Jesaja antwortete: «Herr, hier bin ich. Sende mich!»
Gott ließ dem Volk Israels durch Jesaja verkünden: «So spricht der Herr: Ich habe euch wie Kinder großgezogen. Aber ihr sagt euch von mir los. Ein Ochse kennt seinen Herrn, ein Esel die Futterkrippe seines Herrn. Aber mein Volk Israel kennt mich nicht. Ihr wollt nicht erkennen, was ich Gutes an euch getan habe. Wehe euch, ihr gottloses und böses Volk! Was sollen die vielen Opfer? Eure Rauchopfer gefallen mir nicht. Wenn ihr eure Hände erhebt zum Gebet, schließe ich meine Augen. Denn an euren Händen klebt Blut. Wascht und reinigt euch! Laßt das Böse! Tut Gutes und übt Gerechtigkeit! Helft den Unterdrückten, den Waisen und Witwen. Kommt her, wir wollen sehen, wer recht hat. Wenn eure Sünde auch blutrot ist, soll sie doch weiß werden wie Schnee. Wenn ihr auf mein Wort hört, dürft ihr weiter von den Erntefrüchten dieses Landes essen. Wenn ihr aber ungehorsam seid, will ich euch durch das Schwert strafen.»
Doch das Volk der zehn Stämme im Nordreich Israels hörte nicht auf Gottes Warnungen und kehrte nicht um zu ihm. Da schickte Gott den assyrischen König Salmanasser. Der führte Krieg gegen das Nordreich und eroberte es. Das geschah im Jahr 722 vor Christus. Die Bewohner führte er als Gefangene weg. Sie wurden in andere Teile des assyrischen Reiches gebracht. Dafür kamen fremde Völker ins Land. Nur ein kleiner Rest Israeliten blieb dort zurück. Sie vermischten sich im Lauf der

Zeit mit den Heidenvölkern, die nun unter ihnen wohnten. Daraus sind die Samariter geworden. Sie kannten zwar das Gesetz des Mose, dienten aber auch heidnischen Götzen.

Merkspruch: Wenn eure Sünde auch blutrot ist, soll sie doch schneeweiß werden, wenn sie rot ist wie Scharlach, soll sie doch wie Wolle werden (Jes 1, 18).

60. HISKIA VERLÄSST SICH AUF GOTT
(2 Könige 18–20; Jesaja 38)

Zu der Zeit, als die Bewohner des israelitischen Nordreiches von den Assyrern weggeführt wurden, war Hiskia König im Südreich Juda. Er lebte nach Gottes Geboten. Der Prophet Jesaja zeigte ihm Gottes Willen. Die Götzenbilder im Land ließ Hiskia zerstören. Er vertraute allein auf Gott. Das gefiel dem Herrn, und er ließ Hiskia gelingen, was er sich vornahm.

Da erschien der assyrische König Sanherib mit seinen Soldaten vor der Stadt Jerusalem. Mit einem riesigen Heer belagerte er die Stadt und wollte sie erobern. Hiskia und seine Leute waren in der Stadt eingeschlossen wie ein Vogel in seinem Käfig. Sanherib schickte seinen Heerführer vor die Stadtmauer. Der forderte Hiskias Soldaten auf, sich zu ergeben. Er rief: «Hofft nicht auf fremde Hilfe. Ihr habt keine Freunde. Verlaßt euch nicht auf euren Gott. Gegen uns kommt kein Gott an!»
Der assyrische König schrieb einen Brief an Hiskia. Er verlangte, die Stadt an die Assyrer zu übergeben. Hiskia las den Brief, als er ihm gebracht wurde. Dann ging er in den Tempel. Er breitete den Brief vor Gott aus und betete:

«Herr, mein Gott, du regierst über alle Engel. Du bist auch der Herr über alle Königreiche der Erde. Denn du hast Himmel und Erde gemacht. Herr, hilf uns und rette uns vor diesen Feinden. Laß alle Könige der Welt erkennen, daß du allein der wahre Gott bist.» Da schickte Gott den Propheten Jesaja zu Hiskia und ließ ihm sagen: «Ich habe dein Gebet erhört. Fürchte dich nicht! Sanherib wird nicht in die Stadt kommen. Keinen Pfeil wird er hineinschießen. Denn der Herr beschützt sie.»
In der folgenden Nacht strafte Gott den Hochmut der Assyrer. Der Engel des Herrn ging durch ihr Heerlager und erschlug 185 000 Mann von ihnen. Am Morgen lagen in allen Zelten Leichen. Der assyrische König erschrak und ließ

die Belagerung abbrechen. Eilig zog er zurück in seine Hauptstadt Ninive. Dort wurde er bald danach von seinen eigenen Söhnen erschlagen.
Einmal wurde König Hiskia schwer krank. Gott schickte den Propheten Jesaja zu ihm und ließ ihm sagen: «So spricht der Herr: Bereite dich auf dein Ende vor. Bring alles in Ordnung, denn du mußt sterben!» Da drehte Hiskia sein Gesicht traurig zur Wand und betete: «Ach, Herr, denke daran, daß ich dir immer treu gedient habe. Ich wollte immer nur tun, was dir gefällt.» Und Hiskia weinte sehr.
Als Jesaja auf dem Weg in die Stadt war, redete Gott noch einmal mit ihm. Er sollte wieder zu Hiskia gehen und ihm sagen: «So spricht der Herr: Ich habe deine Tränen gesehen und dein Gebet erhört. Ich will dich gesund machen und noch 15 Jahre zu deiner Lebenszeit hinzufügen. Ich werde dich und deine Stadt vor allen Feinden behüten.» Nach drei Tagen wurde der König gesund. Er dankte Gott und sprach: «Siehe, um Trost war mir sehr bange. Aber du hast meine Seele herzlich angenommen, daß sie nicht verdürbe. Denn du wirfst alle meine Sünden hinter dich zurück.»
Zu dieser Zeit schickte der König von Babel durch Boten Geschenke an Hiskia. Er hatte gehört, daß Hiskia von seiner Krankheit gesund geworden war. Hiskia freute sich sehr über die Geschenke. Stolz zeigte er den Gesandten aus Babel alle seine Schätze und Vorräte. Die Gäste sollten sehen, was für ein reicher König Hiskia war, und vielleicht mit ihm ein Bündnis schließen. Da kam der Prophet Jesaja zu Hiskia und sprach: «Höre das Wort des Herrn: Siehe, es wird die Zeit kommen, da wird das alles, was du und deine Väter gesammelt haben, nach Babel gebracht.» Hiskia erkannte seinen Fehler und schloß kein Bündnis mit dem König von Babel. Gott schenkte Hiskia Frieden, so lange er lebte.
Lange vorher hatte Jesaja die babylonische Gefangenschaft des jüdischen Volkes angekündigt. Schon damals durfte er im Auftrag Gottes viele Trostworte für die künftigen Gefangenen aufschreiben. Viele seiner Verheißungen reden auch von dem versprochenen Heiland. Bei keinem anderen Propheten ist so oft vom Heiland die Rede. Deshalb hat man Jesaja den Evangelisten des Alten Testaments genannt.
Merkspruch: Es sollen wohl Berge weichen und Hügel hinfallen, aber meine Gnade soll nicht von dir weichen, und der Bund meines Friedens soll nicht hinfallen, spricht der Herr, dein Erbarmer (Jes 54, 10).

61. JEREMIA WIRD PROPHET
(Jeremia 1; 2 und 19)

Hundert Jahre nach Jesaja wurde Jeremia Prophet in Juda. Gott redete im Traum mit ihm und sprach: «Ich kannte dich schon, bevor du von deiner Mutter geboren wurdest. Ich habe dich zum Propheten bestimmt.» Jeremia antwortete: «Ach, Herr, ich kann nicht predigen. Ich bin zu jung.» Aber der Herr

sprach: «Geh, wohin ich dich sende. Du sollst predigen, was ich dir sage. Fürchte dich nicht! Ich bin bei dir.» Der Herr berührte Jeremias Mund und sprach: «Siehe, ich lege meine Worte in deinen Mund. Halte dich bereit! Ich will dich zu einer eisernen Säule und zu einer stahlharten Mauer machen. Könige, Fürsten, Priester und das ganze Volk werden gegen dich sein. Doch sie sollen dich nicht bezwingen. Denn ich bin bei dir und werde dich erretten.» Jeremia gehorchte dem Herrn. Er mußte als Prophet einen einsamen und schweren Weg gehen. Trotz Verfolgung und Verachtung blieb er Gottes treuer Diener. Auch in der Not bekannte er: «Herr, dein Wort ist meines Herzens Freude und Trost. Denn ich bin ja nach deinem Namen genannt, Herr, Gott Zebaoth.»
Als Jeremia Prophet wurde, regierte der König Josia in Jerusalem. Josia lebte nach Gottes Geboten. Er ließ den Gottesdienst wieder einrichten, wie es Gott Mose befohlen hatte. Aber das Volk diente immer noch den heidnischen Götzen. Deshalb mußte Jeremia zur Umkehr rufen. Der Herr schickte ihn zum Volk. Doch die Leute hörten ihm nicht zu. Sie haßten ihn und wollten ihn töten.
Gott sandte Jeremia zu den Ältesten und Priestern des Volkes. Er sollte einen Tonkrug mitnehmen und sagen: «So spricht der Herr: Ich will großes Unglück über euch kommen lassen. Denn ihr habt mich verlassen. Den Tempel habt ihr entweiht und opfert dem Götzen Baal. Darum will ich den Tempel und die Stadt Jerusalem zerstören. Die Bewohner sollen umkommen. Hunger und Not wird im Land herrschen.» Dann warf Jeremia den Krug auf den Boden, daß er zerbrach und sagte weiter: «So wie dieser Krug in tausend Scherben zerbrochen ist, so wird der Herr auch dieses Volk und diese Stadt zerbrechen.»
Merkspruch: Dein Wort ward meine Speise, so oft ich's empfing, und dein Wort ist meines Herzens Freude und Trost; denn ich bin ja nach deinem Namen genannt, Herr, Gott Zebaoth (Jer 15, 16).

62. GOTT MACHT SEINE DROHUNG WAHR
(Jeremia 29–39)

Solange Josia König in Jerusalem war, konnte Jeremia Gottes Wort ungehindert verkünden. Dann starb Josia. Sein Nachfolger wurde der gottlose König Jojakim. Er verführte das Volk zum Götzendienst. Nun mußte Jeremia den Untergang des Reiches Juda ankündigen. Jeremia predigte: «So spricht der Herr: Ich will euer Volk dem König von Babel ausliefern. Er wird euch nach Babel wegführen oder töten. Vom Tempel und von der Stadt Jerusalem soll kein Stein auf dem anderen bleiben.» Jojakim ließ den Propheten ins Gefängnis sperren. Da rief Jeremia seinen Diener Baruch zu sich. Baruch mußte alles in ein Buch schreiben, was Gott durch den Propheten verkünden wollte. Baruch las dann im Tempel dem Volk aus dem Buch vor. Als das Jojakim hörte,

ließ er das Buch holen. Es mußte ihm daraus vorgelesen werden. Immer wenn eine Seite gelesen war, riß er sie heraus und warf sie ins Feuer. Gottes Wort gefiel ihm nicht. Er wollte es zum Schweigen bringen. Aber Baruch schrieb noch einmal alles für Jeremia auf. Je mehr der König tobte, um so mehr erklang Jeremias Ruf: «O Land, Land, Land, höre des Herrn Wort!»
Bald danach machte Gott wahr, was er durch seinen Propheten angekündigt hatte. Nebukadnezar, der König von Babel, zog mit seinem Heer vor Jerusalem. Jeremia riet seinem König, sich zu ergeben. Aber der König ließ den Propheten gefangennehmen und setzte seinen Widerstand gegen die Babylonier fort. Jerusalem wurde erobert. Ein großer Teil der Menschen mußte das Land verlassen und gefangen nach Babel ziehen. Jeremia kam aus dem Gefängnis und durfte in Jerusalem bleiben.
Nebukadnezar setzte Zedekia als König ein. Doch Zedekia wollte die babylonische Herrschaft bald wieder los werden. Er verbündete sich mit den Ägyptern. Wieder warnte Jeremia seinen König. Doch Zedekia hörte nicht auf den Propheten. Er bezahlte den Babyloniern keine Abgaben mehr. Da kehrte Nebukadnezar mit seinem Heer nach Jerusa-

lem zurück. Er ließ die Stadt und den Tempel völlig zerstören. Kein Stein blieb auf dem anderen. Die kostbaren Tempelgeräte nahmen die Eroberer mit nach Babel. Die Bundeslade wurde nie wieder gefunden. Zedekia mußte mit ansehen, wie seine Söhne getötet wurden. Danach ließ ihm Nebukadnezar die Augen ausstechen und nahm ihn mit nach Babel. Das geschah im Jahre 587 vor Christus. Damals wurde der größte Teil der Juden nach Babel weggeführt. Nur ein kleiner Rest blieb zurück. Dazu gehörte Jeremia. Er schrieb an die Gefangenen in Babel einen Brief und tröstete sie: «Baut in Babel Häuser und legt euch Gärten an. Suchet der Stadt Bestes und betet für sie zum Herrn. Wenn es ihr gut geht, dann geht es euch auch gut. Gott vergißt euch nicht. Vertraut auf ihn, dann wird er euch helfen. Siebzig Jahre soll eure Gefangenschaft dauern.»

Jeremia stärkte auch die, die mit ihm zurückgeblieben waren. Ihnen sagte er: «Die Güte des Herrn ist's, daß es mit uns noch nicht ganz aus ist. Seine Barmherzigkeit hat noch kein Ende, sondern sie ist alle Morgen neu. So spricht der Herr: Ich habe dich je und je geliebt, darum habe ich dich auch zu mir gezogen aus lauter Güte. Es kommt die Zeit, da will ich einen neuen Bund mit euch schließen und mein Gesetz in euer Herz geben. Ihr sollt mein Volk sein. Ich will euer Gott sein. Dann werde ich eure Schuld vergeben und nicht mehr an eure Sünde denken.» Aber die Leute wollten keinen Trost und keinen Frieden. Sie ermordeten den Statthalter des babylonischen Königs und flohen nach Ägypten. Jeremia zwangen sie mitzukommen und haben ihn später umgebracht.

Merkspruch: Siehe, es kommt die Zeit, spricht der Herr, daß ich dem David einen gerechten Sproß erwecken will. Der soll ein König sein, der wohl regieren und Recht und Gerechtigkeit im Lande üben wird. Zu dieser Zeit soll Juda geholfen werden und Israel sicher wohnen. Und dies wird sein Name sein, mit dem man ihn nennen wird: «Der Herr unserer Gerechtigkeit» (Jer 23, 5 f).

63. DANIEL DEUTET NEBUKADNEZARS TRAUM
(Daniel 1 und 2)

Der babylonische König Nebukadnezar wollte einige von den gefangenen Juden für den Regierungsdienst ausbilden lassen. Er ließ junge Männer aus vornehmen jüdischen Familien auswählen und an seinen Königshof bringen. Unter diesen jungen Männern waren auch Daniel und seine drei Freunde Schadrach, Meschach und Abed-Nego. Nebukadnezar hatte befohlen, die jungen Männer zu unterrichten und sie mit Speisen von der königlichen Tafel zu ernähren. Aber alles Fleisch und aller Wein an der königlichen Tafel wurde heidnischen Götzen geweiht. Im Gesetz Gottes war den Juden auch verboten, Schweinefleisch zu essen. Daniel und seine Freunde liebten Gottes Gebote und wollten nicht gegen sein Gesetz verstoßen.

Da redeten sie mit dem Palastvorsteher. Sie baten: «Gib uns kein Fleisch zu essen, sondern nur Gemüse, damit wir nicht die Gebote unseres Gottes übertreten müssen.» Der Palastvorsteher antwortete: «Ich habe Angst vor dem König. Durch dieses Essen werdet ihr bald schlechter aussehen als die anderen jungen Männer. Dann läßt mir der König den Kopf abschlagen.» Daniel bat ihn: «Versuche es doch zehn Tage lang.» Und der Palastvorsteher ließ sich überreden. Als die zehn Tage um waren, sahen die vier jungen Männer besser und kräftiger aus als die anderen. So brauchten Daniel und seine Freunde kein Fleisch zu essen. Gott gab ihnen viel Weisheit. Daniel schenkte er die Gabe, Träume zu deuten.

Eines Tages hatte der König Nebukadnezar einen schlimmen Traum. Er rief alle weisen Männer und Ratgeber seines Reiches zu sich und sagte zu ihnen: «Ich hatte einen bösen Traum, über den ich sehr erschrocken bin. Deutet mir den Traum!» Da sprachen die Männer: «Erzähle uns deinen Traum, dann wollen wir ihn erklären.» Aber Nebukadnezar antwortete: «Nein, ihr sollt mir auch den Traum sagen. Ihr seid doch gelehrte Männer. Könnt ihr es, dann sollt ihr reich beschenkt werden. Könnt ihr es nicht, dann müßt ihr alle sterben.» Die

Männer sagten: «Herr, kein Mensch auf Erden kann das, was du von uns forderst. Kein König darf so etwas von seinen Gelehrten und Sterndeutern verlangen. Es ist für Menschen unmöglich. Nur Götter können diese Aufgabe lösen.» Der König wurde zornig und befahl, alle Gelehrten und Ratgeber in seinem Reich zu töten. Auch Daniel und seine Freunde sollten sterben.

Als Daniel das hörte, bat er Gott um Hilfe. Und der Herr erhörte Daniels Gebet. Er zeigte ihm im Traum das Bild, das der König gesehen hatte und erklärte es ihm. Daniel lobte Gott und dankte ihm: «Gelobt sei der Name Gottes von Ewigkeit zu Ewigkeit, denn ihm gehören Weisheit und Stärke. Er gibt den Weisen ihre Weisheit und den Verständigen ihren Verstand. Er setzt Könige ab und Könige ein. Ich lobe dich, du Gott meiner Väter, denn du hast mir den Traum des Königs gezeigt.»

Am Morgen ging Daniel zu Nebukadnezar und sprach: «Der König fordert sehr Schweres von seinen Gelehrten und Ratgebern. Kein Mensch kann diese Aufgabe lösen. Aber es gibt einen Gott im Himmel. Der hat dir verborgene Dinge gezeigt. Du hast im Traum ein riesiges Standbild gesehen. Es sah aus wie das Denkmal eines Menschen. Der Kopf des Bildes war aus Gold, Brust und Arme aus Silber, der Bauch aus Bronze, die Beine aus Eisen, die Füße aus Eisen und Ton. Entsetzt hast du das Standbild angestarrt. Da kam plötzlich ein großer Felsbrocken gerollt. Der traf die Füße des Standbildes. Und es stürzte in sich zusammen. Davon bist du aufgewacht. Das war dein Traum. Ich will dir aber auch seine Deutung sagen: Du bist ein mächtiger König. Gott hat dir Macht und Ehre gegeben. Du bist der goldene Kopf. Nach dir werden andere Reiche kommen, die weniger mächtig sind als dein Reich. Aber Gott, der Herr des Himmels und der Erde, wird sein Königreich aufrichten zur Zeit deiner Nachfolger. Niemand kann es zerstören. Es wird alle anderen Reiche vernichten und ewig bestehen bleiben. Das war der Felsbrocken, den du gesehen hast. Gott hat den König wissen lassen, was in Zukunft geschehen soll. Der Traum ist zuverlässig und seine Deutung ist richtig.» Da warf sich Nebukadnezar vor Daniel auf den Boden und sprach: «Dein Gott ist wahrhaftig der Herr über alle Götzen und über alle Könige. Er kennt auch die verborgenen Dinge.» Und Nebukadnezar setzte Daniel als Statthalter ein über das Land Babel. Seine drei Freunde wurden Statthalter in anderen Teilen des Reiches.

Merkspruch: Die Furcht des Herrn ist der Anfang der Erkenntnis (Spr 1, 7).

64. GOTT STRAFT DEN HOCHMUT DER BABYLONISCHEN KÖNIGE
(Daniel 3–5)

Eines Tages ließ der babylonische König Nebukadnezar ein goldenes Standbild aufstellen. Es war dreißig Meter hoch. Alle Statthalter, Fürsten, Ratgeber und Beamten seines Reiches mußten zur Einweihung kommen. Der Kö-

nig ließ vor allen ausrufen: «Wenn die Hörner und Flöten blasen, soll sich jeder vor dem Standbild auf den Boden werfen und es anbeten. Wer sich weigert, wird auf der Stelle in einen glühenden Ofen geworfen.»
Da erklangen die Hörner und Flöten. Alle warfen sich nieder und beteten das Standbild an. Nur Daniels drei Freunde blieben stehen. Sie wurden zum König gebracht. Nebukadnezar sagte zu ihnen: «Wenn ihr das Standbild nicht anbetet, lasse ich euch in den glühenden Ofen werfen.» Die drei Männer antworteten: «Wir beten kein Götzenbild an. Wenn unser Gott will, kann er uns auch aus dem Feuer erretten.» Der König war wütend. Er ließ die Männer fesseln und in den Ofen werfen. Der Ofen wurde siebenmal mehr geheizt als sonst. Dann warf man Schadrach, Meschach und Abed-Nego hinein. Als der König in den Ofen schaute, sah er plötzlich vier Männer darin stehen. Er rief erschrocken: «Habe ich nicht drei Männer in den Ofen werfen lassen? Nun sehe ich vier und sie sind unverletzt. Der vierte sieht aus wie ein Engel.» Da ließ Nebukadnezar die Männer aus dem Ofen holen. Die Flammen hatten ihnen nicht geschadet. Nicht einmal Brandgeruch konnte man an ihnen merken. Der König rief: «Gelobt sei der Gott Schadrachs, Meschachs und Abed-Negos! Er hat seinen Engel geschickt. Er beschützt die, die ihm gehorchen und auf ihn vertrauen. Es gibt keinen anderen Gott als den, der so erretten kann. Wer diesen Gott verspottet, soll sterben.» Und Nebukadnezar ließ die drei Männer in hohe Regierungsämter einsetzen. Gott hatte Nebukadnezar zu einem mächtigen König gemacht. Alle Völker fürchteten sich vor ihm. Keiner durfte es wagen, sich seinen Befehlen zu widersetzen. Das ließ ihn stolz und hochmütig werden. Da schickte Gott ihm wieder einen Traum. Nebukadnezar sah einen großen Baum. Seine Zweige reichten bis zum Himmel. Und es kam ein Engel vom Himmel, der rief laut: «Fällt diesen Baum. Schneidet alle Zweige ab, streift das Laub von seinen Zweigen und laßt ihn im Gras liegen. Nur der Wurzelstock soll stehen bleiben. In sieben Jahren wird er wieder ausschlagen.» Nebukadnezar ließ Daniel rufen. Der erklärte dem König den Traum. Daniel sprach: «Du bist ein mächtiger und stolzer König. Aber Gott hat deinen Hochmut gesehen und will dich demütigen. Du wirst krank werden. Die Menschen werden dich ausstoßen und du mußt Gras fressen wie ein Tier. Aber nach sieben Jahren wird dich Gott gesund machen und wieder auf den Königsthron setzen.» Nach einem Jahr geschah alles so, wie es Daniel angekündigt hatte. Nebukadnezar wurde wahnsinnig. Er lag auf der Erde und fraß Gras wie ein Tier. Seine Nägel wuchsen so lang wie Vogelkrallen. Aber nach sieben Jahren kehrte sein Verstand zurück. Er wurde gesund und regierte wieder als König. Da lobte er Gott und sprach: «Ich preise dich Gott, den König des Himmels. Was du tust, ist recht. Die Hochmütigen machst du demütig.» Nach Nebukadnezar wurde sein Sohn Belsazar König von Babel. Belsazar lud

alle Mächtigen seines Reiches zu einem großen Festmahl ein. Als der König betrunken war, ließ er die goldenen und silbernen Gefäße holen, die sein Vater aus dem Jerusalemer Tempel mitgebracht hatte. Belsazar trank mit seinen Gästen daraus. Und sie spotteten über den Gott Israels und rühmten ihre Götzen. Da erschienen plötzlich Finger, die schrieben neben dem Leuchter etwas an die Wand. Der König erschrak und wurde blaß. Seine Knie zitterten. Schnell ließ er alle Gelehrten und Ratgeber zusammenrufen. Sie sollten die seltsame Schrift vorlesen. Doch keiner konnte es. Da kam die Mutter des Königs in den Festsaal und sprach: «Lang lebe der König. Erschrick nicht über diese Schrift. Laß Daniel rufen! Er hat deinem Vater helfen können, er kann sicher auch diese Schrift lesen.»
Belsazar ließ Daniel holen und sagte ihm: «Wenn du diese Schrift lesen kannst, sollst du dafür reich belohnt werden. Ich will dich zum dritten Mann in meinem Reich machen.» Daniel antwortete: «Ich brauche deine Geschenke nicht. Aber die Schrift will ich dir vorlesen. Du weißt, wie Gott deinen Vater gedemütigt hat. Aber du hast nichts daraus gelernt. Deshalb hat dir Gott sein Urteil an die Wand geschrieben. Dort steht: Mene, mene tekel u-parsim. Das heißt: Gezählt, gewogen, zerteilt.

Gezählt sind die Tage deines Königreiches. Es wird bald untergehen. Gott hat dich gewogen und als zu leicht empfunden. Dein Reich wird zerteilt und den Persern und Medern gegeben werden.» In der gleichen Nacht wurde Belsazar ermordet.

Merkspruch: Fürchtet euch nicht vor denen, die den Leib töten, doch die Seele nicht töten können; fürchtet euch aber viel mehr vor dem, der Leib und Seele verderben kann in der Hölle (Mt 10, 28).

65. GOTT RETTET DANIEL IN DER LÖWENGRUBE
(Daniel 6)

Darius von Medien wurde König in Babel. Er ließ das Land durch 120 Statthalter verwalten. Die Aufsicht über die Statthalter hatten drei Fürsten. Einer von diesen Fürsten war Daniel. Er übertraf alle anderen an Weisheit. Deshalb wollte ihn Darius zu seinem Stellvertreter machen und das Land durch ihn regieren lassen. Da wurden die anderen Fürsten und Statthalter neidisch. Sie suchten einen Vorwand, um Daniel beim König zu verklagen. Doch Daniel

diente dem König treu und sie konnten nichts finden. Sie sagten: «Wir können nichts Unrechtes an ihm finden. Nur in seinem Glauben ist er anders als wir.» Sie gingen zum König und sagten: «Wir Fürsten, Statthalter und Heerführer schlagen dir vor, ein neues Gesetz zu erlassen. Dreißig Tage lang soll niemand eine Bitte an Gott oder einen Menschen richten, außer an dich, o König. Wer gegen dieses Gesetz verstößt, ist den Löwen vorzuwerfen.» Darius unterschrieb das Gesetz. Er ahnte nichts Böses.

Daniel hatte in seinem Haus ein offenes Fenster in Richtung Jerusalem. Dort kniete er dreimal am Tag nieder und betete laut. So tat er es auch, nachdem der König das neue Gesetz erlassen hatte. Da kamen die Männer, die Daniel verklagen wollten, und fanden ihn betend. Sie liefen zum König und klagten Daniel an. Darius hätte Daniel gern verschont. Aber Daniels Feinde sprachen: «Ein Gesetz der Meder und Perser darf niemals aufgehoben werden.» Da mußte sich der König dem Gesetz beugen. Daniel wurde in die Löwengrube geworfen. Darius rief ihm nach: «Dein Gott, dem du ohne Aufhören dienst, helfe dir!» Er versiegelte selber den Stein vor der Öffnung der Grube. Nun konnte kein Mensch Daniel helfen. Darius konnte an diesem Tag nichts essen und trinken. Auch in der Nacht fand er keinen Schlaf. Am nächsten Morgen lief er früh zur Löwengrube und rief: «Daniel, du Diener des lebendigen Gottes, lebst du noch?» Daniel antwortete: «Der Herr hat seinen Engel geschickt. Der hat den Löwen den Rachen zugehalten. Sie konnten mir nichts antun. Denn ich bin unschuldig und habe nichts gegen dich getan.» Da war der König sehr froh und ließ Daniel schnell aus der Grube ziehen. An seiner Stelle wurden die Männer hineingeworfen, die Daniel verklagt hatten. Und die Löwen zerrissen sie, bevor sie den Boden der Grube berührten. Darius aber ließ im ganzen Land verkünden: «Ich will, daß jeder in meinem Land den Gott Daniels fürchtet und ihm dient. Er ist der lebendige Gott. Sein Reich ist unvergänglich und seine Herrschaft hat kein Ende.»

Merkspruch: Fürchte dich nicht, ich bin mit dir; weiche nicht, denn ich bin dein Gott. Ich stärke dich, ich helfe dir auch, ich halte dich durch die rechte Hand meiner Gerechtigkeit (Jes 41, 10).

66. DIE GEFANGENEN KEHREN AUS BABEL ZURÜCK
(Esra; Nehemia)

Später eroberte der persische König Kyrus das Reich der Meder. Er wurde König von Babel. Da waren die siebzig Jahre zu Ende, die die Juden als Gefangene in Babel bleiben sollten. Kyrus ließ in seinem Reich bekanntgeben: «Der Herr, der Gott des Himmels, hat alle Königreiche der Welt in meine Hand gegeben. Ich soll ihm in Jerusalem ein Haus bauen lassen. Wer zum jüdischen Volk gehört, ziehe nach Jerusalem und baue den Tempel des Gottes Israel wieder auf!» Kyrus gab alle Schätze her-

aus, die aus dem Jerusalemer Tempel stammten. Mehr als 5 000 goldene Gefäße ließ er nach Jerusalem bringen. Aber viele Juden wollten in Babel bleiben. Sie hatten dort ihre Häuser und waren reich geworden. Nur 42 000 Juden zogen nach Jerusalem. Das geschah im Jahr 538 vor Christus. Serubabel führte sie an. Im ersten Jahr nach der Heimkehr legten sie den Grundstein für einen neuen Tempel. Dabei feierten sie ein Fest. Die Priester lobten und dankten Gott. Alle freuten sich. Aber die Alten waren traurig. Sie kannten noch den früheren Tempel in seiner Pracht. Der Prophet Haggai tröstete sie. Er sprach: «Der Herr hat gesagt: Die Herrlichkeit des neuen Tempels soll größer werden als die Herrlichkeit des ersten gewesen ist. Und ich will Frieden geben an diesem Ort.»

Aber das Volk wurde bald müde. Es hörte auf, am Tempel zu bauen. Da sandte Gott den Schriftgelehrten Esra aus Babel nach Jerusalem. Mit ihm kehrten noch einmal viele Juden in ihre Heimat zurück. Esra erschrak, als er die Unordnung in Jerusalem sah. Viele kannten nicht mehr das Gesetz Gottes. Sie hielten keine Gottesdienste und nahmen sich heidnische Frauen. Esra rief das Volk zusammen und las ihm das Gesetz vor. Er ordnete den Gottesdienst und das Leben seines Volkes.

Wenig später kam Nehemia als Statthalter nach Jerusalem. Auch er gehörte zu den Juden in Babel. Er war der Mundschenk des Königs von Persien. Der König hatte ihn lieb. Als Nehemia von der Heimkehr Esras hörte, bat er seinen König: «Laß mich auch in meine Heimat ziehen. Ich möchte meinem Volk helfen.» Der König machte ihn zu seinem Statthalter in Judäa und Samaria und ließ ihn ziehen. Nehemia und Esra leiteten die Arbeiten beim Bau des Tempels in der Stadt Jerusalem. Doch die Nachbarvölker wollten den Aufbau stören. Da ließ Nehemia Wachen aufstellen. Eine Hälfte der Arbeiter baute und die andere Hälfte wachte. So wurde Jerusalem wieder aufgebaut. Als die Stadtmauer fertig war, rief Nehemia das Volk zusammen. Esra las ihnen noch einmal das Gesetz Gottes vor. Das Volk versprach, Gott und seinem Gesetz treu zu dienen.

Zu dieser Zeit predigte der Prophet Maleachi dem Volk der Juden Gottes Wort. Er war der letzte Prophet des alten Bundes. Maleachi verkündete den kommenden Heiland: «Siehe, ich will meinen Engel senden, der vor mir her den Weg bereiten soll. Und bald wird kommen zu seinem Tempel der Herr, den ihr sucht; und der Engel des Bundes, den ihr begehrt; siehe, er kommt! spricht der Herr Zebaoth.»

Merkspruch: Dein Wort ist meines Fußes Leuchte und ein Licht auf meinem Wege (Ps 119, 105).

NEUES TESTAMENT

*67. GOTT SCHICKT DEN
VORLÄUFER JOHANNES*
(Lukas 1)

Gott hatte den versprochenen Heiland durch die Propheten ankündigen lassen. Jetzt war es soweit. Gott wollte seinen Sohn Jesus Christus als Heiland in die Welt senden. Johannes der Täufer sollte die Menschen darauf vorbereiten.
Im Gebirge Juda wohnte der Priester Zacharias mit seiner Frau Elisabeth. Beide lebten nach Gottes Geboten. Sie waren schon alt und hatten keine Kinder.
Eines Tages verrichtete Zacharias seinen Dienst im Tempel. Er ging in das Innere, um das Rauchopfer darzubringen. Plötzlich stand neben dem Altar ein Engel. Der sprach zu ihm: «Fürchte dich nicht, Zacharias! Dein Gebet ist erhört worden. Deine Frau wird einen Sohn bekommen. Du sollst ihm den Namen Johannes geben. Gott hat etwas Großes mit ihm vor. Er soll die Menschen auf den Heiland vorbereiten.»

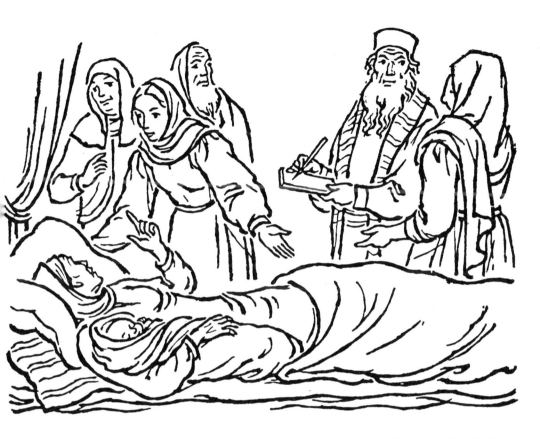

Zacharias antwortete: «Wie soll ich das glauben? Meine Frau und ich sind schon so alt, daß wir keine Kinder mehr bekommen.» Der Engel sprach zu ihm: «Ich bin der Engel Gabriel, der vor Gottes Thron steht. Der Herr hat mich zu dir gesandt. Es wird geschehen, was ich dir gesagt habe. Aber weil du meinen Worten nicht geglaubt hast, wirst du stumm sein, bis das Kind geboren ist.»

Das Volk wartete draußen auf Zacharias. Die Menschen wunderten sich, warum er so lang im Tempel blieb. Schließlich kam er heraus und gab den Leuten ein Zeichen. Da merkten sie, daß er etwas besonderes gesehen haben mußte.

Sechs Monate danach wurde der Engel Gabriel von Gott in die Stadt Nazareth geschickt. Dort wohnte das Mädchen Maria. Sie war mit dem Zimmermann Josef verlobt. Der Engel trat zu Maria ins Zimmer und sprach: «Sei gegrüßt, Maria. Der Herr ist mit dir!» Maria erschrak und wunderte sich über die Worte des Engels. Doch der Engel sagte weiter: «Fürchte dich nicht, Maria! Du hast Gnade bei Gott gefunden. Du wirst einen Sohn bekommen, den sollst du Jesus nennen.» Maria antwortete: «Wie soll das zugehen? Ich bin doch noch nicht verheiratet.» Der Engel sprach: «Gottes Heiliger Geist wird über dich kommen und dir einen Sohn schenken. Deshalb wird dein Kind Gottes Sohn genannt werden. Auch deine Verwandte Elisabeth bekommt einen Sohn. Bei Gott ist kein Ding unmöglich!» Maria sprach: «Ich bin Gottes Dienerin. Es geschehe, wie du gesagt hast.» Und der Engel ging fort. Elisabeth bekam einen Sohn. Die Freunde und Nachbarn freuten sich mit Zacharias und Elisabeth. Sie wollten den Jungen wie seinen Vater Zacharias nennen. Aber Elisabeth sprach: «Nein, er soll Johannes heißen!» Die Leute sagten: «Warum denn Johannes? In eurer ganzen Verwandtschaft heißt niemand so.» Sie fragten Zacharias. Da ließ er sich eine kleine Tafel bringen und schrieb darauf: «Er heißt Johannes.» Und plötzlich konnte Zacharias wieder reden. Er lobte und dankte Gott. Die Nachbarn staunten und erzählten diese Geschichte überall. So wurde sie im ganzen Gebirge Juda bekannt. Und alle, die davon hörten, wunderten sich. Sie fragten: «Was wird aus diesem Kind werden?»

Merkspruch: Siehe, ich will meinen Boten senden, der vor mir her den Weg bereiten soll. Und bald wird kommen zu seinem Tempel der Herr, den ihr sucht; und der Engel des Bundes, den ihr begehrt, siehe, er kommt! spricht der Herr Zebaoth (Mal 3, 1).

68. DER HEILAND WIRD GEBOREN
(Lukas 2)

Zu dieser Zeit befahl der römische Kaiser Augustus, daß alle Bewohner seines Reiches gezählt werden sollten. Jeder mußte in die Stadt gehen, aus der seine Vorfahren stammten, und sich dort in Listen eintragen lassen.
Maria und Josef wohnten im Land Galiläa in der Stadt Nazareth. Josef stammte aus der Familie Davids. So mußten die beiden nach Bethlehem gehen und sich dort zählen lassen. Maria erwartete ihr Kind. Der Weg war weit. In Bethlehem drängten sich die Menschen. Viele waren zur Zählung gekommen. Maria und Josef konnten keine Wohnung finden. Nur ein Stall blieb ihnen zur Übernachtung. Dort brachte Maria ihr Kind zur Welt. Sie wickelte es in Windeln und legte es in eine Futterkrippe.
In der Nähe von Bethlehem hüteten Hirten in der Nacht ihre Schafherden. Da trat plötzlich der Engel des Herrn zu ihnen, und Gottes Herrlichkeit umleuchtete sie. Die Hirten erschraken. Doch der Engel sprach zu ihnen: «Fürchtet euch nicht! Ich verkünde euch eine große Freude, die alle Menschen erfahren sollen: Euch ist heute der Heiland geboren. Er ist Christus, der Herr, in der Stadt Davids. Ihr findet das Kind in Bethlehem. Es ist in Windeln gewickelt und liegt in einer Krippe.» Plötzlich erschien eine große Schar Engel. Sie lobten Gott und riefen: «Ehre sei Gott in der Höhe und Friede auf Erden und den Menschen ein Wohlge-

fallen!» Als die Engel wieder verschwunden waren, sprachen die Hirten zueinander: «Laßt uns nach Bethlehem gehen! Wir wollen die Geschichte sehen, die uns der Herr verkündet hat.» Sie gingen schnell nach Bethlehem und fanden Maria, Josef und das Kind in der Krippe. Als sie das Kind angesehen hatten, kehrten sie wieder zu ihren Schafen zurück. Sie lobten Gott und erzählten vielen Menschen, was sie erlebt hatten. Alle wunderten sich über ihre Worte. Maria aber merkte sich alles, was von ihrem Kind gesagt wurde. Nach acht Tagen bekam das Kind seinen Namen. Es wurde Jesus genannt. So hatte es der Engel gesagt. Ein paar Wochen später gingen die Eltern mit ihrem Kind nach Jerusalem. Sie wollten Gott danken. Dazu mußten zwei Tauben für den Herrn geopfert werden. Das Gesetz schrieb es so vor.

In Jerusalem lebte damals ein alter Mann, der hieß Simeon. Er war gottesfürchtig und wartete auf den versprochenen Heiland, den die Propheten Israels angekündigt hatten. Gott hatte ihm gesagt: «Du wirst nicht sterben, bevor du den Heiland gesehen hast.» Als Maria und Josef im Tempel waren, kam Simeon auch dort hin. Gott schickte ihn. Simeon nahm das Kind auf die Arme und lobte Gott. Er sprach: «Herr, nun läßt du deinen Diener in Frieden

sterben, wie du gesagt hast. Denn meine Augen haben deinen Heiland gesehen.» Maria und Josef wunderten sich über diese Worte. Simeon segnete sie. Zu Maria sagte er: «Siehe, dein Sohn ist gesetzt zum Fall und zum Aufstehen für viele in Israel und zu einem Zeichen, dem widersprochen wird. Vieler Herzen Gedanken sollen offenbar werden. Auch durch deine Seele wird ein Schwert dringen.»
Im Tempel war auch eine alte Frau, die hieß Hanna. Sie kam oft in den Tempel und diente Gott. Hanna kam zu Maria und Josef und lobte Gott. Allen Leuten erzählte sie vom Heiland der Welt.
Merkspruch: Als aber die Zeit erfüllt war, sandte Gott seinen Sohn, geboren von einer Frau und unter das Gesetz getan, damit er die, die unter dem Gesetz waren, erlöste, damit wir die Kindschaft empfingen (Gal 4, 4 f).

69. DIE WEISEN AUS DEM MORGENLAND BETEN DEN HEILAND AN
(Matthäus 2)

Im Osten, wo am Morgen die Sonne aufgeht, wohnten gelehrte, weise Männer. Sie beobachteten in der Nacht die Sterne am Himmel und erforschten ihre Bahn. Sie wußten, was die Propheten Israels angekündigt hatten: Gott wollte für alle Menschen seinen Heiland schicken. Wie ein Stern sollte er in Israel aufstrahlen und wie ein König die ganze Welt regieren.
Als Jesus in Bethlehem geboren wurde, ging am Himmel ein heller Stern auf. Da merkten die Weisen im Morgenland, daß der Heiland geboren worden war. Sie machten sich auf die Reise und kamen nach Jerusalem. Dort fragten sie: «Wo ist der neugeborene König? Wir haben im Morgenland seinen Stern gesehen. Nun sind wir gekommen, um ihn anzubeten.» Als der König Herodes das hörte, erschrak er. Und alle Bewohner Jerusalems fürchteten sich. Der König ließ die Schriftgelehrten zu sich rufen und fragte sie: «Wo soll der Heiland geboren werden?» Die Schriftgelehrten antworteten: «In Bethlehem, im jüdischen Land. Denn es steht geschrieben:

Und du, Bethlehem, bist eine der kleinsten Städte in Juda. Doch aus dir soll der Herr Israels kommen.» Da rief Herodes heimlich die Weisen zu sich. Er fragte, wann sie den Stern im Morgenland zuerst gesehen hätten. Dann zeigte er ihnen den Weg nach Bethlehem und sprach: «Geht dorthin und sucht fleißig nach dem Kind. Wenn ihr es gefunden habt, dann kommt wieder zu mir. Ich möchte es auch anbeten.»

Die Weisen zogen nach Bethlehem. Der Stern ging vor ihnen her, bis er über einem Haus stehen blieb. Sie gingen in das Haus und fanden das Kind, knieten nieder und beteten es an. Und sie schenkten dem Kind Gold, Weihrauch und Myrrhe. Aber im Traum befahl Gott den Männern: «Geht nicht wieder zu Herodes zurück!» Da zogen sie auf einem anderen Weg wieder in ihr Land. Gott redete im Traum auch mit Josef. Er sprach zu ihm: «Stehe auf, Josef! Nimm das Kind und seine Mutter und fliehe mit ihnen nach Ägypten. Bleibe dort, bis ich dich wieder rufe. Denn Herodes will das Kind umbringen.» Josef stand in der Nacht auf und floh mit Maria und dem Kind. Gottes Engel behüteten sie auf dem weiten Weg.

Herodes wartete lange auf die Weisen. Als sie nicht wieder zu ihm kamen, merkte er, daß sie vor ihm gewarnt worden waren. Da wurde er sehr zornig. Er schickte seine Soldaten nach Bethlehem und ließ alle kleinen Jungen töten, die zwei Jahre oder jünger waren. Denn zwei Jahre vorher hatten die Weisen den Stern zum ersten Mal gesehen. Und in Bethlehem weinten viele Familien um ihre Kinder.
Als Herodes gestorben war, redete Gott wieder mit Josef im Traum. Der Engel des Herrn sprach zu ihm: «Stehe auf, Josef! Kehre mit dem Kind und seiner Mutter in deine Heimat zurück. Die das Kind umbringen wollten, sind gestorben.» Maria und Josef kamen wieder nach Nazareth im Land Galiläa und wohnten dort.
Merkspruch: Mache dich auf, werde licht; denn dein Licht kommt, und die Herrlichkeit des Herrn geht auf über dir! Denn siehe, Finsternis bedeckt das Erdreich und Dunkel die Völker; aber über dir geht auf der Herr und seine Herrlichkeit erscheint über dir. Und die Heiden werden zu deinem Lichte ziehen und die Könige zum Glanz, der über dir aufgeht (Jes 60, 1–3).

70. DER ZWÖLFJÄHRIGE JESUS LEHRT IM TEMPEL
(Lukas 2)

Jedes Jahr zogen die gottesfürchtigen Juden nach Jerusalem und feierten im Tempel das Passafest. So taten es auch Maria und Josef. Als Jesus zwölf Jahre alt war, durfte er zum ersten Mal mit nach Jerusalem kommen. Das Fest dauerte einige Tage. Viele Menschen versammelten sich im Tempel. Sie lobten Gott und sangen Psalmen.
Nach den Festtagen zogen alle wieder nach Hause. Auch Maria und Josef machten sich auf den Heimweg. Jesus aber blieb in Jerusalem, ohne daß seine Eltern es wußten. Sie dachten, er wäre mit anderen Leuten vorausgelaufen. Doch sie fanden ihn auch am Abend nicht, als sie zum Rastplatz kamen. Da kehrten sie wieder nach Jerusalem um. Sie liefen durch die Stadt und suchten Jesus. Am dritten Tag fanden sie ihn. Er saß im Tempel mitten unter den Schriftgelehrten, hörte ihnen zu und fragte sie. Die Männer wunderten sich über seine Klugheit. Maria sprach zu ihm: «Mein Sohn, warum machst du uns solchen Kummer? Dein Vater und ich haben dich überall gesucht!» Jesus antwortete: «Warum habt ihr mich gesucht? Wißt ihr denn nicht, daß ich im Haus meines Vaters sein muß?» Maria und Josef verstanden seine Antwort damals nicht. Jesus ging mit ihnen zurück nach Nazareth. Er gehorchte seinen Eltern gern. Er wuchs und nahm an Weisheit zu. Bei Gott und den Menschen fand er Gnade.
Merkspruch: Herr, ich habe lieb die Stätte deines Hauses und den Ort, da deine Ehre wohnt (Ps 26, 8).

109

71. JOHANNES TAUFT AM JORDAN
(Lukas 3; Matthäus 3)

Als Johannes erwachsen war, lebte er in der Wüste. Er trug ein Kleid aus Kamelhaarfell und einen Lederriemen als Gürtel. Heuschrecken und wilder Honig waren seine Nahrung. Eines Tages rief Gott Johannes. Er sollte an den Jordan gehen und predigen. Schon der Prophet Jesaja hatte vorausgesagt: «Es ruft eine Stimme in der Wüste: Bereitet dem Herrn den Weg. Macht in der Steppe eine ebene Bahn unserm Gott. Alle Menschen werden den Heiland Gottes sehen.»

Die Leute kamen hinaus zu Johannes an den Jordan. Er rief ihnen zu: «Kehrt um, ihr seid auf dem falschen Weg! Tut Buße! Das Himmelreich ist nahe herbeigekommen. Es geht euch wie einem Baum: Die Axt ist schon an seine Wurzel gesetzt. Wenn er keine guten Früchte bringt, wird er umgehauen und ins Feuer geworfen.» Viele kamen zu Johannes und bekannten ihre Sünden. Sie ließen sich taufen. So wurden ihre Sünden abgewaschen. Sie fragten Johannes: «Was sollen wir nun tun?» Er antwortete: «Wer zwei Hemden hat, gebe dem ein Hemd ab, der keines hat. Wer Brot hat, teile es mit den Hungrigen!» Zolleinnehmer kamen zu ihm und frag-

ten: «Meister, was sollen wir tun?» Er antwortete: «Verlangt von den Leuten nicht mehr Geld, als festgesetzt ist!» Auch Soldaten fragten Johannes: «Was sollen wir tun?» Johannes sprach: «Tut kein Unrecht. Seid mit eurem Lohn zufrieden!» Die Leute fragten Johannes einmal: «Bist du der versprochene Heiland?» Er antwortete: «Nein, denn ich taufe euch mit Wasser. Doch nach mir kommt ein anderer, der viel stärker ist als ich. Ich bin nicht einmal wert, daß ich seine Schuhriemen aufbinde. Er wird euch mit dem Heiligen Geist und mit Feuer taufen.»

Als Jesus dreißig Jahre alt war, rief ihn Gott in seinen Dienst. Er verließ sein Elternhaus und kam zu Johannes an den Jordan. Dort wollte er sich von Johannes taufen lassen. Johannes sprach zu ihm: «Warum kommst du zu mir? Ich müßte mich von dir taufen lassen.» Denn Jesus war Gottes Sohn und lebte ohne Sünde. Er hatte keine Taufe nötig. Jesus antwortete Johannes: «Taufe mich jetzt und frage nicht weiter. Wir wollen Gott gehorchen und tun, was er will.» Da taufte Johannes Jesus im Jordan. Als Jesus aus dem Wasser stieg, öffnete sich der Himmel über ihm. Der Geist Gottes kam vom Himmel zu ihm herab. Er sah aus wie eine Taube. Und

man hörte eine Stimme vom Himmel sagen: «Dies ist mein lieber Sohn, an dem ich Gefallen habe.»
Merkspruch: Tut Buße, und jeder von euch lasse sich taufen auf den Namen Jesu Christi zur Vergebung eurer Sünden, so werdet ihr empfangen die Gabe des Heiligen Geistes (Apg 2, 38).

72. JESUS WIRD VOM TEUFEL AUF DIE PROBE GESTELLT
(Matthäus 4)

Der Geist Gottes führte Jesus in die Wüste. Dort sollte er vom Teufel auf die Probe gestellt werden. Als Jesus vierzig Tage und Nächte in der Einsamkeit gelebt und nichts gegessen hatte, war er sehr hungrig. Da kam der Versucher zu ihm und sprach: «Wenn du Gottes Sohn bist, dann befiehl, daß diese Steine zu Brot werden!» Jesus antwortete: «Es steht geschrieben: Der Mensch lebt nicht vom Brot allein, sondern von jedem Wort, daß aus dem Mund Gottes geht.»
Danach führte der Teufel Jesus nach Jerusalem. Er stellte ihn auf die hohe Mauer des Tempels und sagte zu ihm: «Wenn du Gottes Sohn bist, spring hinunter! Es steht doch geschrieben: Er wird seinen Engeln deinetwegen Befehl

geben, daß sie dich auf den Händen tragen, damit du deinen Fuß nicht an einen Stein stößt.» Jesus antwortete ihm: «Es steht auch geschrieben: Du sollst Gott, deinen Herrn, nicht auf die Probe stellen!»
Der Teufel nahm Jesus mit auf einen hohen Berg. Er zeigte ihm alle Reiche dieser Welt und ihren Reichtum. Dann sagte er zu Jesus: «Das alles will ich dir geben, wenn du niederkniest und mich anbetest.» Jesus antwortete: «Weg mit dir, Satan! Denn es steht geschrieben: Du sollst anbeten Gott, deinen Herrn, und ihm allein dienen!» Da verließ ihn der Teufel. Engel kamen und dienten Jesus.

Merkspruch: Wir haben nicht einen Hohenpriester, der nicht könnte mitleiden mit unserer Schwachheit, sondern der versucht worden ist in allem wie wir, doch ohne Sünde (Hebr 4, 15).

73. JESUS RUFT MENSCHEN IN SEINEN DIENST
(Lukas 5; Matthäus 9 und 10)

Jesus kam an den See Genezareth und predigte. Viele Menschen gingen hinaus zum See, um ihn zu hören. Die Leute standen dicht gedrängt am Ufer. Da sah Jesus zwei Boote im Wasser liegen. Die Fischer waren ausgestiegen und säuberten ihre Netze. Jesus stieg in das eine Boot. Es gehörte dem Fischer Simon. Jesus bat Simon: «Rudere mich ein Stück vom Ufer weg, damit mich die Leute besser hören können.» Simon tat es, und Jesus predigte aus dem Boot. Als Jesus seine Predigt beendet hatte, sagte er zu Simon: «Rudert hinaus und werft eure Netze zum Fang aus!» Simon antwortete: «Meister, wir haben die ganze Nacht gearbeitet und nichts gefangen. Wie sollen da am Tag Fische in unsere Netze kommen? Aber weil du es gesagt hast, will ich die Netze noch einmal auswerfen.» Simon ruderte mit seinen Gehilfen hinaus. Sie warfen ihre Netze aus und fingen sehr viele Fische. Die Netze begannen zu reißen. Da winkten sie das zweite Boot heran. Beide Boote mußten die Netze ans Ufer ziehen. Die Fischer erschraken über den riesigen Fang. Simon kniete vor Jesus nieder und sprach: «Herr, geh weg von mir! Ich bin nur ein sündiger

Mensch!» Jesus sprach zu Simon: «Fürchte dich nicht! Von jetzt an wirst du Menschen fangen.» Sie brachten die Boote ans Land. Dann verließen sie alles und folgten Jesus nach. Auch Simons Freunde, die Brüder Jakobus und Johannes, wurden Jesu Jünger.
Später sah Jesus einen Zolleinnehmer in seinem Haus sitzen. Er hieß Matthäus. Jesus sprach zu ihm: «Folge mir nach!» Und Matthäus stand auf und folgte Jesus nach. Eines Tages hatte Matthäus Jesus und die anderen Jünger zum Essen eingeladen. Es waren auch viele Zolleinnehmer und andere Sünder dabei. Das sahen die Pharisäer nicht gern. Sie wollten Gott besonders treu dienen und lebten nach strengen Vorschriften. Mit Betrügern setzten sie sich nicht an einen Tisch. Sie fragten die Jünger: «Warum ißt euer Meister mit Zolleinnehmern und Sündern?» Als Jesus das hörte, sprach er zu den Pharisäern: «Nicht die Gesunden brauchen den Arzt, sondern die Kranken. Ich bin gekommen, die Sünder zur Umkehr zu rufen, nicht die Gerechten!»
Jesus rief viele Menschen in seinen Dienst. Sie zogen mit ihm durchs Land und hörten seine Predigten. Sie lernten von ihm. Aus der großen Zahl seiner Jünger wählte er zwölf aus. Sie sollten seine Sendboten sein. Jesus nannte sie Apostel. Zu ihnen gehörten: Simon Petrus und sein Bruder Andreas, Jakobus und Johannes, die Söhne von Zebedäus, Philippus und Bartholomäus, Thomas und Matthäus, Jakobus und Thaddäus, Simon aus Kana und Judas Iskariot.

Merkspruch: Ich bin das Licht der Welt. Wer mir nachfolgt, der wird nicht wandeln in der Finsternis, sondern wird das Licht des Lebens haben (Joh 8, 12).

74. JESUS SENDET SEINE JÜNGER AUS
(Matthäus 10; Lukas 9)

Jesus sandte die zwölf Apostel hinaus in die Städte und Dörfer. Immer zwei gingen zusammen. Sie sollten lernen, seine Sendboten zu sein. Jesus sprach zu ihnen: «Geht hin und predigt: Das Himmelreich ist nahe herbeigekommen! – Macht Kranke gesund, Aussätzige rein und Tote wieder lebendig. Umsonst bekommt ihr diese Gaben, und umsonst sollt ihr sie weitergeben. Nehmt kein Geld an. Wer arbeitet, bekommt auch sein Essen. Wenn ihr in eine Stadt oder in ein Dorf kommt, fragt, bei wem ihr wohnen könnt. Wo eure Predigt gern gehört wird, da bleibt. Werdet ihr von niemandem aufgenommen, dann schüttelt den Staub von den Füßen und zieht weiter. Ich sende euch wie Schafe mitten unter Wölfe. Seid klug wie Schlangen und ohne Hinterlist wie Tauben. Nehmt euch in acht vor den Menschen! Macht euch keine Sorgen, wenn sie euch vor ihre Gerichte bringen. Gott wird euch dann wissen lassen, was ihr sagen sollt. Werdet ihr in einer Stadt verfolgt, dann flieht in eine andere. Ihr müßt wissen: Der Jünger steht nicht über seinem Meister und der Sklave nicht über seinem Herrn. Haben sie mich verfolgt, so werden sie euch auch

verfolgen. Fürchtet euch nicht vor denen, die nur den Leib töten können, aber nicht die Seele. Fürchtet euch vielmehr vor Gott, der Leib und Seele in die Hölle schicken kann. Kann man nicht zwei Spatzen für einen Pfennig kaufen? Und doch fällt keiner von ihnen auf die Erde, ohne daß Gott es zuläßt. Ihr seid doch mehr wert als viele Spatzen. Wer sich zu mir bekennt vor den Menschen, zu dem will ich mich auch bekennen vor meinem himmlischen Vater. Wer mich vor den Menschen verleugnet, den will ich auch verleugnen vor meinem Vater im Himmel. Wer euch hört, der hört mich. Wer euch verachtet, der verachtet mich. Und wer mich verachtet, der verachtet den Vater, der mich gesandt hat. Wer euch in sein Haus aufnimmt, der nimmt mich auf und damit auch meinen Vater im Himmel. Wer meinen Jüngern auch nur einen Becher kaltes Wasser zu trinken gibt, der soll dafür seine Belohnung bekommen.»
Nach einigen Wochen kehrten die Apostel zu Jesus zurück. Sie berichteten ihm, was sie erlebt hatten und welche großen Dinge sie in seinem Auftrag tun konnten.
Merkspruch: Wer nun mich bekennt vor den Menschen, den will ich auch bekennen vor meinem himmlischen Vater. Wer mich aber verleugnet vor den Menschen, den will ich auch verleugnen vor meinem himmlischen Vater (Mt 10, 32 f).

75. JESUS HILFT DEM BRAUTPAAR IN KANA
(Johannes 2)

Jesus kam mit seinen Jüngern in die Stadt Kana. Da wurde gerade eine Hochzeit gefeiert, und Jesu Mutter Maria war dabei. Auch Jesus und seine Jünger wurden zum Hochzeitsessen eingeladen. Das Brautpaar war arm. So kam es, daß der Wein nicht reichte. Als Maria das merkte, sagte sie zu Jesus: «Sie haben keinen Wein mehr. Hilf ihnen!» Jesus antwortete: «Warum mischst du dich ein? Meine Stunde ist noch nicht gekommen.» Da sagte Maria zu den Dienern: «Tut alles, was er euch sagt.»
Im Haus standen sechs große Tonkrüge. Mit ihnen wurde Wasser geholt. Jesus sprach zu den Dienern: «Füllt die Krüge mit Wasser!» Sie füllten die Krüge bis an den Rand mit Wasser. Dann sprach Jesus: «Schöpft etwas heraus und bringt es dem Speisemeister.» Der Speisemeister kostete. Aus dem Wasser war Wein geworden. Der Speisemeister lobte den Wein. Aber er wußte nicht, wo er herkam. Nur die Diener wußten es, die die Krüge gefüllt hatten. Da sprach der Speisemeister zum Bräutigam: «Man gibt den Gästen zuerst den guten Wein. Und wenn sie viel getrunken haben, gießt man ihnen den gewöhnlichen ein. Du hast den guten Wein bis jetzt aufgehoben!»
Das war das erste Zeichen, das Jesus tat. Er zeigte damit den Menschen seine Macht und Herrlichkeit als Sohn Gottes. Seine Jünger glaubten an ihn.

Merkspruch: Denn wir sind nicht ausgeklügelten Fabeln gefolgt, als wir euch kundgetan haben die Kraft und das Kommen unseres Herrn Jesus Christus; sondern wir haben seine Herrlichkeit selber gesehen (2 Petr 1, 16).

76. JESUS SCHAFFT IM TEMPEL ORDNUNG
(Johannes 2)

Jesus zog mit seinen Jüngern nach Jerusalem. Er wollte dort das Passafest feiern. Als Jesus in den Tempel kam, fand er da ein buntes Durcheinander. Es sah aus wie auf einem Marktplatz. Im Vorhof saßen die Viehhändler und boten ihre Tauben, Schafe und Rinder als Opfertiere an. Geldwechsler tauschten den Ausländern ihr Geld um. Jesus wurde zornig. Er machte sich aus Stricken eine Peitsche und trieb die Händler mit ihren Tieren zum Tempel hinaus. Die Tische der Geldwechsler warf er um und rief laut: «Es steht geschrieben: Mein Haus soll ein Bethaus sein. Ihr habt eine Markthalle daraus gemacht.» Die Jünger mußten an die Worte der Heiligen Schrift denken: «Der Eifer um

dein Haus verzehrt mich wie ein Feuer.» Da fragten die Priester Jesus: «Woher nimmst du das Recht, so etwas zu tun?» Er antwortete: «Brecht diesen Tempel ab! Ich will ihn in drei Tagen wieder aufbauen.» Die Priester wunderten sich und sprachen: «Dieser Tempel ist in 46 Jahren gebaut worden. Wie willst du ihn in drei Tagen wieder aufrichten?» Jesus meinte aber mit dem Tempel seinen Leib. Drei Tage sollte er tot im Grab liegen und dann wieder auferstehen. Die Priester verstanden Jesus nicht. Aber seine Jünger erinnerten sich daran, als Jesus auferstanden war.
Später wurde der Jerusalemer Tempel völlig zerstört. Im neuen Testament wird die Kirche «Gottes Tempel» genannt. Jesus Christus ist der Grundstein. Auf ihm ruht der ganze Bau. Die Christen werden wie Steine beim Hausbau zusammengefügt. Der Heilige Geist baut bis heute die Kirche durch Gottes Wort und die Sakramente.
Merkspruch: So seid ihr nun nicht mehr Gäste und Fremdlinge, sondern Mitbürger der Heiligen und Gottes Hausgenossen, erbaut auf dem Grund der Apostel und Propheten, da Jesus Christus der Eckstein ist, auf welchem der ganze Bau ineinandergefügt wächst zu einem heiligen Tempel in dem Herrn. Auf ihm

werdet auch ihr miterbaut zu einer Wohnung Gottes im Geist (Eph 2, 19–22).

77. NIKODEMUS BESUCHT JESUS IN DER NACHT
(Johannes 3)

In Jerusalem wohnte ein vornehmer, reicher Mann. Der hieß Nikodemus. Er gehörte zum Hohen Rat und zu den Anführern des Volkes. Nikodemus kam in einer Nacht zu Jesus. Er wollte von niemandem gesehen werden. Er sprach zu Jesus: «Meister, wir wissen, daß du ein von Gott gesandter Lehrer bist. Denn niemand kann solche Zeichen und Wunder tun wie du.» Jesus antwortete: «Niemand kann das Reich Gottes sehen, wenn er nicht von neuem geboren wird.» Nikodemus verstand das nicht. Er fragte: «Wie kann ein alter Mensch von neuem geboren werden?» Jesus sprach zu ihm: «Wer nicht durch Wasser und Gottes Geist neu geboren

wird, kommt nicht ins Reich Gottes. Alles, was von Menschen geboren wird, ist menschlich und muß vergehen. Aber was vom Geist Gottes geboren wird, ist geistlich und bleibt bestehen. Wundere dich nicht über meine Worte! Der Wind bläst, wo er will. Du hörst ihn rauschen, aber du weißt nicht, woher er kommt und wohin er geht. So ist es auch mit denen, die vom Geist Gottes geboren sind.» Nikodemus fragte: «Wie ist das möglich?» Jesus antwortete: »Du bist selber ein Lehrer in Israel und verstehst das nicht? Wir Menschen reden über das, was wir sehen. Aber den Himmel hat noch kein Mensch gesehen außer dem Menschensohn, der vom Himmel gekommen ist. Warum glaubt ihr mir nicht? Mose hat in der Wüste eine bronzene Schlange an einem Pfahl aufgehängt. So muß der Menschensohn auch erhöht werden. Dann werden alle, die an ihn glauben, das ewige Leben haben. So sehr hat Gott die Welt geliebt, daß er seinen eingeborenen Sohn gab, damit alle, die an ihn glauben, nicht verloren gehen, sondern das ewige Leben haben. Gott hat seinen Sohn nicht in die Welt gesandt, um zu verurteilen, sondern um zu retten.»

Merkspruch: Als aber erschien die Freundlichkeit und Menschenliebe Gottes, unseres Heilandes, machte er uns selig – nicht um der Werke der Gerechtigkeit willen, die wir getan hatten, sondern nach seiner Barmherzigkeit – durch das Bad der Wiedergeburt und Erneuerung im Heiligen Geist (Tit 3, 4 f).

78. JESUS SPRICHT MIT EINER SAMARITISCHEN FRAU
(Johannes 4)

Auf dem Weg von Jerusalem nach Galiläa kam Jesus durch das Land Samaria. Am Jakobsbrunnen vor der Stadt Sychar machte er Rast. Jesus war müde von der Reise und setzte sich neben den Brunnen. Die Jünger gingen in die Stadt, um Essen zu kaufen. Da kam eine samaritische Frau zum Brunnen. Sie wollte Wasser holen. Jesus sagte zu ihr: «Gib mir, bitte, etwas zu trinken!» Die Frau wunderte sich. Denn die Juden wollten sonst nichts mit den Samaritern zu tun haben. Aber Jesus sprach: «Du kennst Gottes Gabe nicht. Du weißt auch nicht, wer mit dir redet. Sonst würdest du mich um Wasser aus der lebendigen Quelle bitten.» Die Frau antwortete: «Herr, du hast ja kein Gefäß zum Schöpfen! Der Brunnen ist tief. Wie willst du an das Quellwasser herankommen? Bist du denn mehr als unser Vater Jakob? Er hat uns diesen Brunnen gegeben. Mit seiner Familie und seinen Herden hat er daraus getrunken.» Jesus sprach zu der Frau: «Wer vom Wasser dieses Brunnens trinkt, bekommt wieder Durst. Wer aber von dem Wasser trinkt, das ich ihm gebe, der wird nie wieder Durst haben. Es ist eine Quelle für das ewige Leben.» Da sagte die Frau: «Herr, gib mir von diesem Wasser! Dann bekomme ich keinen Durst mehr und muß nicht jeden Tag zum Brunnen laufen.» Jesus sprach zu ihr: «Geh und rufe erst deinen Mann.» Da erschrak die Frau und sagte: «Ich habe

keinen Mann!» Jesus sprach: «Das ist wahr, was du sagst. Du hattest fünf Männer. Und den du jetzt hast, der ist nicht dein richtiger Mann.» Die Frau sagte: «Herr, ich sehe, du bist ein Prophet. Ich möchte dich noch etwas fragen. Unsere Väter haben auf diesem Berg Garizim dort angebetet. Ihr Juden sagt, man darf Gott nur in Jerusalem anbeten. Was ist nun richtig?» Jesus antwortete: «Bald kommt die Zeit und sie ist schon da, da wird man Gott weder auf diesem Berg Garizim noch in Jerusalem anbeten. Gott ist Geist. Wer ihn anbeten will, muß ihn im Geist und in der Wahrheit anbeten.» Die samaritische Frau sagte: «Ich weiß, daß der Heiland kommt. Er wird uns alles erklären.» Jesus antwortete: «Ich bin es, der mit dir redet.» Da ließ die Frau ihren Krug an dem Brunnen stehen und lief in die Stadt. Sie erzählte allen Leuten:

«Kommt mit zum Brunnen! Dort ist ein Mann, der hat mir alles gesagt, was ich in meinem Leben getan habe. Vielleicht ist er der versprochene Heiland.»
Die Leute liefen zum Brunnen und baten Jesus, in der Stadt zu bleiben. Er blieb zwei Tage dort. Viele erkannten ihn als den Heiland und glaubten seinen Worten.
Merkspruch: Wen dürstet, der komme; und wer da will, der nehme das Wasser des Lebens umsonst (Offb 22, 17).

79. NUR EINES IST NOTWENDIG
(Lukas 10 und 11)

Eines Tages kamen Jesus und seine Jünger in das Dorf Betanien. Dort wohnten zwei Schwestern. Sie hießen Maria und Marta. Sie nahmen Jesus als Gast in ihrem Haus auf. Maria setzte sich zu Jesus und hörte ihm zu. Marta hatte in der Küche viel zu tun. Sie wollte Jesus gut bewirten. Marta kam zu Jesus und fragte ihn: «Herr, findest du es gut, daß mich meine Schwester allein arbeiten läßt? Sage ihr doch, sie soll mir helfen!» Aber Jesus antwortete: «Marta, du machst dir viele Sorgen und Mühe. Aber nur eines ist notwendig. Maria hat das wichtigere gewählt. Sie hört mir

zu. Das soll ihr nicht weggenommen werden.»
Einmal ruhte Jesus mit seinen Jüngern am Wegrand aus. Er ging ein Stück weg und betete. Als er zu den Jüngern zurückkam, sagten sie zu ihm: «Herr, lehre uns auch beten!» Jesus antwortete: «Wenn ihr betet, sollt ihr sagen: Vater unser im Himmel. Geheiligt werde dein Name. Dein Reich komme. Dein Wille geschehe wie im Himmel so auf Erden. Unser tägliches Brot gib uns heute. Und vergib uns unsere Schuld, wie auch wir vergeben unseren Schuldigern. Und führe uns nicht in Versuchung, sondern erlöse uns von dem Bösen. Denn dein ist das Reich und die Kraft und die Herrlichkeit in Ewigkeit. Amen.»
Jesus wollte seinen Jüngern auch zeigen, wie sie Gott bitten sollten. Er erzählte ihnen eine Geschichte. «Stellt euch vor: Einer von euch hat einen guten Nachbarn. Mitten in der Nacht geht er zu ihm und sagt: Lieber Freund, borge mir drei Brote. Ich habe plötzlich Besuch bekommen und kann ihm nichts zu essen anbieten. Könnt ihr euch vorstellen, daß der Nachbar antworten würde: Sei still! Die Tür ist schon abgeschlossen und meine Kinder liegen im Bett. Ich kann nicht aufstehen und dir Brot geben. Nein, er wird aufstehen und ihm das Brot geben, weil er ihn so darum bittet. Ich sage euch: So sollt ihr auch zu Gott beten. Bittet, und euch wird gegeben; sucht, und ihr werdet finden; klopft an, und euch wird aufgetan. Denn wer bittet, der empfängt; wer sucht, der findet; wer anklopft, dem wird aufgetan.»

Merkspruch: Wenn nun ihr, die ihr doch böse seid, dennoch euren Kindern gute Gaben geben könnt, wieviel mehr wird euer Vater im Himmel Gutes geben denen, die ihn bitten (Mt 7, 11).

80. JESUS LEHRT UND HEILT IN KAPERNAUM
(Markus 1)

Jesus kam mit seinen Jüngern in die Stadt Kapernaum. Es war Feiertag und Jesus ging in das Bethaus. Er predigte, und die Leute hörten ihm zu. Sie erschraken über seine Worte, denn er predigte gewaltiger als die Schriftgelehrten.
Dort war ein Mann, der wurde von einem bösen Geist geplagt. Als er Jesus predigen hörte, schrie er: «Was willst du von uns, Jesus aus Nazareth? Du bist gekommen, uns zu vernichten. Ich weiß es genau, du bist der, den Gott gesandt hat!» Da befahl Jesus dem bösen Geist: «Schweig und verlasse den Mann!» Der böse Geist gehorchte. Er ließ den Mann in Ruhe. Als das die Leute sahen, erschraken sie und fragten: «Was ist das für eine Lehre? Was ist das für ein Mann? Er befiehlt bösen Geistern und sie gehorchen ihm.»
Danach ging Jesus mit seinen Jüngern in das Haus des Petrus. Dort lag die Schwiegermutter von Petrus und war krank. Sie hatte Fieber. Jesus nahm sie bei der Hand und richtete sie auf. Da verließ sie das Fieber. Die Frau stand auf und bereitete das Essen für Jesus und die Jünger.

Am Abend brachten die Leute all ihre Kranken zu Jesus. Die ganze Stadt versammelte sich vor dem Haus. Jesus heilte viele Kranke und trieb böse Geister aus. So erfüllte sich, was der Prophet Jesaja vorausgesagt hatte: «Er hat unsere Schwachheit auf sich genommen, unsere Krankheit hat er getragen.»

Am Morgen stand Jesus zeitig auf und ging allein hinaus vor die Stadt. Dort betete er. Petrus und die anderen Jünger kamen ihm nach und sagten: «Alle Leute suchen dich!» Doch Jesus antwortete: «Wir wollen in andere Städte ziehen. Ich muß auch dort predigen, denn dazu bin ich gekommen.» Jesus predigte im ganzen Land Galiläa und trieb böse Geister aus.

Merkspruch: Fürwahr, er trug unsere Krankheit und lud auf sich unsere Schmerzen. Wir aber hielten ihn für den, der geplagt und von Gott geschlagen und gemartert wäre. Aber er ist um unsrer Missetat willen verwundet und um unsrer Sünde willen zerschlagen. Die Strafe liegt auf ihm, auf daß wir

Frieden hätten, und durch seine Wunden sind wir geheilt (Jes 53, 4 f).

81. EIN HAUPTMANN KOMMT ZU JESUS
(Matthäus 8)

Damals gehörte das jüdische Land zum römischen Weltreich. Der Kaiser in Rom setzte Statthalter ein. Sie regierten das Land. Überall wohnten römische Soldaten. In Kapernaum lebte ein römischer Hauptmann. Eines Tages kam er zu Jesus und sagte: «Herr, mein Diener liegt krank zu Hause und hat furchtbare Schmerzen. Er ist gelähmt. Hilf ihm!»
Jesus antwortete: «Ich komme mit und mache ihn gesund.» Doch der Hauptmann antwortete: «Herr, ich bin es nicht wert, daß du in mein Haus kommst. Sprich nur ein Wort, dann wird mein Diener gesund. Ich bin Soldat und weiß, was befehlen heißt. Sage ich zu einem Soldaten: Gehe hin! dann geht er. Sage ich zu einem anderen: Komm her! dann kommt er. Du, Herr, kannst den Krankheiten befehlen und sie gehorchen dir.»
Als Jesus das hörte, staunte er über solchen Glauben. Er sprach zu seinen Jüngern: «So einen festen Glauben habe ich in meinem Volk nicht gefunden. Ich sage euch: Es werden viele Fremde vom Osten und Westen kommen und mit Abraham, Isaak und Jakob am

Tisch sitzen. Aber viele aus dem Volk Israel werden nicht dabei sein. Denn wer nicht glaubt, wird in die Finsternis hinausgestoßen.» Und zu dem Hauptmann sagte Jesus: «Geh nach Hause! Es geschehe dir, was du geglaubt hast.» Der Diener des Hauptmanns wurde in der gleichen Stunde gesund.

Merkspruch: Es ist aber der Glaube eine feste Zuversicht auf das, was man hofft, und ein Nichtzweifeln an dem, was man nicht sieht (Hebr 11, 1).

82. JESUS HEILT EINEN GELÄHMTEN
(Matthäus 9; Lukas 5)

Eines Tages predigte Jesus in einem Haus. Viele Menschen drängten sich zu ihm. Sie wollten ihn hören oder geheilt werden. Einige Männer brachten einen gelähmten Mann auf einem Bett. Sie konnten mit ihm nicht ins Haus. Die Leute standen bis vor die Tür. Da stiegen sie auf das flache Dach des Hauses. Sie deckten ein Stück ab und ließen das

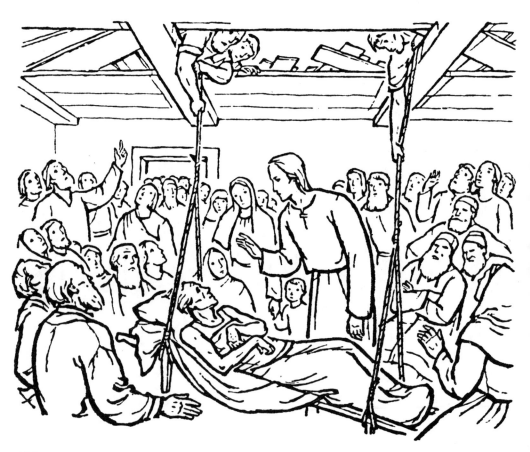

Bett an Seilen hinunter. Nun lag der Gelähmte vor Jesu Füßen. Als Jesus ihren Glauben sah, sprach er zu dem Kranken: «Sei getrost, mein Sohn, deine Sünden sind dir vergeben.»
Es waren aber auch Schriftgelehrte dabei, die sagten zueinander: «Er verspottet Gott. Wie kann ein Mensch Sünden vergeben? Das kann nur Gott!» Jesus kannte ihre Gedanken. Er sprach zu ihnen: «Warum denkt ihr so Böses von mir? Was ist leichter zu sagen: Dir sind deine Sünden vergeben. Oder: Steh auf und geh! Ich will euch zeigen, daß der Menschensohn auch auf Erden Sünden vergeben kann.» Er sagte zu dem Kranken: «Steh auf! Nimm dein Bett und geh heim!» Der Gelähmte stand auf. Er nahm sein Bett und ging nach Hause. Er lobte und dankte Gott.
Merkspruch: Alles, was ihr bittet im Gebet, wenn ihr glaubt, so werdet ihr's empfangen (Mt 21, 21).

83. DER FEIERTAG IST FÜR DEN MENSCHEN DA
(Markus 2 und 3; Matthäus 12)

Jesus zog mit seinen Jüngern durch das Land. Sie kamen an einem Getreidefeld vorüber. Die Jünger waren hungrig. Sie rissen sich einige Ähren ab und aßen sie. Da sprachen die Pharisäer zu Jesus: «Sieh doch, was deine Jünger tun. Sie ernten von dem Getreide. Das ist am Feiertag verboten.» Jesus antwortete:

«Habt ihr nicht von David gelesen? Als er in Not war, ließ er sich die Schaubrote aus der Stiftshütte geben und aß sie mit seinen Freunden. Die Schaubrote durften doch nur die Priester essen. Ich will euch das erklären: Der Feiertag ist für den Menschen da und nicht der Mensch für den Feiertag. Deshalb darf der Menschensohn auch bestimmen, was am Feiertag getan werden kann.»
Ein anderes Mal kam Jesus in ein Bethaus. Dort war ein Mann, der hatte eine gelähmte Hand. Die Pharisäer und Schriftgelehrten beobachteten Jesus und dachten: «Wird er gegen die Vorschriften verstoßen und auch diesen Mann am Feiertag heilen?» Jesus rief den kranken Mann zu sich. Er fragte die Schriftgelehrten und Pharisäer: «Darf man nach dem Gesetz am Feiertag Gutes tun oder nicht? Darf man einem Menschen das Leben retten oder soll man ihn umkommen lassen?» Sie antworteten nichts. Da wurde Jesus zornig über ihr hartes Herz und sprach: «Wenn euch am Feiertag ein Schaf in den Brunnen fällt, holt ihr es dann nicht heraus? Ist ein Mensch weniger wert als ein Schaf? Darum darf man am Feiertag Gutes tun.» Zu dem Mann mit der kranken Hand aber sprach er: «Strecke deine Hand aus!« Da wurde die Hand gesund. Die Pharisäer und Schriftgelehrten gingen wütend fort. Sie besprachen miteinander, wie sie Jesus umbringen könnten.
Merkspruch: Das Gesetz ist durch Mose gegeben; die Gnade und Wahrheit ist durch Jesus Christus geworden (Joh 1, 17).

84. GOTT STREUT SEIN WORT AUS WIE SAMEN
(Matthäus 13)

Einmal war Jesus wieder am See Genezareth. Viele Menschen kamen und wollten ihn predigen hören. Er stieg in ein Boot und ließ sich ein Stück vom Ufer wegrudern. Und er sprach: «Ich will euch ein Gleichnis erzählen, damit ihr erkennt, wie es im Reich Gottes zugeht. Ein Bauer ging aufs Feld und säte. Als er die Körner ausstreute, fielen einige auf den Weg. Da kamen die Vögel und fraßen sie auf. Einige Körner fielen auf felsigen Boden. Sie gingen schnell auf. Aber als die Sonne heiß schien, vertrockneten die kleinen Pflanzen. Sie hatten zu wenig Erde für ihre Wurzeln. Einige Körner fielen ins Dornengestrüpp. Doch die Dornen wuchsen schneller als das Getreide und erstickten es. Einige Körner fielen aber auch auf guten Boden. Sie gingen auf und brachten Frucht. Manche trugen hundert Körner, manche sechzig, manche dreißig. Wer Ohren hat, der höre!» Die Jünger hatten das Gleichnis gehört. Sie verstanden es nicht und fragten Jesus. Er erklärte ihnen das Gleichnis: «Wenn jemand Gottes Wort hört und versteht es nicht, dann kommt der Teufel und reißt es aus seinem Herzen. Das sind die Körner, die auf den Weg fallen. Andere Menschen nehmen Gottes Wort mit Freude an. Aber sie sind wetterwendisch. Das Wort kann bei ihnen keine Wurzel schlagen. Wenn Not und Verfolgung kommen, verlieren sie schnell ihren Glauben. Das sind die

Körner, die auf felsigen Boden fallen. Wieder andere Menschen hören Gottes Wort gern. Aber dann kommen die Sorgen in ihr Herz. Sie wollen reich werden und ein gutes Leben haben. Da wird das Wort erstickt. Das sind die Körner, die ins Dornengestrüpp fallen. Auf guten Boden fallen die Samenkörner bei den Menschen, die Gottes Wort hören und im Herzen behalten. Sie bringen viel Frucht.»
Merkspruch: Selig sind, die das Wort Gottes hören und bewahren (Lk 11, 28).

85. DER TEUFEL SÄT UNKRAUT ZWISCHEN GOTTES WEIZEN
(Matthäus 13)

Jesus erzählte ein anderes Gleichnis: Das Himmelreich kann man mit einem Mann vergleichen, der guten Samen auf sein Feld säte. In der Nacht, als alle schliefen, kam der Feind und streute Unkraut zwischen den Weizen. Dann ging er fort. Der Weizen wuchs und trug Frucht. Auch das Unkraut wuchs und wurde immer mehr. Da fragten die Diener ihren Herrn: «Herr, du hast doch guten Samen ausgesät. Woher kommt das Unkraut?» Er sprach zu ihnen: «Das hat der Feind getan.» Die Diener frag-

ten: «Sollen wir das Unkraut ausjäten?» Er antwortete: «Nein, sonst reißt ihr den Weizen mit heraus. Laßt beides wachsen bis zur Ernte. Dann will ich den Erntearbeitern sagen: Sammelt zuerst das Unkraut. Bündelt es und werft es ins Feuer. Den Weizen aber bringt in meine Scheunen.»
Die Jünger kamen zu Jesus und sagten: «Erkläre uns dieses Gleichnis.» Jesus antwortete: «Der Menschensohn sät guten Samen aus. Das Feld ist die Welt. Der gute Same sind die Kinder Gottes. Der Feind ist der Teufel. Er sät Unglauben und Unrecht unter den Menschen. Seine Saat wächst wie Unkraut. Geerntet wird am Ende der Welt. Die Erntearbeiter sind die Engel, die Gott am Ende der Welt aussendet. Sie werden das Unkraut sammeln und ins Feuer werfen. Aber die Kinder Gottes sollen leuchten wie die Sonne im Reich ihres himmlischen Vaters.»
Merkspruch: Es ist dem Menschen bestimmt, einmal zu sterben, danach aber das Gericht (Hebr 9, 25).

86. JESUS ERZÄHLT GLEICHNISSE VOM HIMMELREICH
(Matthäus 13)

Jesus sprach: «Das Himmelreich kann man vergleichen mit einem Senfkorn. Ein Mensch säte das Senfkorn auf sein Feld. Es ist das kleinste von allen Samenkörnern. Aber es wächst und wird größer als alle anderen Pflanzen im Garten. Am Ende wird ein Baum daraus, in dem die Vögel wohnen können.» So wächst auch das Reich Gottes.

«Das Himmelreich kann man vergleichen mit einem Stück Sauerteig. Eine Frau vermischte es mit einem halben Zentner Mehl. Der Sauerteig machte den ganzen Teig sauer.» So durchdringt auch das Reich Gottes alles.

«Das Himmelreich kann man vergleichen mit einem Fischnetz. Die Fischer werfen das Netz ins Meer und fangen ganz verschiedene Fische. Wenn das Netz voll ist, ziehen sie es heraus. Am Ufer lesen sie aus: Gute Fische kommen in die Gefäße, schlechte werden ins Wasser zurückgeworfen. So wird es am Ende der Welt auch geschehen. Gott

sendet dann seine Engel und läßt gottlose und gottesfürchtige Menschen voneinander trennen.»
«Das Himmelreich kann man auch vergleichen mit einem Schatz, der in einem Feld vergraben liegt. Ein Landarbeiter stößt beim Pflügen auf den Schatz. Er vergräbt ihn wieder. Dann geht er und verkauft alles, was er hat. Und von dem Geld kauft er das Feld mit dem vergrabenen Schatz.» So ein kostbarer Schatz ist auch das Reich Gottes. «Das Himmelreich kann man vergleichen mit einer wertvollen Perle. Ein Kaufmann sucht gute Perlen. Er findet eine besonders wertvolle Perle. Da verkauft er alles, was er hat, und kauft diese Perle.» Das Reich Gottes ist wie so eine wertvolle Perle.

Merkspruch: Das Reich Gottes kommt nicht so, daß man's mit Augen sehen kann; man wird auch nicht sagen: Siehe, hier ist es! Oder: Da ist es! Denn siehe, das Reich Gottes ist inwendig in euch (Lk 17, 20 f).

87. WIND UND MEER GEHORCHEN JESUS
(Matthäus 8)

Eines Tages wollte Jesus mit seinen Jüngern über den See Genezareth ans andere Ufer fahren. Sie stiegen in ein Schiff und Jesus legte sich schlafen. Als sie mitten auf dem See waren, kam ein schwerer Sturm auf. Große Wellen warfen das kleine Schiff hin und her. Es drohte zu sinken. Aber Jesus schlief fest. Da weckten ihn die Jünger und sprachen: «Herr, hilf uns, wir ertrinken!» Jesus sprach zu ihnen: «Warum habt ihr so wenig Glauben und fürchtet euch?« Er stand auf und drohte dem Wind und Meer: «Seid still und schweigt!» Da wurde der See wieder ruhig. Aber die Menschen staunten und sagten: «Was ist das für ein Mann, dem Wind und Meer gehorchen?»
Merkspruch: Mir ist gegeben alle Gewalt im Himmel und auf Erden (Mt 28, 18).

88. JESUS WECKT DIE TOCHTER DES JAIRUS AUF
(Markus 5)

Der Vorsteher der jüdischen Gemeinde in Kapernaum hieß Jairus. Eines Tages kam er zu Jesus. Er kniete vor ihm nieder und bat ihn: «Komm bitte zu meiner kleinen Tochter. Sie ist sehr krank und wird bald sterben müssen. Lege ihr die Hände auf, damit sie wieder gesund wird.» Jesus ging mit Jairus. Unterwegs drängten sich die Menschen um Jesus. Da war auch eine kranke Frau. Seit zwölf Jahren konnte ihr kein Arzt helfen. Die Frau hatte von Jesus gehört. Nun trat sie von hinten an Jesus heran und berührte sein Kleid. Da merkte sie, wie ihre Krankheit verschwand. Jesus spürte, daß eine Kraft von ihm ausgegangen war. Er drehte sich um und fragte: «Wer hat mein Kleid berührt?» Die Jünger wunderten sich über diese Frage, denn das Gedränge war groß. Doch Jesus sah die Frau an. Da kam sie zitternd zu ihm. Sie warf sich vor ihm auf den Boden und erzählte, was geschehen war. Jesus sprach zu ihr: «Meine Tochter, dein Glaube hat dich gesund gemacht. Geh im Frieden!»
Die Diener des Jairus kamen gelaufen. Sie sagten zu ihrem Herrn: «Deine Tochter ist eben gestorben. Jesus braucht nicht mehr zu kommen.» Aber Jesus sprach zu Jairus: «Fürchte dich nicht, glaube nur!» Außer Petrus, Jakobus und Johannes nahm Jesus niemand mit in das Haus des Jairus. Dort hatten sich viele Menschen versammelt. Sie weinten und klagten. Jesus sprach zu ihnen: «Warum weint ihr? Das Mädchen ist nicht gestorben, es schläft nur.» Sie lachten ihn aus. Aber Jesus trieb sie hinaus.
Nur die Eltern und die drei Jünger ließ er mit in das Zimmer gehen, in dem das Mädchen lag. Jesus nahm die Hand des Mädchens und rief: «Talita kumi!» Das heißt: «Mädchen, steh auf!» Und das Mädchen stand auf und ging umher. Es war zwölf Jahre alt. Die Eltern erschraken sehr. Jesus verbot ihnen, etwas davon weiterzuerzählen.

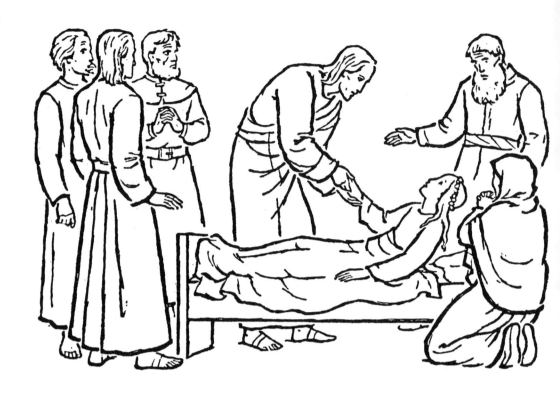

Merkspruch: Wer mein Wort hält, der wird den Tod nicht sehen in Ewigkeit (Joh 8, 51)

89. DIE LEUTE VON NAZARETH NEHMEN JESUS NICHT AUF
(Lukas 4)

Jesus kam in seine Heimatstadt Nazareth. Es war an einem Feiertag und er ging in das Bethaus. Da wurde ihm das Buch des Propheten Jesaja gegeben. Er stand auf und las daraus vor: «Der Geist des Herrn ist bei mir. Er hat mich dazu bestimmt, den Armen die gute Nachricht zu bringen und ein Gnadenjahr des Herrn auszurufen. Er hat mich gesandt zu predigen: Die Gefangenen sollen frei sein. Die Blinden werden sehen. Die Bedrückten werden ihre Last los sein.» Jesus schlug das Buch zu. Er setzte sich und sprach zu ihnen: «Heute ist dieses Wort der Schrift erfüllt vor euren Ohren.» Die Leute von Nazareth hörten das gern.
Aber einige sagten: «Ist er nicht der Sohn des Zimmermanns Josef? Sollte er klüger sein als wir?» Sie wollten nichts mehr von ihm hören. Da sprach Jesus zu ihnen: «Ihr werdet zu mir sagen: Wir haben von den vielen Zeichen und Wundern gehört, die du in Kapernaum getan hast. Mache es hier genauso. Aber ich sage euch: Kein Prophet gilt etwas in seinem Vaterland. Es ist doch

so: Zu Elias Zeit gab es viele Witwen in Israel. Aber als über drei Jahre lang Hungersnot herrschte, wurde Elia von Gott nur zu einer Witwe nach Zarpat gesandt im Land der Sidonier. Und es gab viele Aussätzige in Israel, als Elisa lebte. Aber nur der Syrer Naaman wurde von ihm geheilt.» So zeigte Jesus ihnen ihren Unglauben.

Als das die Leute von Nazareth hörten, wurden sie zornig. Sie trieben Jesus aus der Stadt hinaus an den Abhang eines Berges und wollten ihn hinunterstoßen. Aber er ging mitten durch die Menge fort. Jesus konnte in Nazareth keine Wunder tun, weil die Leute nicht an ihn glaubten. Nur wenigen Kranken legte er die Hand auf und heilte sie. Er zog durch die Dörfer in der Nähe der Stadt und lehrte die Menschen.

Merkspruch: Einen andern Grund kann niemand legen als den, der gelegt ist, welcher ist Jesus Christus (1 Kor 3, 11).

90. EINE WITWE BEKOMMT IHREN SOHN WIEDER
(Lukas 7)

Jesus zog mit seinen Jüngern durchs Land. Viele Menschen begleiteten ihn. Als sie in der Nähe der Stadt Nain waren, kam ihnen ein Trauerzug entgegen. Ein junger Mann wurde zum Grab getragen. Er war der einzige Sohn einer Witwe. Die Frau ging weinend hinter dem Sarg her. Als Jesus die traurige Mutter sah, hatte er Mitleid mit ihr. Er sagte zu der Frau: «Weine nicht!» Dann ging er zum Sarg. Die Träger setzten den Sarg ab. Jesus sprach zu dem jungen Mann: «Ich sage dir: Steh auf!» Da richtete sich der Tote auf und fing an zu reden. Jesus gab ihn seiner Mutter wieder. Alle, die dabei waren, erschraken sehr. Sie lobten Gott und sagten: «Ein großer Gottesmann ist unter uns aufgetreten. Gott besucht sein Volk und zeigt ihm seine Gnade.» Sogar in den Nachbarländern erzählt man nun von Jesus.
Merkspruch: Wir haben einen Gott, der da hilft, und den Herrn, der vom Tode errettet (Ps 68, 21).

91. NUR EINER DANKT
(Lukas 17)

Jesus war auf dem Weg nach Jerusalem. In der Nähe eines Dorfes traf er zehn aussätzige Männer. Vom Kopf bis zu den Füßen war ihre Haut mit eitrigen Geschwüren bedeckt. Niemand konnte

ihnen helfen. Deshalb mußten sie draußen vor dem Dorf wohnen. Sie durften niemanden berühren.
Als die aussätzigen Männer Jesus sahen, riefen sie: «Jesus, lieber Meister, hab Erbarmen mit uns!» Jesus ging zu ihnen und sprach: «Geht und zeigt euch den Priestern!» Nur die Priester durften feststellen, ob ein Aussätziger geheilt war. Die Männer liefen los. Unterwegs wurden sie gesund. Als sie das merkten, kehrte einer von ihnen um. Mit lauter Stimme lobte er Gott. Er kniete vor Jesus nieder und dankte ihm. Der Mann war ein Samariter. Da sagte Jesus: «Habe ich nicht zehn Männer gesund gemacht? Wo sind die anderen neun? Gibt es sonst keinen, der umkehrt und Gott die Ehre gibt, als nur dieser Fremde?» Zu dem Mann sagte er: «Stehe auf und geh nach Hause, dein Glaube hat dir geholfen.»
Merkspruch: Danket dem Herrn; denn er ist freundlich und seine Güte währet ewiglich (Ps 106, 1).

92. NUR EINER ERBARMT SICH
(Lukas 10)

Die Schriftgelehrten wollten Jesus auf die Probe stellen. Einer fragte ihn: «Was muß ich tun, um das ewige Leben zu bekommen?» Jesus sprach zu ihm: «Was steht im Gesetz geschrieben?» Der Schriftgelehrte antwortete: «Du sollst den Herrn, deinen Gott, lieben von ganzem Herzen, von ganzer Seele, mit allen deinen Kräften und von ganzem Gemüt; und deinen Nächsten wie dich selbst.» Jesus sprach: «Du hast richtig geantwortet. Tu das, dann wirst du ewig leben.» Aber der Schriftgelehrte fragte weiter: «Wer ist denn mein Nächster?» Da erzählte ihm Jesus eine Geschichte: «Ein Mann ging von Jerusalem nach Jericho. Unterwegs überfielen ihn Räuber. Sie nahmen ihm alles weg, schlugen ihn nieder und ließen ihn halbtot liegen. Ein Priester kam auf dem gleichen Weg. Als er den Mann sah, ging er vorüber. Danach kam ein Tempeldiener vorbei. Auch er ließ den Mann liegen und half ihm nicht. Dann kam ein Samariter. Als er den Mann sah, hatte er Mitleid mit ihm und ging zu ihm. Er reinigte seine Wunden mit Öl und Wein und verband sie. Dann setzte er den Mann auf sein Reittier und brachte ihn in ein Gasthaus.
Am nächsten Tag mußte er weiter reisen. Er gab dem Wirt zwei Silberstücke und sagte: Pflege den Mann. Wenn du dafür mehr brauchst, will ich es bezahlen, wenn ich zurückkomme.» Jesus

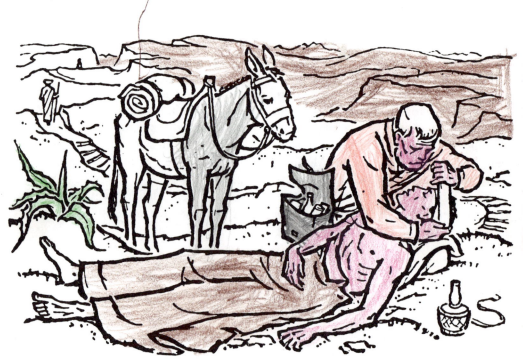

fragte den Schriftgelehrten: «Welcher von den drei Männern ist für den Überfallenen der Nächste gewesen?» Der Schriftgelehrte antwortete: «Der ihm geholfen hat.» Da antwortete Jesus: «So geh und handle genauso!»
Merkspruch: Was ihr getan habt einem von diesen meinen Geringsten, das habt ihr mir getan (Mt 25, 40).

93. GOTT FREUT SICH ÜBER JEDEN, DER UMKEHRT
(Lukas 15)

Zu Jesus kamen viele Zolleinnehmer und Sünder. Sie wollten ihm zuhören. Die Pharisäer und Schriftgelehrten sahen das nicht gern. Sie sagten: «Dieser Jesus gibt sich mit den Sündern ab und ißt sogar mit ihnen.» Da erzählte ihnen Jesus ein Gleichnis. «Stellt euch vor: Ein Mann hat hundert Schafe. Wenn sich nur eines davon verläuft, dann läßt er die anderen 99 Schafe auf der Weide zurück. Er geht und sucht das verlorene Schaf. Wenn er es findet, freut er sich. Er nimmt es auf seine Schultern und trägt es nach Hause. Dann ruft er seine Freunde und Nachbarn zusammen und sagt: Freut euch mit mir! Ich habe mein verlorenes Schaf gefunden. – Ich sage euch: So wird auch im Himmel Freude sein über einen Sünder, der umkehrt zu Gott.»
Jesus erzählte noch ein Gleichnis. «Stellt euch vor: Eine Frau hat zehn Silbermünzen. Wenn sie eine davon verliert, zündet sie ein Licht an und fegt das ganze Haus, bis sie die Münze findet. Und wenn sie die Münze gefunden hat, ruft sie ihre Freundinnen und Nachbarinnen zusammen und sagt: Freut euch mit mir! Ich hatte eine Silbermünze verloren und habe sie wiedergefunden. – Ich sage euch: So werden sich die Engel über einen Sünder freuen, der umkehrt zu Gott.»
Merkspruch: Der Menschensohn ist gekommen, zu suchen und selig zu machen, was verloren ist (Lk 19, 10).

94. DER VERLORENE SOHN KOMMT ZURÜCK
(Lukas 15)

Jesus erzählte ein Gleichnis. Stellt euch vor: Ein Mann hatte zwei Söhne. Eines Tages sagte der jüngere Sohn zum Vater: «Vater, gib mir den Teil des Erbes, der mir zusteht.» Da teilte der Vater das Erbe unter seine beiden Söhne auf. Einige Tage danach nahm der jüngere Sohn seinen Anteil und zog in ein fernes Land. Dort gab er sein Geld mit vollen Händen aus. Bald war alles verbraucht. Und es kam eine Hungersnot ins Land. Er fand nichts zu essen und suchte Arbeit. Einer ließ ihn seine Schweine hüten. Sein Hunger war so groß, daß er gern von dem Schweinefutter gegessen hätte. Aber das erlaubte man ihm nicht. Da dachte er an seinen Vater und sagte sich: «Bei meinem Vater gibt es viele Arbeiter. Sie haben immer genug zu essen. Und ich komme hier vor Hunger um. Ich will zu meinem Vater gehen und zu ihm sagen: Vater, ich habe gesündigt. Vor Gott und vor dir bin ich schul-

dig geworden. Ich bin es nicht mehr wert, dein Sohn zu sein. Laß mich nur bei dir arbeiten.»
So machte er sich auf den Weg nach Hause. Sein Vater sah ihn von weitem kommen. Er lief ihm entgegen, fiel ihm um den Hals und küßte ihn vor Freude. Der Sohn sagte zu ihm: «Vater, ich habe gesündigt. Vor Gott und vor dir bin ich schuldig geworden. Ich bin nicht mehr wert, dein Sohn zu sein.» Aber der Vater sagte zu seinen Dienern: «Bringt das beste Kleid und zieht ihm Schuhe an. Steckt ihm meinen Siegelring an den Finger. Schlachtet das gemästete Kalb. Wir wollen essen und fröhlich sein! Denn dieser, mein Sohn, war tot und ist wieder lebendig geworden. Er ist verloren gewesen und wiedergefunden worden!» Und sie fingen an zu feiern.
Der ältere Sohn war noch auf dem Feld bei der Arbeit. Als er nach Hause kam, hörte er von weitem das Singen und Tanzen. Er rief einen Diener zu sich und fragte: «Was für ein Fest feiert ihr?» Der Diener antwortete: «Dein Bruder ist zurückgekommen, und dein Vater hat vor Freude das gemästete Kalb schlachten lassen.» Da wurde der ältere Sohn zornig und wollte nicht mit ins Haus kommen. Sein Vater ging hinaus und bat ihn. Aber der Sohn sagte: «Va-

ter, ich habe dir all die Jahre treu gedient. Nie bin ich ungehorsam gewesen. Mir hast du nie auch nur einen Ziegenbock geschenkt, damit ich mit meinen Freunden feiern konnte! Nun ist dieser, dein Sohn, nach Hause gekommen. Er hat sein Erbe verschleudert. Und du läßt für ihn das gemästete Kalb schlachten!» Der Vater sprach zu ihm: «Mein Sohn, du bist immer bei mir. Alles, was mir gehört, gehört auch dir. Sei auch mit fröhlich! Denn dein Bruder war tot und ist wieder lebendig geworden. Er ist verloren gewesen und wiedergefunden worden.»
Merkspruch: Wie sich ein Vater über Kinder erbarmt, so erbarmt sich der Herr über die, die ihn fürchten (Ps 103, 13).

95. EIN REICHER MANN
WILL SEINE BRÜDER WARNEN
(Lukas 16)

Es war ein reicher Mann, der hatte immer gute Tage und feierte viele Feste. Er trug nur Kleider aus bestem Stoff. In der gleichen Stadt lebte ein armer Mann, der hieß Lazarus. Er war krank, und seine Haut war mit schlimmen Geschwüren bedeckt. Lazarus hatte Hun-

ger. Er setzte sich vor die Haustür des Reichen und hätte gern etwas von den Resten gegessen, die beim Essen des reichen Mannes übrig blieben. Aber niemand kümmerte sich um ihn. Nur die Hunde leckten seine Geschwüre.

Nach einiger Zeit starb Lazarus. Die Engel trugen ihn zu Abraham in den Himmel. Der reiche Mann starb auch und wurde begraben. Er kam in die Hölle und mußte große Qualen erleiden. In der Ferne sah er die Herrlichkeit des Himmels. Lazarus saß in Abrahams Schoß. Da rief der Reiche hinüber: «Vater Abraham, habe Mitleid mit mir! Schick doch Lazarus zu mir. Er soll seine Fingerspitze ins Wasser tauchen und meine Zunge ein wenig kühlen. Ich leide solche Qualen.» Aber Abraham sprach zu ihm: «Denke daran, wie gut es dir in deinem Leben auf der Erde gegangen ist. Lazarus mußte viel Böses erdulden. Nun wird er getröstet, du aber mußt Qualen leiden. Außerdem sind Himmel und Hölle so voneinander getrennt, daß keiner hinüber oder herüber kommen kann.»

Der reiche Mann bat weiter: «Vater Abraham, sende Lazarus ins Haus meines Vaters. Ich habe fünf Brüder. Er soll sie warnen, damit sie nicht auch an diesen Ort der Qual kommen.» Abraham antwortete: «Sie haben die Heilige Schrift und darin Gottes Gebote. Danach sollen sie leben.» Der Mann antwortete: «Wenn einer von den Toten zu ihnen käme, würden sie vielleicht umkehren und Buße tun.» Doch Abraham sprach: «Hören sie nicht auf Gottes Wort, dann werden sie auch nicht glauben, wenn einer von den Toten aufersteht.»

Merkspruch: Selig sind die Toten, die in dem Herrn sterben von nun an. Ja, spricht der Geist, sie sollen ruhen von ihrer Mühsal; denn ihre Werke folgen ihnen nach (Offb 14, 13).

96. JOHANNES DER TÄUFER MUSS STERBEN
(Matthäus 14; Markus 6; Lukas 7)

König Herodes Antipas hatte seinem Bruder die Frau weggenommen und sie geheiratet. Die Frau hieß Herodias. Als das Johannes der Täufer hörte, ging er zu Herodes und sprach: «Es ist nicht recht, daß du deinem Bruder die Frau wegnimmst. Du hast die Ehe gebrochen.» Da wurde der König zornig und ließ Johannes ins Gefängnis werfen. Herodias haßte Johannes. Sie hätte ihn gern töten lassen. Aber Herodes wußte, daß Johannes ein gottesfürchtiger Mann und Prophet war. Manchmal ließ er ihn aus dem Gefängnis holen und redete mit ihm. Johannes hörte im Gefängnis von den Wundern, die Jesus tat. Er schickte zwei von seinen Jüngern zu ihm. Sie fragten Jesus: «Bist du der versprochene Heiland, der kommen soll oder sollen wir auf einen anderen warten?» Jesus antwortete: «Erzählt Johannes, was ihr seht und hört: Blinde sehen, Lahme gehen, Aussätzige werden gesund, Gehörlose hören, Tote werden lebendig. Den Armen wird die gute Nachricht verkündet. Selig ist, wer an mir keinen Anstoß nimmt.»

Jesus fragte das Volk: «Warum seid ihr damals zu Johannes in die Wüste hinausgegangen? Wollet ihr ein Schilfrohr sehen, das der Wind hin und her bewegt? Oder wollt ihr einen Menschen in feinen Kleidern sehen? Da müßt ihr in die Paläste der Könige gehen. Oder wollt ihr einen Propheten sehen? Ich sage euch: Johannes war mehr als ein Prophet. Von ihm steht geschrieben: Siehe, ich sende meinen Boten vor dir her, der deinen Weg vor dir bereiten soll. Von allen Menschen, die geboren wurden, ist Johannes der Größte. Aber der Kleinste im Himmelreich ist größer als er.»

Zu den Pharisäern sagte Jesus: «Warum habt ihr Johannes verachtet und euch von ihm nicht taufen lassen? Seid ihr nicht wie Kinder, die sich beim Spielen nicht vertragen? Niemand kann es euch recht machen. Johannes hat kein Brot gegessen und keinen Wein getrunken. Da habt ihr gesagt: Er hat einen bösen

143

Geist! Der Menschensohn ist gekommen. Er ißt und trinkt mit den Leuten. Nun sagt ihr: Er ist ein Vielfraß und Säufer. Mit Zolleinnehmern und Sündern gibt er sich ab.»
Eines Tages feierte der König Herodes ein großes Fest. Viele Gäste waren eingeladen. Die Tochter der Herodias tanzte vor den Gästen. Das gefiel dem König sehr. Er rief das Mädchen zu sich und sprach: «Wünsch dir etwas von mir! Ich will es dir geben, selbst wenn es mein halbes Königreich wäre.» Das Mädchen ging hinaus zur Mutter und fragte sie. Herodias sagte ihr: «Bitte um den Kopf des Täufers Johannes.» Das Mädchen ging wieder zum König und bat: «Laß mir den Kopf des Täufers Johannes auf einer Schale bringen.» Der König erschrak und wurde traurig. Aber er hatte es vor allen Gästen versprochen. So schickte er den Henker ins Gefängnis zu Johannes und ließ ihm den Kopf abschlagen. Die Jünger des Täufers kamen und begruben ihren Meister. Aber Herodes wurde Tag und Nacht von seinem schlechten Gewissen geplagt.
Merkspruch: Aus dem Herzen kommen böse Gedanken, Mord, Ehebruch, Unzucht, Diebstahl, falsches Zeugnis, Lästerung (Mt 15, 19).

97. FÜNFTAUSEND MENSCHEN WERDEN SATT
(Matthäus 14; Johannes 6; Markus 6)

Die Jünger fuhren mit Jesus ans andere Ufer des Sees Genezareth. Viele Menschen folgten ihnen. Jesus heilte die Kranken und predigte vom Reich Gottes. Es wurde Abend. Da sagten die Jünger zu Jesus: «Es ist schon spät. Der Weg ins nächste Dorf ist weit. Laß die Menschen gehen, damit sie sich noch Brot kaufen können!» Jesus antwortete: «Gebt ihr ihnen doch zu essen!» Andreas sagte: «Hier ist ein Junge. Er hat fünf Gerstenbrote und zwei Fische. Aber wie weit reicht das bei so vielen Menschen.» Da sprach Jesus: «Die Leute sollen sich ins Gras setzen, immer fünfzig oder hundert zusammen.» Dann nahm Jesus die Brote und Fische. Er blickte zum Himmel, dankte Gott und zerbrach die Brote. Die Stücke gab er den Jüngern. Sie brachten sie den Menschen. Auch die Fische ließ Jesus verteilen. Alle aßen und wurden satt. Dann sprach Jesus: «Sammelt die Brocken auf, die übriggeblieben sind. Es soll nichts verloren gehen.» Die Jünger sammelten zwölf Körbe voll Brocken. Fünftausend Menschen waren satt geworden.
Als die Leute das sahen, sagten sie: «Das ist bestimmt der versprochene Heiland, auf den wir warten!» Und sie wollten Jesus zu ihrem König machen. Aber Jesus ging allein auf einen Berg.
Merkspruch: Ich bin das Brot des Lebens. Wer zu mir kommt, den wird nicht hungern; und wer an mich glaubt, den wird nimmermehr dürsten (Joh 6, 35).

98. JESUS GEHT ÜBER DAS WASSER
(Matthäus 14)

Die Jünger wollten wieder nach Kapernaum fahren. Sie stiegen in ihr Schiff und segelten los. Jesus blieb am Ufer zurück. Er wollte allein sein und beten. Es war Nacht geworden. Als das Schiff mitten auf dem See war, brach ein Sturm los. Der Sturm trieb immer größere Wellen gegen das Schiff. Die Jünger hatten große Angst.

Als es Morgen wurde, kam Jesus zu ihnen. Er lief über das Wasser. Die Jünger sahen ihn kommen und erschraken. Sie schrien vor Angst: «Da kommt ein Gespenst!» Aber Jesus sagte: «Fürchtet euch nicht! Ich bin es.»
Petrus rief: «Herr, wenn du es wirklich bist, dann laß mich auf dem Wasser zu dir kommen!» Petrus stieg aus dem Schiff und lief über das Wasser auf Jesus zu.
Doch als er den Wind und die Wellen sah, packte ihn wieder die Angst. Er

begann zu sinken und schrie: «Herr, hilf mir!» Jesus streckte seine Hand aus und hielt Petrus fest. Er sagte: «O, du Kleingläubiger! Warum hast du Angst und vertraust mir nicht?» Dann stiegen beide in das Schiff.
Der Sturm legte sich. Die Jünger knieten vor Jesus nieder und sprachen: «Du bist wirklich Gottes Sohn.» Sie kamen ans andere Ufer.
Merkspruch: Es ist ein köstlich Ding, daß das Herz fest werde, welches geschieht durch Gnade (Hebr 13, 9).

99. JESUS HEILT EINEN TAUBSTUMMEN
(Markus 7)

Jesus war mit seinen Jüngern am See Genezareth. Da brachte man einen taubstummen Mann zu ihm. Er konnte nichts hören und nicht sprechen. Jesus sollte den Mann gesund machen. Er führte ihn ein Stück weg von den Leuten, denn er wollte mit ihm allein sein. Dann berührte er mit seinen Fingern die Ohren und die Zunge des Kranken. Jesus blickte hinauf zum Himmel und sprach: «Hefata!» Das heißt: «Tu dich

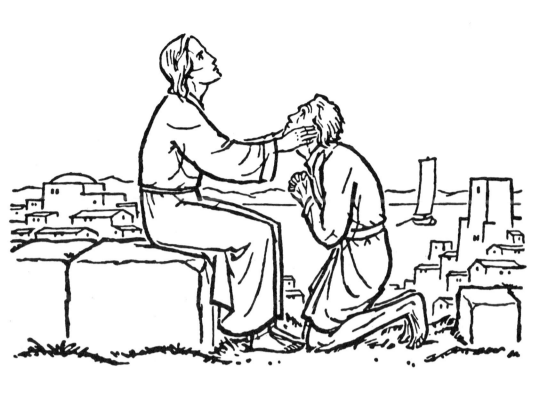

auf!» Da öffneten sich die Ohren des Mannes und seine Zunge löste sich. Er konnte hören und reden. Jesus ging mit ihm zu den Leuten zurück. Er verbot, etwas davon weiterzuerzählen. Aber je mehr er verbot, um so mehr wurde darüber geredet. Die Leute sagten: «Er bringt alles in Ordnung. Den Gehörlosen öffnet er die Ohren und die Stummen läßt er reden.»

Merkspruch: Selig sind eure Augen, daß sie sehen, und eure Ohren, daß sie hören. Wahrlich ich sage euch: Viele Propheten und Gerechte haben begehrt, zu sehen, was ihr seht, und haben's nicht gesehen, und zu hören, was ihr hört, und haben's nicht gehört (Mt 13, 16 f).

100. PETRUS LEGT EIN BEKENNTNIS AB
(Matthäus 16)

Mit seinen Jüngern kam Jesus in die Nähe der Stadt Cäsarea Philippi. Dort ist die Quelle des Flusses Jordan. Jesus wußte, daß er bald leiden und sterben sollte. Deshalb wollte er den Glauben seiner Jünger stärken. Sie sollten wissen, wem sie nachfolgten. Er fragte sie: «Für wen halten mich die Leute?» Die Jünger antworteten: «Manche sagen, du bist Johannes der Täufer. Einige halten dich auch für Elia oder Jeremia oder einen anderen Propheten.» Jesus fragte weiter: «Und ihr? Für wen haltet ihr mich?» Da antwortete Simon Petrus: «Du bist Christus, der versprochene

Heiland und der Sohn des lebendigen Gottes.» Jesus sprach zu ihm: «Selig bist du, Simon. Denn dieser Glaube stammt nicht von dir selber. Mein Vater im Himmel hat dir das gezeigt. Du bist Petrus, der Felsenmann. Auf diesen Felsen will ich meine Kirche bauen. Keiner wird sie vernichten, nicht einmal die Hölle. Ich gebe dir die Schlüssel für das Himmelreich: Alles, was du hier auf der Erde verschließt, das soll auch im Himmel verschlossen bleiben. Was du auf der Erde aufschließt, soll auch im Himmel aufgeschlossen bleiben.» Später gab Jesus diesen Auftrag allen seinen Jüngern.

Merkspruch: Nehmt hin den heiligen Geist! Welchen ihr die Sünden erlaßt, denen sind sie erlassen; und welchen ihr sie behaltet, denen sind sie behalten (Joh 20, 22 f).

101. EINE FRAU BITTET FÜR IHRE TOCHTER
(Matthäus 15 und 16)

Einmal war Jesus in der Gegend der heidnischen Städte Tyrus und Sidon unterwegs. Da kam eine Frau zu ihm. Sie lief hinter ihm her und rief: «Herr, du Sohn Davids, hab Mitleid mit mir und hilf mir. Meine Tochter wird von einem bösen Geist geplagt.» Jesus ging weiter und gab ihr keine Antwort. Die Jünger baten ihn: «Hilf ihr doch! Sie schreit uns so nach!» Jesus antwortete: «Ich bin nur zu den verlorenen Schafen aus dem Haus Israel gesandt.» Aber die Frau kniete vor Jesus nieder und bat: «Herr, hilf mir!» Jesus sprach zu ihr: «Es ist nicht gut, wenn man den Kindern das Brot wegnimmt und den Hunden hinwirft.» Die Frau sagte: «Ja, Herr, und doch essen die Hunde die Brocken, die vom Tisch ihrer Herren fallen.» Da antwortete Jesus: «Frau, dein Glaube ist groß. Dir geschehe, wie du willst.» In der gleichen Stunde wurde ihre Tochter gesund.

Jesus redete mit seinen Jüngern über das, was mit ihm geschehen sollte. Er sprach: «Ich muß jetzt nach Jerusalem gehen. Dort werden mich die Ältesten, Hohenpriester und Schriftgelehrten zum Tode verurteilen und ans Kreuz schlagen. Aber ich werde am dritten Tag auferstehen.« Die Jünger konnten das nicht verstehen. Petrus nahm Jesus beiseite und redete auf ihn ein. Er sagte zu Jesus: »Das darf nicht geschehen. Gott wird es verhüten!« Aber Jesus drehte sich um zu ihm und sprach: »Geh weg von mir, Satan! Denn du denkst wie ein Mensch und weißt nicht, was Gott will.«

Und zu allen Jüngern sagte Jesus: «Wer mir nachfolgen will, der darf nicht an sich denken. Er muß sein Kreuz auf sich nehmen und mir folgen. Wer sein Leben erhalten will, der wird es verlieren. Wer meinetwegen sein Leben verliert, der wird es erst richtig finden. Was hilft es einem Menschen, wenn er die ganze Welt gewinnt und seine Seele dabei Schaden leidet? Ihr sollt euch nicht wegen mir oder meinen Worten schämen. Sonst muß ich mich auch euretwegen schämen, wenn ich mit meinen Engeln in die Herrlichkeit meines Vaters komme.»

Merkspruch: So halten wir nun dafür, daß der Mensch gerecht wird ohne des Gesetzes Werke, allein durch den Glauben (Röm 3, 28).

102. EIN VATER MÖCHTE GLAUBEN
(Markus 9)

Eines Tages sah Jesus seine Jünger in einer Menschenmenge stehen. Die Schriftgelehrten stritten sich mit ihnen. Jesus fragte die Jünger: «Worum streitet ihr euch?» Da antwortete ein Mann: «Meister, ich habe meinen Sohn zu deinen Jüngern gebracht. Er hat einen bösen Geist und kann nicht sprechen. Wenn der Geist ihn packt, zerrt er ihn hin und her. Er hat Schaum vor dem Mund und wird ganz steif. Aber deine Jünger können ihm nicht helfen.» Jesus

sprach: «Warum glaubt ihr nicht an mich? Wie lange muß ich noch bei euch sein und euch ertragen? Bringt den Jungen her!» Als der Junge zu Jesus kam, packte ihn wieder der böse Geist. Er warf ihn auf die Erde und wälzte ihn hin und her. Jesus fragte den Vater: «Wie lange hat er das schon?» Der Vater antwortete: «Seit seiner Kindheit. Manchmal hat ihn der böse Geist ins Feuer oder ins Wasser geworfen. Er wäre fast umgekommen. Wenn du kannst, dann hab Erbarmen mit uns und hilf uns!» Jesus sagte zu ihm: «Alle Dinge sind möglich für den, der glaubt!» Der Mann rief unter Tränen: «Ich will ja glauben, Herr! Hilf mir gegen meinen Unglauben!» Jesus sprach zu dem bösen Geist: «Ich befehle dir: Fahre aus und komm nicht wieder zurück!» Der Geist ließ den Jungen laut aufschreien und zerrte ihn hin und her. Dann verließ er ihn. Der Junge lag auf der Erde und sah aus wie tot. Jesus nahm ihn bei der Hand, richtete ihn auf und gab ihn seinem Vater.

Als die Jünger mit Jesus nach Hause kamen, Fragten sie ihn: «Warum konnten wir diesen Geist nicht austreiben?» Jesus antwortete: «Solche Geister kann man nur durch Beten austreiben.»

Merkspruch: Alle Dinge sind möglich dem, der da glaubt (Mk 9, 23).

103. JESUS LÄSST SICH IN SEINER HERRLICHKEIT SEHEN
(Matthäus 17; Markus 9)

Jesus stieg mit Petrus, Jakobus und Johannes auf einen Berg. Die anderen Jünger blieben zurück. Und Jesus zeigte sich den drei Jüngern in seiner Herrlichkeit als Sohn Gottes. Sein Gesicht leuchtete wie die Sonne und seine Kleider wurden weiß wie Licht. Mose und

Elia erschienen und redeten mit Jesus. Da sagte Petrus: «Herr, hier ist es gut. Hier wollen wir bleiben. Wenn du willst, bauen wir drei Hütten: eine für dich, eine für Mose und eine für Elia.» Er wußte aber nicht, was er redete. Plötzlich kam die Wolke Gottes vom Himmel, und eine Stimme sprach aus der Wolke: «Dies ist mein lieber Sohn, an dem ich Gefallen habe. Den sollt ihr hören!» Die Jünger erschraken und warfen sich auf den Boden. Aber Jesus ging zu ihnen und sprach: «Steht auf! Fürchtet euch nicht.» Als die Jünger aufstanden, sahen sie allein Jesus.
Sie stiegen mit ihm vom Berg. Jesus sprach zu ihnen: «Erzählt niemandem von dem, was ihr heute gesehen habt. Erst wenn ich von den Toten auferstanden bin, dürft ihr darüber reden.» Die Jünger fragten sich untereinander: «Was meint er mit der Auferstehung von den Toten? Sie wird doch erst am letzten Tag der Welt geschehen.» Sie fragten Jesus: «Die Schriftgelehrten sagen: Bevor der letzte Tag anbricht, muß erst Elia kommen. So hat es der Prophet Maleachi vorausgesagt. Stimmt das?» Jesus antwortete: «Elia ist schon gekommen. Doch sie haben ihn nicht erkannt. Im Gefängnis ist er umgebracht worden. So muß auch der Menschensohn viel leiden.» Da merkten die Jünger, daß Jesus von Johannes dem Täufer gesprochen hatte.
Merkspruch: Das Wort ward Fleisch und wohnte unter uns, und wir sahen seine Herrlichkeit, eine Herrlichkeit als des eingeborenen Sohnes vom Vater, voller Gnade und Wahrheit (Joh 1, 14).

104. JESUS SEGNET KINDER
(Matthäus 9; Markus 10; Lukas 18)

Jesus zog mit seinen Jüngern durch ein Dorf. Unter einem Baum ruhten sie sich aus. Einige Leute brachten kleine Kinder zu Jesus. Er sollte die Hände auf die Kinder legen und sie segnen. Bald waren viele Kinder um Jesus versammelt. Die Jünger wollten sie wegschicken. Aber das gefiel Jesus nicht. Er sagte: «Laßt die Kinder zu mir kommen. Haltet sie nicht zurück! Denn gerade ihnen gehört das Reich Gottes. Wer das Reich Gottes nicht wie ein Kind annimmt, wird nicht hineinkommen.» Jesus drückte die Kinder an sein Herz. Er legte ihnen die Hand auf den Kopf und segnete sie.
Einmal stritten sich die Jünger. Jeder von ihnen wollte der Größte im Reich Gottes sein. Da stellte Jesus ein Kind in ihre Mitte und sprach: «Wenn ihr nicht umkehrt und werdet wie Kinder, so werdet ihr nicht ins Himmelreich kommen. Wer sich selber erniedrigt und wird wie so ein Kind, der ist der Größte im Himmel. Wer ein Kind in meinem Namen aufnimmt, der nimmt mich auf.»
Merkspruch: Fürchte dich nicht, denn ich habe dich erlöst; ich habe dich bei deinem Namen gerufen; du bist mein! (Jes 43, 1).

105. EIN JUNGER MANN MÖCHTE JESUS NACHFOLGEN
(Matthäus 19; Markus 10)

Ein junger Mann kam zu Jesus. Er kniete vor ihm nieder und fragte: «Guter Meister, was muß ich tun, um das ewige Leben zu bekommen?» Jesus sprach: «Warum nennst du mich gut? Niemand ist gut als Gott allein. Halte seine Gebote, dann wirst du ewig leben.» Der junge Mann sagte: «Welche Gebote meinst du?» Jesus antwortete: «Du sollst nicht töten. Du sollst nicht ehebrechen. Du sollst nicht stehlen. Du sollst kein falsches Zeugnis reden gegen deinen Nächsten. Du sollst Vater und Mutter ehren. Du sollst deinen Nächsten lieb haben wie dich selbst.» Da sagte der junge Mann: «Das habe ich alles von Kindheit an getan. Was fehlt mir noch?» Jesus sah ihn an. Er hatte ihn lieb und sprach: «Eins fehlt dir. Geh und verkaufe alles, was du hast! Gib das Geld den Armen. So wirst du einen Schatz im Himmel haben. Dann komm und folge mir nach!» Als der junge Mann das hörte, ärgerte er sich. Traurig ging er fort. Denn er war sehr reich. Jesus sprach zu seinen Jüngern: «Ein Reicher wird schwer ins Reich Gottes kommen. Eher kommt ein Kamel durch

ein Nadelöhr, als daß ein Reicher in den Himmel kommt.« Die Jünger erschraken und fragten: «Wer kann dann überhaupt selig werden?» Jesus sah sie an und sprach: «Für Menschen ist es unmöglich. Aber Gott kann alles.«
Merkspruch: Wer seine Hand an den Pflug legt und sieht zurück, der ist nicht geschickt für das Reich Gottes (Lk 9, 62).

106. EIN REICHER BAUER VERGISST GOTT
(Lukas 12)

Ein Mann fragte Jesus: «Meister, kannst du nicht mit meinem Bruder reden? Er will das Erbe nicht mit mir teilen.« Jesus sprach: «Ich bin doch nicht als Schiedsrichter über euch eingesetzt.« Und er sagte weiter: «Hütet euch vor der Habgier! Niemand lebt davon, daß er viel besitzt.» Er erzählte ihnen ein Gleichnis: «Es war ein reicher Bauer. Er hatte eine besonders gute Ernte. Da überlegte er: Was soll ich machen? Ich weiß nicht, wo ich das alles unterbringe. Ich werde die alten Scheunen abreißen und mir größere bauen. Dann kann ich alles hineinbringen lassen, was auf meinen Feldern gewachsen ist. Und zu meiner Seele will ich dann sagen: Nun hast du einen großen Vorrat für viele Jahre. Setz dich zur Ruhe, iß, trink und sei fröhlich. – Aber Gott sprach zu ihm: Du Narr! In dieser Nacht werde ich deine Seele von dir fordern. Du mußt sterben. Wem wird dann alles gehören, was du gesammelt hast?» Jesus sagte:

«So ergeht es den Menschen, die auf dieser Erde Schätze sammeln, aber bei Gott nicht reich sind.»
Merkspruch: Das Reich Gottes ist nicht essen und trinken, sondern Gerechtigkeit und Friede und Freude im Heiligen Geist (Röm 14, 17).

107. ZWEI MÄNNER BETEN IM TEMPEL
(Lukas 18)

Wenn Jesus in Jerusalem war, ging er jeden Tag in den Tempel und lehrte die Leute. Viele hörten ihm zu. Einmal standen einige Pharisäer dabei, die wollten besonders gottesfürchtig sein. Sie lebten nach strengen Gesetzen und verachteten die anderen Leute. Da erzählte Jesus ein Gleichnis: «Zwei Männer gingen in den Tempel und wollten beten. Der eine war ein Pharisäer, der andere ein Zolleinnehmer. Der Pharisäer stellte sich ganz vorn hin und sprach: Ich danke dir, Gott, daß ich nicht so habgierig, unehrlich und verdorben bin, wie andere Leute. Ich bin ja kein Zolleinnehmer wie dieser Mann dort. Ich faste zweimal in der Woche. Den zehnten Teil von allem, was ich einnehme, gebe ich Gott. – Der Zöllner stand ganz hinten. Er wagte kaum aufzusehen. Er schlug sich an die Brust und betete: Gott, sei mir Sünder gnädig! – Ich sage euch: Dem Zolleinnehmer hat Gott vergeben. Er ging im Frieden mit Gott nach Hause, der Pharisäer nicht. Denn wer sich selbst erhöht, wird erniedrigt werden. Und wer sich selbst erniedrigt, wird erhöht werden.»

Merkspruch: Gott, sei mir gnädig nach deiner Güte, und tilge meine Sünden nach deiner großen Barmherzigkeit. Wasche mich rein von meiner Missetat, und reinige mich von meiner Sünde (Ps 51, 3 f).

108. DIE ERSTEN WERDEN DIE LETZTEN SEIN
(Matthäus 19 und 20)

Einmal fragte Petrus: «Herr, wir haben alles verlassen, und sind dir nachgefolgt. Was bekommen wir dafür?» Jesus antwortete: «Ich sage euch: Am letzten Tag der Welt wird der Menschensohn auf dem Thron seiner Herrlichkeit sitzen und Gericht halten. Dann werdet ihr auf zwölf Thronen neben mir sitzen und den zwölf Stämmen Israels das Urteil sprechen. Jeder, der meinetwegen Vater, Mutter, Bruder, Schwester, Haus, Hof oder Felder verläßt, wird es hundertfach wiederbekommen und dazu noch das ewige Leben. Viele, die jetzt die Ersten sind, werden dann die Letzten sein. Und viele, die jetzt die Letzten sind, werden dann die Ersten sein.»

Und Jesus erzählte ihnen ein Gleichnis: Das Himmelreich kann man vergleichen mit einem Weinbergbesitzer. Früh am Morgen ging er auf den Markt. Dort fand er einige Männer, die in seinem Weinberg arbeiten wollten. Er ver-

sprach ihnen als Lohn ein Silberstück und sie fingen an zu arbeiten. Um neun Uhr ging der Weinbergbesitzer noch einmal auf den Markt. Wieder fand er einige Arbeiter und schickte sie in seinen Weinberg. Er sagte zu ihnen: «Ich will euch als Lohn geben, was recht ist.» Auch am Mittag und am Nachmittag stellte er Arbeiter ein. Nachmittags um fünf Uhr ging er noch einmal zum Markt. Wieder traf er dort arbeitslose Männer. Er fragte sie: «Warum tut ihr den ganzen Tag nichts?» Sie antworteten: «Niemand hat uns Arbeit gegeben.» Da sprach der Weinbergbesitzer: «Geht, in meinem Weinberg ist genug zu tun.»

Am Abend sagte der Weinbergbesitzer zu seinem Verwalter: «Ruf die Arbeiter herein und zahle ihnen den Lohn aus. Fang bei den Letzten an!» Der Verwalter gab jedem Arbeiter ein Silberstück als Lohn. Als das die Männer sahen, die von früh an gearbeitet hatten, dachten sie: «Wir bekommen bestimmt mehr. Schließlich haben wir den ganzen Tag gearbeitet.» Doch auch ihnen gab der Verwalter nur ein Silberstück. Da schimpften sie und sagten zu dem Weinbergbesitzer: «Die Letzten haben nur eine Stunde gearbeitet und du stellst sie uns gleich. Wir sind den ganzen Tag im Weinberg gewesen, auch als es heiß war.» Der Mann sagte zu einem von ihnen: «Mein Lieber, ich bin nicht ungerecht zu dir. Habe ich dir nicht ein Silberstück als Tageslohn versprochen? Du hast es bekommen. Nun geh! Wenn ich aber den anderen genauso viel gebe, ist das meine Sache. Kann ich mit meinem Geld nicht machen, was ich will?. Bist du neidisch, weil ich so großzügig bin?» Jesus sagte: «Im Himmelreich wird es genauso sein. Da werden die Letzten die Ersten und die Ersten die Letzten sein.«

Merkspruch: So liegt es nun nicht an jemandes Wollen oder Laufen, sondern an Gottes Erbarmen (Röm 9, 16).

109. WER DA HAT, DEM WIRD GEGEBEN
(Matthäus 25; Lukas 19)

Jesus erzählte ein Gleichnis vom Himmelreich: Ein reicher Mann wollte für lange Zeit verreisen. Er rief seine Diener zu sich und vertraute ihnen sein Geld an. Sie sollten es verwalten und etwas dazu verdienen. Er teilte alles auf und gab jedem nach seiner Fähigkeit. Einer erhielt fünf Zentner Silber, ein anderer zwei und ein dritter einen Zentner. Dann verreiste der reiche Mann. Der erste Diener arbeitete so mit den fünf Zentnern, daß er noch fünf dazu verdiente. Der zweite gewann noch zwei Zentner dazu. Der dritte vergrub sein Geld in der Erde.
Nach langer Zeit kam der reiche Mann wieder nach Hause. Er rief seine Diener und fragte nach seinem Geld. Der erste kam und brachte seine zehn Zentner. Er sagte: «Herr, du hast mir fünf Zentner gegeben. Ich habe damit gearbeitet und Fünf dazu verdient.« Der reiche Mann freute sich und sagte zu ihm: «Du bist ein tüchtiger Diener! Das Wenige hast du treu verwaltet. Nun will ich dir viel anvertrauen. Geh hinein und freu dich mit mir.» Der zweite Diener kam und brachte seine vier Zentner. Er sagte: «Herr, du hast mir zwei Zentner gegeben, und ich habe noch zwei dazu gewonnen.» Auch zu ihm sagte der reiche Mann: «Du bist ein tüchtiger Diener! Das Wenige hast du treu verwaltet. Nun will ich dir viel anvertrauen. Geh hinein und freu dich mit mir.»
Zuletzt kam der dritte Diener: Er brachte den einen Zentner zurück und sprach: «Herr, ich wußte, daß du ein strenger Mann bist. Du erntest, wo du nicht gesät hast, und sammelst ein, wo du nichts ausgeteilt hast. Ich hatte Angst vor dir. Deshalb habe ich deinen Zentner in der Erde vergraben. Hier hast du ihn zurück.» Der reiche Mann sprach zu ihm: «Du bist ein fauler und böser Diener! Du wußtest, daß ich ein strenger Mann bin. Warum hast du das Geld nicht zur Sparkasse gebracht? Dann hättest du wenigstens Zinsen dafür bekommen.» Und der reiche Mann sprach zu den anderen Dienern: «Nehmt ihm den einen Zentner weg und gebt das Geld dem, der zehn Zentner hat. Denn wer da hat, dem wird gegeben. Er soll im Überfluß haben. Wer aber nichts hat, dem wird auch weggenommen, was er hat. Den faulen Diener werft hinaus in die Finsternis, wo es nur Jammern und Zähneknirschen gibt.»

Merkspruch: Alles was ihr tut mit Worten oder mit Werken, das tut alles im Namen des Herrn Jesus und dankt Gott, dem Vater, durch ihn (Kol 3, 17).

110. GEBT GOTT, WAS GOTT GEHÖRT
(Matthäus 22; Markus 12)

Die Pharisäer ärgerten sich über Jesus. Sie wollten ihn gefangennehmen und umbringen. Immer wieder versuchten sie, ihm eine Falle zu stellen. Eines Tages kamen sie zu ihm. Einige Freunde des Königs Herodes waren auch dabei. Sie stellten ihm eine gefährliche Frage: «Meister, wir wissen, daß du immer die Wahrheit sagst. Du lehrst Gottes Wort richtig und fragst nicht nach deinem Ansehen vor den Menschen. Darum fragen wir dich: Ist es richtig, daß wir dem römischen Kaiser Steuern bezahlen, oder nicht?» Sie wollten Jesus überlisten und dachten: «Ist er für Steuern, dann können wir zu den

Leuten sagen: Seht, er ist ein Freund der Römer, die uns unterdrücken. Dann will ihn keiner mehr hören. Ist er aber gegen die Steuern, dann zeigen wir ihn bei den Römern an. Die Freunde des Herodes sind unsere Zeugen.» Jesus erkannte ihre bösen Gedanken. Er sprach zu ihnen: «Was seid ihr doch für Heuchler! Warum stellt ihr mir eine Falle? Zeigt mir eine Steuermünze!» Sie gaben ihm ein Silberstück. Jesus fragte sie: «Was seht ihr auf der Münze?» Sie antworteten: «Das Bild und die Inschrift des Kaisers.» Jesus sprach zu ihnen: «So gebt dem Kaiser, was dem Kaiser gehört, und Gott, was Gott gehört!» Die Pharisäer wunderten sich über seine Antwort. Sie ließen ihn in Ruhe und gingen weg.
Merkspruch: So gebt nun jedem, was ihr schuldig seid: Steuer, dem die Steuer gebührt; Zoll, dem der Zoll gebührt; Furcht, dem die Furcht gebührt; Ehre, dem die Ehre gebührt (Röm 13, 7).

111. EIN WEINBERG WIRD ANDEREN ARBEITERN GEGEBEN
(Matthäus 21)

Jesus wollte sein Volk davor warnen, Gott und sein Wort zu verachten. Deshalb erzählte er ein Gleichnis: Ein Mann legte sich einen Weinberg an. Er baute eine Weinkelter zum Auspressen der Trauben. Ein Zaun wurde aufgestellt und ein Wachturm errichtet. Eines Tages hatte der Mann eine weite Reise zu machen. Da übergab er alles seinen Arbeitern und zog fort.

Zur Zeit der Weinernte schickte er seine Diener. Sie sollten seinen Teil der Früchte abholen. Doch die Weingärtner gaben ihnen nichts und brachten sie um. Da schickte der Mann andere Diener. Aber auch sie wurden erschlagen. Schließlich sandte er seinen eigenen Sohn. Der Mann dachte: «Vor meinem Sohn werden sie Achtung haben.» Als die Weingärtner den Sohn kommen sahen, sagten sie: «Das ist der Erbe. Wir wollen ihn umbringen, dann können wir den Weinberg behalten.» Sie stießen ihn hinaus vor den Weinberg und töteten ihn. Jesus fragte seine Zuhörer: «Was wird der Mann mit diesen bösen Weingärtnern tun, wenn er zurückkommt?« Sie antworteten: «Er wird sie bestrafen und seinen Weinberg anderen Arbeitern geben, die ihm gehorchen.» Jesus sagte weiter: «Habt ihr nie das Wort in der Heiligen Schrift gelesen: Der Stein, den die Bauleute weggeworfen haben, ist zum Grundstein geworden? Vom Herrn ist das geschehen und ist ein Wunder vor unseren Augen. Ich sage euch: Das Reich Gottes wird euch genommen und einem anderen Volk gegeben, das bessere Früchte bringt.» Da merkten die Hohenpriester und Schriftgelehrten, daß Jesus von ihnen redete und haßten ihn noch mehr.
Merkspruch: Der Stein, den die Bauleute verworfen haben, ist zum Eckstein geworden. Das ist vom Herrn geschehen und ist ein Wunder vor unseren Augen (Ps 118, 22 f).

112. JESUS LEHRT ZU VERGEBEN
(Matthäus 18)

Jesus lehrte seine Jünger. Er sagte zu ihnen: «Sündigt dein Bruder an dir, dann geh zu ihm und weise ihn zurecht. Rede mit ihm allein. Hört er auf dich, dann hast du deinen Bruder gewonnen. Hört er nicht auf dich, dann nimm noch einen oder zwei Brüder mit. Sie sollen deine Zeugen sein. Hört er auch auf diese nicht, dann bring die Sache vor die Gemeinde. Hört er auch nicht auf die Gemeinde, dann haltet ihn für einen ungläubigen Menschen.»

Petrus fragte Jesus: «Herr, wenn mein Bruder an mir sündigt, wie oft muß ich ihm vergeben? Sind siebenmal genug?» Jesus antwortete: «Nicht nur siebenmal, sondern siebzigmal siebenmal.» Und Jesus erzählte ihnen ein Gleichnis: Das Himmelreich kann man vergleichen mit einem König, der seine Diener zur Abrechnung aufforderte. Er fand einen, der schuldete ihm zehntausend Zentner Silber und konnte es nicht zurückzahlen. Der König befahl, den Mann mit seiner Familie zu verkaufen. Da warf sich der Schuldner vor dem König auf den Boden und bat: »Herr, hab Geduld

mit mir! Ich will alles zurückzahlen.» Der König hatte Mitleid mit ihm. Er erließ ihm die Schuld. Als der Mann aus dem Haus trat, traf er einen anderen Diener. Der schuldete ihm hundert Silbermünzen. Er packte ihn am Hals und sagte: «Gib mir zurück, was du mir schuldest.« Der andere kniete vor ihm nieder und bat: «Hab Geduld mit mir! Ich will dir alles bezahlen.» Aber er hörte nicht auf ihn und ließ ihn ins Schuldgefängnis werfen. Als das die anderen Diener sahen, wurden sie sehr traurig. Sie gingen zum König und erzählten ihm alles. Der König ließ den Diener rufen und sprach zu ihm: «Was bist du für ein hartherziger Mann! Deine riesige Schuld habe ich dir erlassen, weil du mich darum gebeten hast. Warum bist du deinem Schuldner gegenüber nicht auch barmherzig?» Der König ließ den Mann ins Gefängnis werfen. Er mußte alles zurückzahlen, was er schuldig war.

Jesus sprach: «So wird euch auch mein himmlischer Vater bestrafen, wenn ihr eurem Bruder nicht gern vergebt.»

Merkspruch: Seid barmherzig, wie auch euer Vater barmherzig ist (Lk 6, 36).

113. JESUS KEHRT BEI ZACHÄUS EIN
(Lukas 19)

Jesus zog mit seinen Jüngern durch die Stadt Jericho. Viele Menschen standen an den Straßen und wollten Jesus sehen.

In Jericho wohnte ein Oberzolleinnehmer. Er hieß Zachäus. Auch er wollte Jesus sehen. Zachäus war klein. Die Menschenmenge versperrte ihm die Sicht. Er lief etwas voraus und kletterte auf einen Maulbeerbaum. Von dort konnte er auf die Straße hinunterblikken. Als Jesus an die Stelle kam, blieb er stehen. Er sah Zachäus und rief ihm zu: «Zachäus, steig schnell herunter! Ich möchte heute in dein Haus einkehren.» Zachäus kletterte vom Baum. Voller Freude führte er Jesus in sein Haus und bewirtete ihn. Vielen gefiel das nicht. Sie waren entrüstet und sagten: «Bei einem so großen Sünder kehrt er ein!» Zachäus sagte zu Jesus: «Herr, die Hälfte von allem, was ich habe, gebe ich den Armen. Und wenn ich jemanden betrogen habe, dem will ich es vierfach zurückgeben.» Da sprach Jesus zu ihm: «Heute ist diesem Haus Heil widerfahren. Denn der Menschensohn ist gekommen, zu suchen und selig zu machen, was verloren ist.»
Merkspruch: Kommt her zu mir, alle, die ihr mühselig und beladen seid; ich will euch erquicken (Mt 11, 28).

114. JESUS HEILT EINEN BLINDEN
(Johannes 9)

Einmal traf Jesus am Straßenrand einen Bettler. Der war von Geburt an blind. Da fragten die Jünger Jesus: «Warum ist dieser Mann blind geboren worden? Wer hat gesündigt? Er oder seine Eltern?» Jesus antwortete: «Weder dieser Mann noch seine Eltern haben mehr gesündigt als andere Menschen. Er ist blind, damit Gottes Macht an ihm sichtbar wird. Ich soll mit meinen Wundern Gottes Macht zeigen, solange es noch Tag ist. Denn es kommt die Nacht, in der niemand mehr wirken kann.» Dann spuckte Jesus auf die Erde und machte einen Brei. Den strich er dem Blinden auf die Augen. Jesus sprach zu ihm: «Geh zum Teich Siloah und wasche dich dort!» Der Blinde ging zum Teich und wusch sich. Auf einmal konnte er sehen. Als ihn seine Nachbarn sahen, wunderten sie sich und sagten: «Ist das nicht der blinde Mann, der an der Straße bettelte?» Manche sagten: «Ja, das ist er.» Andere aber meinten: «Nein, er sieht ihm nur ähnlich.» Der Mann sagte: «Ich bin es wirklich.» Die Leute fragten ihn: «Wieso kannst du plötzlich sehen?» Er antwortete: «Jesus hat mich geheilt.» Das war an einem Feiertag geschehen. Als die Pharisäer davon hörten, fragten sie den Mann, wie er gesund geworden war. Er erzählte alles. Einige Pharisäer sagten: «Wer so etwas tut, kann nicht von Gott gesandt sein. Denn er verachtet den Feiertag.» Andere meinten: «Aber ein gottloser Mensch kann doch nicht solche Zeichen tun!» Sie fragten den geheilten Mann: «Wofür hältst du diesen Jesus?» Er antwortete: «Er ist ein Prophet, der von Gott kommt.» Die Pharisäer riefen seine Eltern und fragten sie: «Ist das euer Sohn? War er wirklich von Geburt an blind?» Die Eltern antworteten: «Ja, er ist unser Sohn. Er war blind. Wir wissen nicht, wer ihn gesund gemacht hat. Fragt ihn

doch selbst!» Die Pharisäer riefen den Mann noch einmal zu sich und sagten zu ihm: «Dieser Jesus, der dich geheilt hat, ist ein Sünder. Das wissen wir. Bekenne deine Schuld und gib Gott die Ehre!» Der Mann antwortete: «Ich weiß nicht, ob er ein Sünder ist. Nur eines weiß ich: Ich war blind und kann jetzt sehen. Wie hätte er mich heilen können, wenn er nicht von Gott gesandt wäre?» Da wurden die Pharisäer zornig und sagten: «Du bist selbst ein Jünger von diesem Jesus.»
Der Mann suchte Jesus und fand ihn. Jesus fragte ihn: «Glaubst du an den Sohn Gottes?» Der Mann antwortete: «Ich möchte an ihn glauben. Aber wer ist es?» Jesus sprach: «Es ist der, der mit dir redet.» Da kniete der Mann vor Jesus nieder und sprach: «Herr, ich glaube und bete dich an.»
Merkspruch: Bei dir ist die Quelle des Lebens, und in deinem Lichte sehen wir das Licht (Ps 36, 10).

115. JESU JÜNGER SOLLEN DIENEN
(Matthäus 20)

Eines Tages kam die Mutter von Jakobus und Johannes zu Jesus. Sie kniete vor ihm nieder und bat: «Herr, laß in deinem Reich meine beiden Söhne links und rechts neben dir sitzen und mit dir regieren!» Jesus antwortete: «Ihr wißt nicht, worum ihr bittet!» Und er fragte die beiden Jünger: «Könnt ihr den Kelch des Leidens trinken, den ich trinken muß?» Sie antworteten: «Ja, das können wir.» Jesus sprach: «Meinen Kelch werdet ihr trinken müssen. Aber ich habe nicht zu entscheiden, wer im Himmel neben mir sitzen wird. Das bestimmt allein mein Vater.»

Als die anderen Jünger das alles hörten, ärgerten sie sich über Jakobus und Johannes. Da rief Jesus alle Jünger zu sich und sprach: «Hier auf der Erde regieren die Herrschenden über ihre Völker mit Gewalt. Aber bei euch soll es nicht so sein. Wer von euch groß sein will, der soll euch dienen. Und wer der erste sein will, der soll euer Diener sein. Der Menschensohn ist nicht gekommen, sich dienen zu lassen. Sondern er will dienen und gibt sein Leben zur Erlösung für viele Menschen.»

Merkspruch: Er erniedrigte sich selbst und ward gehorsam bis zum Tode, ja zum Tode am Kreuz (Phil 2, 8).

116. JESUS IST DER GUTE HIRTE
(Johannes 10)

In Jerusalem wurde das Passafest gefeiert. Jede Familie schlachtete ihr Passalamm und dachte an den Auszug aus Ägypten. Viele Menschen kamen im Tempel zusammen. Jesus sprach zu ihnen. «Ich bin der gute Hirte. Der gute Hirte läßt sein Leben für die Schafe. Denn ihm gehören seine Schafe. Anders ist es bei einem gemieteten Hirten. Ihm gehören die Schafe nicht. Wenn der Wolf kommt, verläßt er die Schafe und läuft weg. Er ist ein schlechter Hirte. Der Wolf stürzt sich zwischen die Schafe und jagt sie auseinander. Aber ich bin der gute Hirte und kenne meine Schafe. Sie kennen mich, wie mich mein Vater kennt und ich den Vater kenne. Ich lasse mein Leben für meine Schafe. Ich habe aber noch andere Schafe. Die gehören nicht zu diesem Stall. Diese will ich auch herbringen. Sie werden auf meine Stimme hören. Dann wird es nur noch eine Herde und nur einen Hirten geben.»

Die Menschen drängten sich um Jesus und fragten ihn: «Wie lange läßt du uns noch raten? Bist du der versprochene Heiland? Sage es frei heraus!» Jesus antwortete: «Alles, was ich tue, geschieht im Auftrag meines Vaters. Meine Taten zeigen, wer ich bin. Aber ihr glaubt mir nicht. Ihr gehört nicht zu meinen Schafen. Denn meine Schafe hören meine Stimme. Ich kenne sie, und sie folgen mir. Ich gebe ihnen das ewige Leben. Sie werden niemals umkommen. Niemand wird sie aus meiner Hand reißen. Mein Vater hat sie mir gegeben. Er ist größer und mächtiger als alle. Mein Vater und ich sind eins.»

Da hoben die Leute Steine auf und wollten Jesus töten. Jesus sprach zu ihnen: «Warum wollt ihr mich steinigen? Habe ich nicht im Auftrag meines Vaters viel Gutes getan?» Sie antworteten: «Nicht wegen deiner guten Taten wollen wir dich steinigen, sondern weil du Gott verspottet hast. Du hältst dich

selbst für Gott.» Jesus sprach: «Wenn ich nicht tun würde, was mein Vater will, dann brauchtet ihr mir nicht zu glauben. Nun aber tue ich, was mir mein Vater aufgetragen hat. Glaubt doch meinen Taten! Dann werdet ihr immer besser erkennen, daß mein Vater in mir ist und ich in ihm.» Da wollten ihn die Leute gefangen nehmen. Aber Jesus verließ die Stadt Jerusalem.
Merkspruch: Der Herr ist mein Hirte, mir wird nichts mangeln. Er weidet mich auf einer grünen Aue und führt mich zum frischen Wasser. Er erquicket meine Seele. Er führt mich auf rechter Straße um seines Namens willen (Ps 23, 1–3).

117. LAZARUS WIRD VOM TOD AUFERWECKT
(Johannes 11)

Die Schwestern Maria und Marta hatten einen Bruder. Der hieß Lazarus. Eines Tages wurde Lazarus schwer krank. Seine Schwestern schickten einen Boten zu Jesus. Denn Lazarus war sein Freund. Als Jesus von der Krankheit hörte, sagte er zu den Jüngern: «Diese Krankheit führt nicht zum Tod. Sie wird zeigen, wie mächtig Gott ist.»
Jesus blieb noch zwei Tage dort, wo ihn der Bote getroffen hatte. Erst dann machte er sich auf den Weg nach Betanien. Er sagte zu den Jüngern: «Unser Freund Lazarus schläft. Ich gehe hin und wecke ihn auf.» Die Jünger sagten: «Herr, wenn er schläft, dann wird es besser mit ihm.» Jesus redete aber nicht von richtigem Schlaf. Deshalb sagte er zu den Jüngern: «Ich will euch die Wahrheit sagen: Lazarus ist schon gestorben. Aber wir gehen trotzdem zu ihm.»
Lazarus lag schon vier Tage im Grab, als Jesus nach Betanien kam. Viele Menschen waren bei Maria und Marta und wollten sie trösten. Als Jesus kam, ging ihm Marta entgegen. Sie sagte zu Jesus: «Herr, wärst du hier gewesen, wäre mein Bruder nicht gestorben. Aber auch so weiß ich: Was du von Gott bittest, das gibt er dir.» Jesus sprach: «Dein Bruder wird auferstehen.» Marta sagte: «Herr, ich weiß, er wird am letzten Tag der Welt auferstehen wie wir alle.» Jesus antwortete: «Ich bin die Auferstehung und das Leben. Wer an mich glaubt, der wird leben, auch wenn er stirbt. Wer aber lebt und glaubt an mich, der wird nicht sterben. Glaubst du das?» Marta sprach: «Ich glaube, daß du der versprochene Heiland und Gottes Sohn bist. Gott hat dich in die Welt gesandt.»
Marta ging in das Haus zu ihrer Schwester und sagte: «Jesus ist da. Er ruft dich.» Maria lief hinaus und kniete vor Jesus nieder. Sie weinte und sagte: «Herr, wärst du hier gewesen, wäre mein Bruder nicht gestorben.» Als Jesus Maria und alle Leute weinen sah, wurde er zornig über die Macht des Todes und über ihren Unglauben. Er fragte: «Wo habt ihr Lazarus hingelegt?» Sie antworteten: «Herr, komm, wir zeigen es dir.» Sie gingen los. Unterwegs mußte Jesus weinen. Da sagten die

Leute: «Wie lieb muß er ihn gehabt haben!»
Sie kamen zum Grab. Es war eine Felshöhle, die durch eine Steinplatte verschlossen wurde. Jesus sprach: «Hebt den Stein weg!» Da sagte Marta: «Herr, laß ihn! Er liegt schon vier Tage im Grab. Man riecht es.» Jesus sagte zu ihr: «Glaube mir, dann wirst du Gottes Herrlichkeit sehen.» Die Steinplatte wurde weggehoben. Jesus sah zum Himmel und betete: «Vater, ich danke dir. Du erhörst mein Gebet, wie du mich immer erhörst.» Dann rief er laut: «Lazarus, komm heraus!» Da kam Lazarus aus dem Grab. Sein Gesicht war mit einem Tuch bedeckt und seine Hände und Füße mit Grabtüchern umwickelt. Jesus sprach: «Nehmt ihm das ab, damit er gehen kann!» Viele, die das gesehen hatten, glaubten an Jesus. Als aber die Pharisäer und Hohenpriester davon hörten, sagten sie zueinander: «Dieser Mensch tut viele Zeichen und Wunder. Wenn wir ihn so weitermachen lassen, wird bald das ganze Volk an ihn glauben. Dann kommen die Römer und vernichten uns alle.» Der Hohepriester Kaiphas sprach zu ihnen: «Es ist besser, ein Mensch stirbt, als daß das

ganze Volk vernichtet wird.» An diesem Tag wurden sie untereinander einig, daß sie Jesus umbringen wollten.
Merkspruch: Christus ist mein Leben, und Sterben ist mein Gewinn (Phil 1, 21).

118. JESUS LÄSST SICH SALBEN
(Matthäus 26; Johannes 12)

Sechs Tage vor dem Passafest kam Jesus wieder nach Betanien. Er war zu Gast bei einem Mann, den er vom Aussatz geheilt hatte. Der hieß Simon. Auch Lazarus war eingeladen. Da kam Maria, die Schwester des Lazarus, und salbte Jesus mit Öl. Sie goß ein Glas kostbares Salböl über Jesu Kopf und Füße. Mit ihren Haaren trocknete sie seine Füße. Das ganze Haus duftete nach dem Öl. Die Jünger ärgerten sich darüber. Einer von ihnen sagte: «Was für eine Verschwendung! Dieses Salböl hätten wir verkaufen und das Geld den Armen geben können.» Das war Judas Iskariot, der Jesus später verraten hat. Er sagte das, weil er das Geld der Jünger verwaltete. Nicht den Armen wollte er helfen, sondern seine Kasse füllen. Denn er war sehr geldgierig. Aber Jesus sprach: «Laßt die Frau! Sie hat etwas Gutes an mir getan. Arme wird es immer geben.

Aber mich habt ihr bald nicht mehr bei euch. Sie hat meinen Körper gesalbt, um ihn für das Grab vorzubereiten. Ich sage euch: Überall, wo die gute Nachricht von mir gepredigt wird, soll auch von ihr erzählt werden.»

Merkspruch: Wenn ich nur dich habe, so frage ich nichts nach Himmel und Erde. Wenn mir gleich Leib und Seele verschmachtet, so bist du doch, Gott, allezeit meines Herzens Trost und mein Teil (Ps 73, 25 f).

119. JESUS ZIEHT IN JERUSALEM EIN
(Matthäus 21; Lukas 19)

Am nächsten Tag zog Jesus mit seinen Jüngern weiter nach Jerusalem. Sie kamen zu dem Dorf Betfage, das am Ölberg liegt. Da schickte Jesus zwei Jünger voraus und sprach: «Geht in das Dorf. Dort findet ihr eine Eselin und ihr Junges. Bringt sie zu mir! Wenn euch jemand fragt, dann sagt ihm: Der Herr braucht sie.» Es sollte erfüllt werden, was der Prophet Sacharja angekündigt

hatte: «Siehe, dein König kommt zu dir, sanftmütig und reitet auf einem Esel.» Die beiden Jünger gingen in das Dorf. Sie fanden alles so, wie es Jesus gesagt hatte.
Sie brachten die Eselin und ihr Junges zu Jesus. Er legte seinen Mantel darauf und setzte sich auf den jungen Esel. So ritt Jesus nach Jerusalem hinein. Viele Menschen standen an der Straße. Einige warfen ihre Mäntel wie einen Teppich auf die Straße. Andere rissen Zweige von den Bäumen und streuten sie auf den Weg. Und die Leute riefen: «Hosianna dem Sohne Davids! Gelobt sei, der da kommt, im Namen des Herrn! Hosianna in der Höhe!»
Als das die Pharisäer hörten, sagten sie zu Jesus: «Meister, hörst du nicht, was diese rufen? Das kannst du doch nicht zulassen. Bring sie zum Schweigen!» Aber Jesus antwortete: «Wenn sie schweigen, werden die Steine schreien.»
Als Jesus die Stadt vor sich liegen sah, weinte er über sie und sprach: «Ach, Jerusalem, wenn du doch jetzt erkennen würdest, was dir zum Frieden dient. Aber es ist vor deinen Augen verborgen. Es werden Feinde kommen, die dich belagern und zerstören. Kein Stein soll auf dem anderen bleiben. Denn du hast die Zeit nicht erkannt, in der dir Gott helfen wollte.»
Merkspruch: Du, Tochter Zion, freue dich sehr, und du, Tochter Jerusalem, jauchze! Siehe, dein König kommt zu dir, ein Gerechter und ein Helfer, arm und reitet auf einem Esel, auf einem Füllen der Eselin (Sach 9, 9).

120. JESUS KÜNDIGT DAS ENDE DER WELT AN
(Matthäus 24)

Am Abend ging Jesus mit seinen Jüngern hinaus vor die Stadt zum Ölberg. Dort blieben sie über Nacht. Sie blickten zurück auf die Stadt. Da waren die Jünger begeistert von dem prächtigen Bau des Tempels. Aber Jesus sagte zu ihnen: «Ich sage euch: Auch vom Tempel wird kein Stein auf dem anderen bleiben.» Die Jünger fragten: «Wann wird das geschehen? Wann geht die Welt zu Ende? Wann kommst du wieder? Woran sollen wir das erkennen?» Jesus antwortete: «Gebt acht und laßt euch nicht verführen! Es werden viele kommen, die sagen: Ich bin Christus! Glaubt ihnen nicht, und laßt euch nicht täuschen. Erschreckt nicht, wenn Kriege ausbrechen und Völker gegeneinander kämpfen. Hungersnöte, Krankheiten und Erdbeben wird es geben. Viele werden euch hassen, weil ihr an mich glaubt. Man wird euch gefangennehmen und töten. Die Ungerechtigkeit nimmt dann überhand und die Liebe läßt nach. Viele werden ihren Glauben verlieren. Wer aber bis ans Ende am Glauben festhält, wird gerettet werden. Und die gute Nachricht vom Reich Gottes wird in der ganzen Welt verkündet werden. Dann kommt das Ende der Welt.
Am Schluß verlieren Sonne und Mond ihr Licht. Die Sterne geraten aus ihrer Bahn. Das ganze Weltall kommt durcheinander. Dann wird das Zeichen des Menschensohnes am Himmel zu sehen

sein. Alle Menschen auf der Erde werden den Menschensohn in den Wolken kommen sehen mit seiner Macht und Herrlichkeit.
Nehmt euch ein Beispiel am Feigenbaum. Wenn er grüne Blätter bekommt, wißt ihr, daß der Sommer bald da ist. Wenn ihr nun alle diese Zeichen seht, dann wißt, daß euer Herr bald kommt. Niemand kennt den Tag oder die Stunde genau. Nur der Vater im Himmel weiß das. Darum, seid wachsam! Ihr wißt nicht, an welchem Tag euer Herr wiederkommt.»
Merkspruch: Himmel und Erde werden vergehen; aber meine Worte werden nicht vergehen (Mt 24, 35).

121. EINE WITWE OPFERT ALLES
(Markus 12)

Einmal setzte sich Jesus neben den Tempeleingang. Dort stand der Opferkasten, in den die Besucher des Tempels Geld warfen. Jesus beobachtete die Menschen. Es gingen reiche Leute an Jesus vorüber, die gaben viel Geld. Dann kam eine arme Witwe. Sie warf nur zwei kleine Kupfermünzen in den Kasten.
Jesus rief seine Jünger zu sich und sprach: «Ich sage euch: Diese arme Witwe hat mehr in den Opferkasten gelegt als alle anderen. Denn diese alle haben nur ein wenig von ihrem Überfluß abgegeben. Aber die Witwe hat alles geopfert, was sie hatte.»

Merkspruch: Einen fröhlichen Geber hat Gott lieb (2 Kor 9, 7).

122. NUR FÜNF MÄDCHEN WAREN BEREIT
(Matthäus 25)

Die Jünger fragten Jesus: «Wie sollen wir uns auf dein Wiederkommen am Ende der Welt vorbereiten?» Jesus erzählte ihnen ein Gleichnis. Das Himmelreich kann man vergleichen mit einem Hochzeitsfest. Zehn Mädchen gingen mit ihren Öllampen hinaus, um den Bräutigam abzuholen. Sie hatten ihre Lampen mit Öl gefüllt. Fünf Mädchen handelten klug. Sie nahmen mehr Öl mit. Die anderen fünf Mädchen dachten nicht an Vorrat. Der Bräutigam verspätete sich. Die Mädchen wurden müde und schliefen ein. Die Lampen brannten weiter. Mitten in der Nacht wachten die Mädchen auf. Sie hörten den Ruf: «Der Bräutigam kommt! Geht ihm entgegen!» Schnell standen die Mädchen auf und machten ihre Lampen fertig. Da merkten fünf von ihnen, daß ihre Lampen am Verlöschen waren. Das Öl war aufgebraucht. Sie baten die

anderen Mädchen: «Gebt uns von eurem Öl etwas ab. Unsere Lampen verlöschen.» Doch die klugen Mädchen antworteten: «Nein, das können wir nicht. Sonst reicht das Öl für uns und für euch nicht. Geht schnell zum Kaufmann und holt euch neues Öl.» Die fünf Mädchen liefen los. Als sie unterwegs waren, kam der Bräutigam. Die fünf klugen Mädchen waren bereit. Sie begrüßten den Bräutigam und gingen mit ihm in den Hochzeitssaal. Die Türen wurden verschlossen. Dann kamen auch die anderen fünf Mädchen. Sie riefen: «Herr, mach uns die Türe auf!» Doch er antwortete: «Ich kenne euch nicht!»

Jesus sprach zu den Jüngern: «Darum, seid bereit! Denn ihr wißt nicht, an welchem Tag ich wiederkomme.»

Merkspruch: Wachet, steht im Glauben, seid mutig und seid stark! (1 Kor 16, 13).

123. GOTT LÄDT EIN ZU SEINEM FEST
(Lukas 14)

Ein Pharisäer hatte Jesus zum Essen eingeladen. Jesus erzählte ihm ein Gleichnis: Ein reicher Mann wollte ein Fest feiern. Viele Gäste sollten zum Abendessen kommen. Als es soweit war, schickte er seinen Diener los. Er sollte den Gästen sagen: «Kommt, es ist alles vorbereitet!» Aber einer nach dem anderen begann, sich zu entschuldigen. Der erste sagte: «Ich habe mir ein Feld gekauft. Nun muß ich es unbedingt ansehen. Ich bitte dich, entschuldige mich.» Der zweite sprach: «Ich habe mir fünf Paar Ochsen gekauft. Die will ich mir gerade anschauen. Ich bitte dich, entschuldige mich!» Der dritte Mann sagte: «Ich habe eben geheiratet, deshalb kann ich nicht kommen.»
Der Diener kam zu seinem Herrn zurück und erzählte ihm alles. Da wurde der reiche Mann zornig. Er schickte seinen Diener noch einmal los und sagte: «Geh hinaus auf die Straßen der Stadt. Bring die Armen, Krüppel, Lahmen und Blinden herein zum Fest!» Der Diener ging. Als er wiederkam, sagte er zu seinem Herrn: «Herr, ich habe deinen Befehl ausgeführt. Aber es ist immer noch Platz im Festsaal.» Der reiche Mann antwortete: «Geh auch hinaus auf die Landstraßen und bitte alle herein, die du findest. Mein Haus soll voll werden. Ich sage euch: Keiner von den zuerst geladenen Gästen wird an meinen Tisch kommen!»
Merkspruch: Schmecket und sehet, wie freundlich der Herr ist. Wohl dem, der auf ihn trauet (Ps 34, 9).

124. JESUS FEIERT MIT SEINEN JÜNGERN DAS PASSAFEST
(Mt 26; Lk 22; Joh 13)

Als das Passafest herankam, fragten die Jünger Jesus: «Wo sollen wir das Passalamm vorbereiten?» Jesus schickte Petrus und Johannes nach Jerusalem und sprach: «Wenn ihr in die Stadt kommt, wird euch ein Mann mit einem Wasserkrug begegnen. Folgt ihm in das Haus und sagt zu dem Hausherrn: Der Meister läßt dir ausrichten: Meine Zeit ist gekommen. Ich will mit meinen Jüngern bei dir das Passafest feiern. – Der Hausherr wird euch einen Saal zeigen. Dort feiern wir das Passafest. Bereitet alles vor!» Die beiden Jünger kamen nach Jerusalem und fanden alles so, wie Jesus gesagt hatte.
Jesus feierte mit seinen Jüngern das Passafest. Er wußte, daß er bald leiden und sterben mußte. Als sie am Tisch saßen, stand er auf und band sich ein Tuch um. Er goß Wasser in eine Schüssel und fing an, den Jüngern reihum die Füße zu waschen. Mit dem Tuch trocknete er sie ab. Diese Arbeit hatten sonst die Diener zu verrichten. Jesus kam zu Simon Petrus. Der fragte ihn: «Herr, willst du mir die Füße waschen? Ist es nicht umgekehrt richtiger?» Jesus antwortete: «Was ich tue, weißt du jetzt noch nicht. Du wirst es später erfahren.» Petrus sagte: «Nein, Herr, du sollst mir die Füße nicht waschen!» Je-

sus sprach: «Wenn ich dich nicht wasche, dann gehörst du nicht zu mir.» Nun sagte Petrus: «Herr, wenn es so ist, dann wasche mir nicht nur die Füße, sondern auch die Hände und den Kopf.»
Als Jesus allen Jüngern die Füße gewaschen hatte, setzte er sich wieder an den Tisch und sprach: «Ihr nennt mich Herr und Meister. Das ist richtig so. Denn ich bin es. Und doch habe ich euch die Füße gewaschen. Ich wollte euch ein Beispiel geben. Wascht euch auch gegenseitig die Füße und dient einander. Ein Diener steht nicht über seinem Herrn. Daran wird man euch als meine Jünger erkennen, wenn ihr euch untereinander liebhabt.»
Merkspruch: Dies Gebot haben wir von ihm, daß, wer Gott liebt, daß der auch seinen Bruder liebe (1 Joh 4, 21).

125. JESUS VERABSCHIEDET SICH VON SEINEN JÜNGERN
(Mt 26; Joh 13 und 15)

Jesus sprach zu seinen Jüngern: «Ich bin der wahre Weinstock. Mein Vater ist der Weingärtner. Er schneidet jede Rebe ab, die an mir keine Frucht trägt. Und die Reben, die Frucht bringen, reinigt er. So tragen sie mehr Frucht. Eine Rebe kann nur Frucht bringen, wenn sie am Weinstock bleibt. Auch bei uns ist das so. Ich bin der Weinstock. Ihr seid die Reben. Bleibt an mir als dem Weinstock, dann tragt ihr reichlich

Frucht. Ohne mich könnt ihr nichts tun. Bleibt bei meinem Wort, dann wird euch mein Vater viel Frucht schenken.» Als Jesus das Passafest mit den Jüngern feierte, sagte er zu ihnen: «Ich habe mich danach gesehnt, das Passalamm mit euch zu essen, bevor ich leide. Und ich sage euch: Einer von euch wird mich verraten.» Die Jünger erschraken. Einer nach dem anderen fragte: «Herr, bin ich es?» Jesus antwortete: «Es ist der, der das Brot mit mir in die Schüssel getaucht hat. Der Menschensohn muß sterben. So steht es geschrieben. Aber wehe dem Menschen, der ihn verrät! Es wäre besser, wenn er nie geboren worden wäre.»

Einen von den Jüngern hatte Jesus besonders lieb. Der saß beim Essen immer an seiner Seite. Petrus gab diesem Jünger ein Zeichen. Er sollte herausfinden, wen Jesus meint. Jesus sagte zu dem Jünger: «Es ist der, dem ich das nächste Stück Brot gebe.» Und er gab es Judas Iskariot. Zu Judas sagte Jesus: «Tu bald, was du vorhast!» Judas ging hinaus in die Nacht.

Dann feierte Jesus mit den Jüngern das erste Abendmahl. Er nahm ein Brot und dankte Gott. Jesus brach das Brot auseinander. Jedem Jünger gab er ein Stück davon und sagte: «Nehmt und eßt! Das ist mein Leib, der für euch gegeben wird. Tut das zum Gedenken an mich.» Danach nahm Jesus den Kelch mit dem Wein. Er gab den Jüngern daraus zu trinken und sagte: «Trinkt alle daraus! Das ist mein Blut

des Neuen Testaments. Es wird für euch vergossen zur Vergebung der Sünden. Sooft ihr davon trinkt, tut es zum Gedenken an mich.»
Merkspruch: Das Blut Jesu, seines Sohnes, macht uns rein von aller Sünde (1 Joh 1, 7).

126. JESUS BEREITET SICH AUF DAS STERBEN VOR
(Mt 26; Mk 14; Lk 22)

Nachdem Jesus mit den Jüngern das Abendmahl gefeiert hatte, gingen sie hinaus zum Ölberg. Dort sagte er zu ihnen: «In dieser Nacht werdet ihr euch alle über mich ärgern und an mir irre werden. Dann wird erfüllt, was der Prophet vorausgesagt hat: Ich will den Hirten erschlagen und die Schafe der Herde werden sich zerstreuen! Wenn ich aber auferstanden bin, will ich euch vorausgehen nach Galiläa.» Petrus sagte zu Jesus: «Herr, selbst wenn alle anderen an dir irre werden, ich bestimmt nicht!» Jesus antwortete: «Petrus, ich sage dir: Bevor der Hahn morgen früh zweimal kräht, wirst du mich dreimal verleugnen.» Aber Petrus sagte: «Und wenn ich mit dir sterben müßte, nie würde ich dich verleugnen!» Das gleiche sagten

auch die anderen Jünger. Sie kamen zum Garten Gethsemane. Dort blieb Jesus oft über Nacht. Judas wußte das. Im Garten sagte Jesus zu den Jüngern: «Setzt euch hierher! Ich will ein Stück weitergehen und beten.» Er nahm nur Petrus, Jakobus und Johannes mit. Jesus wußte, daß er nun bald sterben mußte. Er sagte zu den drei Jüngern: «Ich bin sehr traurig und verzagt. Bleibt hier und wacht mit mir!» Jesus ging ein paar Schritte weiter. Dort warf er sich auf den Boden und betete: «Mein Vater, wenn es möglich ist, dann laß den Leidenskelch an mir vorübergehen. Aber es soll nicht geschehen, was ich will, sondern was du willst.»
Als Jesus zu den drei Jüngern zurückkam, waren sie eingeschlafen. Er sagte zu Petrus: «Könnt ihr nicht eine einzige Stunde mit mir wachbleiben? Wacht und betet, damit ihr nicht in Anfechtungen geratet. Euer Geist ist bereit, aber das Fleisch ist schwach.» Jesus ging wieder fort und betete: «Mein Vater, wenn ich diesen Leidenskelch trinken muß, dann hilf mir! Dein Wille geschehe.» Da erschien ein Engel vom Himmel und stärkte ihn. Jesus kämpfte mit dem Tod. Sein Blut fiel wie Schweißtropfen auf die Erde. Als er zu den Jüngern kam, waren sie wieder eingeschlafen. Vor Müdigkeit fielen ihnen die Augen zu. Jesus ließ sie schlafen. Er ging zum dritten Mal fort und betete die gleichen Worte. Dann kam er wieder zu den Jüngern und weckte sie. Er sagte: «Wollt ihr weiterschlafen? Es ist jetzt soweit! Der Menschensohn wird in die Hände der Sünder ausgeliefert. Laßt uns gehen! Der Verräter ist schon da.»
Merkspruch: Wachet und betet, daß ihr nicht in Anfechtung fallt! (Mt 26, 41).

127. JESUS LÄSST SICH FESTNEHMEN
(Mt 26; Mk 14; Lk 22; Joh 18)

Als Jesus noch mit den Jüngern redete, kam Judas. Er brachte einige Diener des Hohenpriesters mit. Sie waren mit Schwertern und Stangen bewaffnet. Judas hatte den Soldaten gesagt: «Nehmt den gefangen, dem ich einen Kuß gebe. Der ist der richtige!» Er ging zu Jesus, küßte ihn auf die Wange und sagte: «Sei gegrüßt, Meister!» Jesus antwortete ihm: «Mein Freund, warum bist du gekommen? Verrätst du den Menschensohn mit einem Kuß?» Er trat vor die Soldaten und fragte sie: «Wen sucht ihr?» Sie antworteten: «Jesus aus Nazareth!» Jesus sagte: «Ich bin es.» Damit hatten die Männer nicht gerechnet. Sie wichen entsetzt zurück und fielen zu Boden. Jesus fragte noch einmal: «Wen sucht ihr?» Sie antworteten wieder: «Jesus aus Nazareth.« Jesus sagte ihnen: «Ich habe euch doch gesagt, daß ich es bin. Wenn ihr mich sucht, dann laßt meine Jünger in Ruhe!» Sie packten ihn und wollten ihn abführen.
Als das die Jünger sahen, riefen sie: «Herr, sollen wir dich mit dem Schwert verteidigen?» Simon Petrus riß sein Schwert aus der Scheide und schlug einem Diener des Hohenpriesters das rechte Ohr ab. Aber Jesus sprach zu ihm: «Hör auf! Steck dein Schwert wie-

der ein! Denn wer das Schwert nimmt, der wird durch das Schwert umkommen. Ich brauche nur meinen Vater im Himmel um Hilfe zu bitten. Er könnte mir Tausende von Engeln schicken. Aber dann würde nicht geschehen, was in der Schrift vorhergesagt ist. So will es mein Vater im Himmel.» Jesus berührte das Ohr des Dieners und heilte ihn. Zu den anderen sagte Jesus: «Ihr kommt zu mir schwerbewaffnet wie zu einem Mörder. Bin ich nicht jeden Tag im Tempel gewesen und habe vor allen Leuten gelehrt? Warum habt ihr mich dort nicht festgenommen? Aber es muß alles so geschehen, wie es von den Propheten vorhergesagt worden ist.» Da verließen alle Jünger Jesus und flohen.

Merkspruch: Gott ist's, der in euch wirkt beides, das Wollen und das Vollbringen, nach seinem Wohlgefallen (Phil 2, 13).

128. JESUS WIRD VON DEN JUDEN VERHÖRT
(Matthäus 26)

Die Soldaten brachten Jesus zum Hohenpriester Kaiphas. Bei ihm hatten sich alle Hohenpriester und Schriftgelehrten versammelt. Die ganze Nacht

hindurch wurde Jesus vor dem Hohen Rat der Juden verhört. Er sollte zum Tode verurteilt werden und man suchte einen Grund dafür. Viele falsche Zeugen klagten Jesus an. Aber ihre Aussagen stimmten nicht überein. Zuletzt führte man zwei Männer herein. Sie sagten: «Wir haben gehört, wie dieser Jesus gesagt hat: Ich will Gottes Tempel abreißen und in drei Tagen einen anderen aufbauen, der nicht von Menschen gemacht ist.» Aber auch ihre Aussagen stimmten nicht überein. Der Hohepriester fragte Jesus: «Warum sagst du nichts zu diesen Beschuldigungen?» Doch Jesus schwieg. Da stand der Hohepriester auf und sagte: «Ich frage dich im Namen des lebendigen Gottes: Bist du der verheißene Heiland und der Sohn Gottes?» Jesus antwortete: «Ja, ich bin es. Von jetzt an werdet ihr sehen, wie der Menschensohn an der rechten Seite Gottes sitzt und wiederkommt in den Wolken des Himmels.» Als das der Hohepriester hörte, zerriß er vor Empörung sein Kleid. Er rief: «Ihr habt es alle gehört. Er spottet über Gott und hält sich selbst für Gottes Sohn. Wozu brauchen wir noch mehr Zeugen?» Die anderen Hohenpriester und Schriftgelehrten antworteten: «Ja, er hat den Tod verdient!» Die Diener

des Hohenpriesters spuckten Jesus ins Gesicht und schlugen ihn mit Fäusten. Petrus und Johannes folgten heimlich denen, die Jesus wegführten. Sie kamen zum Palast des Hohenpriesters. Johannes konnte in den Hof des Palastes hineingehen. Die Diener des Hohenpriesters kannten ihn. Petrus stand draußen vor dem Tor. Da redete Johannes mit der Türhüterin. Sie ließ Petrus hinein. Als er an ihr vorüberging, sagte die Türhüterin: «Bist du nicht auch einer von den Jüngern dieses Jesus?» Petrus antwortete schnell: «Nein, du mußt dich irren.» Da krähte der Hahn.
Die Diener des Hohenpriesters hatten im Hof ein Feuer angezündet. Sie wärmten sich, denn es war kalt in der Nacht. Petrus setzte sich zu ihnen ans Feuer. Da sah ihn eine andere Dienerin und sagte: «Der dort war auch mit diesem Jesus aus Nazareth zusammen.» Petrus erschrak und sagte: «Ich schwöre euch, ich kenne den Menschen überhaupt nicht.» Nun sagten auch einige andere zu ihm: «Natürlich gehörst du zu den Jüngern dieses Jesus aus Galiläa. Man hört es an deiner Sprache.» Und einer fragte: «Habe ich dich nicht im Garten Gethsemane bei diesem Jesus gesehen?» Petrus verfluchte sich und schwor: «Ich sage euch: Ich kenne den Menschen nicht!»
Da krähte der Hahn zum zweiten Mal. Jesus wurde gerade über den Hof geführt. Er drehte sich um und sah Petrus

an. Jetzt fielen Petrus Jesu Worte wieder ein: «Bevor der Hahn zweimal kräht, wirst du mich dreimal verleugnen.» Petrus ging hinaus und weinte bitterlich.
Merkspruch: Wer meint, er stehe, mag zusehen, daß er nicht falle (1 Kor 10, 12).

129. PILATUS FINDET JESUS UNSCHULDIG
(Mt 27; Mk 15; Lk 23; Joh 18 und 19)

Das jüdische Land gehörte zum römischen Weltreich. Der Kaiser setzte Statthalter ein. Sie regierten das Land. Damals war Pontius Pilatus Statthalter. Der Hohe Rat der Juden durfte kein Todesurteil sprechen. Als es Morgen wurde, brachten die Juden Jesus zu Pilatus. Sie sagten zum Statthalter: «Dieser Mann hetzt das Volk auf. Er sagt: Zahlt keine Steuern mehr an den Kaiser! Und er behauptet, er sei der König der Juden.» Pilatus fragte Jesus: «Bist du der König der Juden?» Jesus antwortete: «Mein Reich gehört nicht zu dieser Welt. Wenn es hierher gehören würde, würden meine Jünger für mich kämpfen und ich wäre den Juden nicht ausgeliefert worden.» Pilatus fragte: «Also bist du doch ein König?» Jesus sagte: «Ja, ich bin ein König. Ich bin dazu geboren und in die Welt gekommen, daß ich Zeugnis für die Wahrheit ablege. Jeder, der aus der Wahrheit ist, hört auf meine Stimme.» Pilatus antwortete: «Was heißt Wahrheit?» Dann ging er zu den Juden hinaus und sagte: «Ich finde ihn unschuldig.» Die Juden brachten immer neue Anklagen gegen Jesus vor. Aber er sagte nichts dazu. Pilatus fragte: «Hörst du nicht, wie sehr sie dich verklagen?» Jesus schwieg. Pilatus wunderte sich darüber.

Als Pilatus hörte, daß der König Herodes zum Passafest in Jerusalem war, schickte er Jesus zu ihm. Herodes regierte in Galiläa. Jesus stammte aus seinem Gebiet. Herodes freute sich. Er hatte Jesus schon lange einmal sehen wollen. Vieles war ihm von diesem Mann erzählt worden. Nun dachte Herodes: «Vielleicht zeigt mir dieser Jesus auch ein Wunder.» Der König stellte Jesus viele Fragen. Aber Jesus sagte kein Wort. Da verspotteten ihn Herodes und seine Diener. Sie zogen Jesus ein weißes Kleid an und schickten ihn zu Pilatus zurück. Damit wollten sie zeigen, daß sie Jesus für unschuldig hielten. Herodes und Pilatus waren vorher Feinde. An diesem Tag wurden sie Freunde.

Pilatus sagte zu den Hohenpriestern: «Ich habe diesen Mann verhört. Er ist unschuldig. Auch Herodes hat keine Schuld an ihm gefunden und ihn zurückgeschickt. Er hat nichts getan, was den Tod verdient. Ich werde ihn auspeitschen lassen und dann freigeben.» Ein Bote kam zu Pilatus und brachte eine Nachricht von seiner Frau. Sie ließ ihm sagen: «Laß deine Hände von diesem unschuldigen Mann! Ich hatte heute Nacht seinetwegen böse Träume.»
Merkspruch: Ich bin dazu geboren und in die Welt gekommen, daß ich die Wahrheit bezeugen soll. Wer aus der

Wahrheit ist, der hört meine Stimme (Joh 18, 37).

130. JESUS WIRD VERURTEILT
(Matthäus 27; Markus 15; Johannes 19)

Pilatus ließ beim Passafest immer einen Gefangenen frei. Das Volk durfte entscheiden, wer es sein sollte. Zu dieser Zeit hatte der Statthalter einen gefährlichen Mörder im Gefängnis. Er hieß Barabbas. Pilatus trat vor seinen Palast und fragte die Menschenmenge: «Wen soll ich heute freilassen? Den Mörder Barabbas oder Jesus, den ihr den Judenkönig nennt?» Die Hohenpriester und Schriftgelehrten hatten aber die Leute so aufgehetzt, daß alle riefen: «Laß Barabbas frei!» Pilatus fragte sie: «Und was soll ich mit diesem Jesus machen?» Da riefen alle: «Kreuzige ihn, kreuzige ihn!» Pilatus sprach zu ihnen: «Was hat er denn Böses getan? Ich finde keine Schuld an ihm.» Aber die Menschen riefen noch lauter: «Kreuzige ihn, kreuzige ihn!»
Pilatus ließ Barabbas frei. Jesus wurde ausgepeitscht. Die Soldaten zogen ihm die Kleider aus. Sie fesselten ihn an einer Säule und schlugen ihn mit Peitschen. Dann zogen sie ihm einen roten Mantel an, wie ihn sonst Könige trugen. Auf den Kopf drückten sie ihm eine Krone aus Dornenzweigen und gaben ihm ein Rohr als Herrscherstab in die Hand. Sie knieten vor ihm nieder und riefen: «Sei gegrüßt, König der Juden!» Die Soldaten spuckten Jesus an und schlugen mit dem Rohr auf seinen Kopf.

Danach ließ Pilatus Jesus wieder hinausführen und zeigte ihn dem Volk. Er sprach: «Seht, was für ein Mensch!» Aber die Menschenmenge rief wieder: «Kreuzige ihn, kreuzige ihn!» Pilatus wollte Jesus gern freilassen. Doch die Hohenpriester sagten zu ihm: «Wenn du diesen Mann freiläßt, bist du kein Freund des Kaisers mehr. Denn wer sich selber zum König macht, der ist gegen den Kaiser!» Nun konnte Pilatus nicht mehr anders. Zu groß war die Aufregung der Menschenmenge. Er ließ eine Schüssel Wasser bringen und wusch sich vor allen Leuten die Hände. Er sagte: «Ich bin unschuldig am Blut dieses Mannes! Seht ihr zu, wie ihr damit fertig werdet.» Aber alle riefen: «Soll die Strafe für sein Blut doch über uns und unsere Kinder kommen.» Da gab Pilatus den Befehl, Jesus zu kreuzigen.

Als Judas sah, daß Jesus zum Tode verurteilt wurde, bereute er seinen Verrat. Sein schlechtes Gewissen ließ ihm keine Ruhe mehr. Er nahm die dreißig Silberstücke, die er bekommen hatte, und sagte zu den Hohenpriestern: «Nehmt das Geld zurück! Es war nicht richtig, daß ich einen unschuldigen Mann verraten habe.» Aber die Hohenpriester antworteten: «Was geht uns das an? Damit mußt du selber fertig werden.» Da warf Judas das Geld in den Tempel. Er ging hinaus und erhängte sich.
Die Hohenpriester nahmen das Geld und sagten: «An diesem Geld klebt Blut. Wir können es nicht den armen Leuten geben.» Sie kauften ein Stück

Feld davon. Dort wurden die fremden Menschen begraben, die während der Festtage in Jerusalem starben.
Merkspruch: Der Herr hat Geduld mit euch und will nicht, daß jemand verloren werde, sondern daß jedermann zur Buße finde (2 Petr 3, 9).

131. JESUS STIRBT AM KREUZ
(Mt 27; Mk 15; Lk 23; Joh 19)

Als die Soldaten Jesus verspottet hatten, führten sie ihn aus der Stadt hinaus. Er mußte sein Kreuz selbst tragen. Unterwegs konnte Jesus nicht mehr weiter. Die Soldaten hielten einen Mann an, der gerade vom Feld kam. Er mußte das Kreuz tragen. Der Mann hieß Simon von Kyrene. An der Straße standen viele Menschen. Manche Frauen bedauerten Jesus und weinten. Jesus sprach zu ihnen: «Ihr Töchter von Jerusalem, weint nicht über mich! Weint lieber über euch selbst und über eure Kinder. Es wird die Zeit kommen, da werdet ihr euch wünschen, nicht geboren zu sein.» Jesus dachte daran, daß die Stadt Jerusalem bald zerstört werden sollte.
Draußen vor der Stadt lag der Schädelberg «Golgatha». Dort sollte Jesus gekreuzigt werden. Mit ihm wurden zwei Verbrecher hinausgeführt. Als sie dort ankamen, gaben die Soldaten Jesus Essig mit Galle zu trinken. Das bittere Getränk sollte gegen die Schmerzen

helfen. Als Jesus das merkte, nahm er nichts davon. Dann schlugen die Soldaten Jesus ans Kreuz. Hände und Füße wurden mit Nägeln durchbohrt. Die beiden Verbrecher kreuzigte man rechts und links von Jesus. Jesus rief: «Vater, vergib ihnen, denn sie wissen nicht, was sie tun!»
Die Soldaten teilten Jesu Kleider unter sich auf. Um seinen Mantel würfelten sie. Sie blieben als Wache neben dem Kreuz stehen. Oben am Kreuz wurde ein Schild befestigt. Darauf stand der Grund für die Hinrichtung. Pilatus hatte auf das Schild schreiben lassen: «Jesus von Nazareth, der König der Juden.»
Viele Menschen waren dabei, als die drei Männer gekreuzigt wurden. Einige verspotteten Jesus und riefen: «Hilf dir selbst! Wenn du Gottes Sohn bist, dann steig vom Kreuz herunter. Anderen hat er geholfen und kann sich selbst nicht helfen. Er hat Gott vertraut. Der helfe ihm nun, wenn er Gefallen an ihm findet. Hat er nicht behauptet, er sei Gottes Sohn?»
Auch einer von den beiden Verbrechern beschimpfte Jesus. Er sagte: «Wenn du der versprochene Heiland bist, dann hilf dir selbst und uns!» Aber der andere wies ihn zurecht und sagte: «Fürchtest du dich nicht vor Gott? Du mußt genauso sterben wie ich. Wir bekommen die Strafe, die wir verdient haben. Dieser Mann hat nichts Unrechtes getan.» Dann sagte er zu Jesus: «Herr, denke an mich, wenn du in dein Reich kommst!» Jesus antwortete ihm: «Ich sage dir: Heute noch wirst du mit mir im Paradies sein.»

Unter dem Kreuz standen auch Jesu Mutter, Maria, und der Jünger Johannes. Jesus sprach zu seiner Mutter: «Siehe, das ist jetzt dein Sohn.» Zu Johannes sagte er: «Siehe, das ist deine Mutter.» Von da an sorgte Johannes für Maria.
Mittags verlor die Sonne ihr Licht. Es wurde dunkel. Drei Stunden lang herrschte im ganzen Land Finsternis. Und Jesus schrie laut: «Mein Gott, mein Gott, warum hast du mich verlassen?» Als Jesus wußte, daß alles zu Ende gebracht war, rief er: «Mich dürstet!» Da nahm ein Soldat einen Schwamm. Er tauchte ihn in Essig und gab Jesus mit einem Rohr zu trinken. Und Jesus sprach: «Es ist vollbracht!» Dann rief Jesus noch einmal laut: «Vater, ich befehle meinen Geist in deine Hände.» Er neigte den Kopf und starb.
In der gleichen Stunde zerriß der große Vorhang im Tempel, der das Heilige vom Allerheiligsten trennte. Ein Erdbeben erschütterte die Felsen. Gräber sprangen auf und Tote wurden lebendig. Unter dem Kreuz Jesu stand ein römischer Hauptmann. Als er Jesus so sterben sah, sagte er: «Dieser Mann ist wirklich ein gottesfürchtiger Mensch und Gottes Sohn gewesen.» Und die Menschenmenge, die zugesehen hatte, ging erschüttert nach Hause.
Merkspruch: Siehe, das ist Gottes Lamm, das der Welt Sünde trägt! (Joh 1, 29).

132. JESUS WIRD BEGRABEN
(Markus 15; Johannes 19)

Als es Abend wurde, kamen die Hohenpriester zu Pilatus. Sie baten ihn: «Laß die drei Männer noch heute vom Kreuz nehmen, damit sie nicht den Feiertag über dort hängen.» Pilatus war einverstanden. Als seine Soldaten zu den Kreuzen kamen, lebten die beiden Verbrecher noch. Die Soldaten brachen ihnen die Beine und sie starben. Bei Jesus merkten die Soldaten, daß er schon tot war. Darum brachen sie ihm nicht die Beine. Einer nahm seinen Speer und stach Jesus in die Seite. Es kam Blut und Wasser heraus.

Am Abend ging Josef von Arimathäa zu Pilatus. Josef gehörte zum Hohen Rat der Juden. Er war ein gottesfürchtiger Mann und hatte der Verurteilung Jesu nicht zugestimmt. Er wartete auf das Reich Gottes und glaubte heimlich an Jesus. Josef sagte zu Pilatus: «Gib mir den Leichnam Jesu! Ich will ihn begraben.» Pilatus wunderte sich, daß Jesus schon tot sein sollte. Er rief seinen Hauptmann. Der sagte ihm, daß Jesus gestorben war. Da gab Pilatus den Leichnam frei. Josef von Arimathäa hüllte ihn in eine neue Leinwand. Nikodemus half ihm dabei. Sie legten Jesus in ein neues Grab. Es war in einen Felsen gehauen und gehörte Josef. Vor die Tür wälzten sie einen großen Stein. Am nächsten Tag kamen die Hohenpriester noch einmal zu Pilatus. Sie sprachen: «Als dieser Jesus noch lebte, hat er gesagt: Ich will am dritten Tag auferstehen! Gib den Befehl, daß sein

Grab bewacht wird. Sonst holen seine Jünger den Leichnam und erzählen dem Volk: Er ist auferstanden! Dann wäre dieser Betrug schlimmer als das, was vorher passiert ist.» Pilatus sagte: «Da habt ihr die Soldaten! Geht und bewacht das Grab, so gut ihr könnt.» Sie gingen zum Grab und versiegelten den Stein. Die Soldaten blieben als Wache dort.

Merkspruch: Du wirst mich nicht dem Tod überlassen und nicht zugeben, daß dein Heiliger die Verwesung sehe (Apg 2, 27).

133. JESUS IST AUFERSTANDEN
(Markus 16; Johannes 20)

Am Sonntag nach dem jüdischen Feiertag kauften Maria von Magdala, Maria, die Mutter des Jakobus, und Salome Salben und Öle. Sie gingen zum Grab, um Jesu Leichnam einzusalben. Es war früh am Morgen. Die Sonne ging gerade auf. Unterwegs fragten sich die Frauen: «Wer wälzt uns nur den großen Stein von der Grabhöhle? Er ist für uns zu schwer.»

Sie kamen zum Grab. Da sahen sie, daß der Stein schon weggewälzt war. Wie tot

lagen die Wachsoldaten am Boden. Die Frauen gingen ins Grab hinein. Dort saß ein junger Mann. Sein Kleid sah weiß aus wie Schnee. Das war ein Engel Gottes. Die Frauen erschraken. Der Engel sprach zu ihnen: «Fürchtet euch nicht! Ihr sucht Jesus aus Nazareth, den Gekreuzigten. Er ist nicht hier. Er ist auferstanden. Seht her, hier hat er gelegen. Geht und sagt seinen Jüngern, daß er ihnen vorausgehen wird nach Galiläa. Dort werden sie ihn sehen.» Vor Schreck liefen die Frauen schnell weg. Maria aus Magdala ging zu Petrus und erzählte ihm alles. Dann lief sie mit Petrus und Johannes zurück zum Grab.

Die beiden Jünger gingen in die Grabhöhle. Maria blieb draußen stehen und weinte. Da sah sie zwei Engel, die fragten sie: «Warum weinst du?» Sie antwortete: »Irgend jemand hat meinen Herrn weggenommen und ich weiß nicht, wo man ihn hingelegt hat.» Als sie sich umdrehte, sah sie noch einen Mann im Garten stehen. Auch er fragte sie: «Frau, warum weinst du? Wen suchst du?» Maria dachte, es sei der Gärtner. Sie sagte: «Wenn du ihn weggetragen hast, dann sag mir, wo du ihn hingelegt hast. Ich will ihn holen!» Der Mann sah sie an und sagte zu ihr: «Maria!» Da merkte sie, daß es Jesus war. Sie rief:

«Meister!» Jesus sagte zu ihr: «Berühre mich jetzt nicht! Ich bin noch nicht zu meinem Vater zurückgekehrt. Geh zu meinen Brüdern und sage ihnen von mir: Bald gehe ich zurück zu meinem Vater und zu eurem Vater, zu meinem Gott und zu eurem Gott.» Maria ging zu den Jüngern und sagte ihnen: «Ich habe den Herrn gesehen. Er hat mit mir geredet.»

Merkspruch: Jesus Christus hat dem Tode die Macht genommen und das Leben und ein unvergängliches Wesen ans Licht gebracht durch das Evangelium (2 Tim 1, 10).

134. ZWEI JÜNGER ERKENNEN JESUS IN EMMAUS
(Lukas 24)

Am Abend dieses Sonntags gingen zwei Männer von Jerusalem in das Dorf Emmaus. Sie gehörten zu den Jüngern, die Jesus nachgefolgt waren. Einer von ihnen hieß Kleopas. Unterwegs redeten sie über das Sterben Jesu. Sie waren traurig. Da kam Jesus und ging mit ihnen den gleichen Weg. Aber sie erkannten ihn nicht. Er fragte sie: «Warum seid ihr so traurig? Worüber sprecht ihr so eifrig unterwegs?» Die beiden blieben stehen. Kleopas sagte: «Du bist wohl der einzige Fremde in Jerusalem,

der nicht weiß, was dort in den vergangenen Tagen geschehen ist!» Jesus fragte: «Was denn?» Sie antworteten: «Das von Jesus aus Nazareth. Er war ein Prophet, der im Auftrag Gottes gewaltig predigte und viele Wunder tat. Die Hohenpriester haben ihn zum Tode verurteilt und gekreuzigt. Wir aber hofften, er werde unser Volk erlösen. Heute ist schon der dritte Tag, seit er ans Kreuz geschlagen wurde. Am Morgen haben uns einige Frauen einen Schreck eingejagt. Sie waren an seinem Grab. Aber sie konnten seinen Leichnam nicht finden. Engel sagten ihnen, daß er lebt.» Jesus sprach zu ihnen: «O, wie blind seid ihr doch! Warum glaubt ihr nicht, was die Propheten vorausgesagt haben? Der Heiland mußte viel leiden, bevor er in seine Herrlichkeit kommt.» Und Jesus erklärte ihnen die Worte der Heiligen Schrift, die von ihm reden.

Inzwischen waren sie in Emmaus angekommen. Jesus tat so, als wollte er weitergehen. Sie baten ihn: «Herr, bleibe bei uns! Es wird Abend und der Tag geht zu Ende.» Jesus ließ sich überreden und ging mit in das Haus. Beim Abendessen nahm Jesus das Brot und dankte Gott. Er brach es auseinander und gab jedem ein Stück davon. Da wurden ihnen die Augen geöffnet und sie erkannten Jesus. Doch er verschwand vor ihren Augen. Die beiden sagten zueinander: «Brannte nicht unser Herz, als er uns die Schrift erklärte?» Sie machten sich gleich auf den Weg zurück nach Jerusalem. Dort erzählten sie den anderen Jüngern alles, was sie erlebt hatten.

Merkspruch: Wo zwei oder drei versammelt sind in meinem Namen, da bin ich mitten unter ihnen (Mt 18, 20).

135. JESUS ERSCHEINT DEN JÜNGERN
(Markus 16; Lukas 24; Johannes 20)

Am Abend des Ostertages versammelten sich die Jünger in Jerusalem. Aus Angst vor den Hohenpriestern hatten sie die Türen fest verschlossen. Plötzlich trat Jesus in ihre Mitte und sprach: «Friede sei mit euch!» Die Jünger erschraken. Sie meinten, ein Geist steht vor ihnen. Doch Jesus sprach: «Warum erschreckt ihr so und zweifelt an mir? Seht meine durchbohrten Hände und Füße! Ich bin es wirklich. Faßt mich an! Ein Geist hat doch kein Fleisch und keine Knochen.» Die Jünger konnten es nicht fassen. Jesus fragte sie: «Habt ihr etwas zu essen da?» Sie gaben ihm ein Stück gebratenen Fisch, und Jesus aß es vor ihren Augen. Da glaubten die Jünger endlich und wurden sehr froh.

Jesus sprach zu ihnen: «Geht in die ganze Welt und predigt die gute Nachricht von mir allen Menschen! Wer da glaubt und getauft wird, der wird gerettet werden. Wer nicht glaubt, wird verdammt werden. Wie mich mein Vater gesandt hat, so sende ich euch. Ihr sollt meine Apostel und Sendboten sein. Ich gebe euch den Heiligen Geist. Friede sei mit euch!»

An diesem Abend war einer der elf Jünger nicht dabei: Thomas. Die anderen Jünger erzählten ihm: «Wir haben den Herrn gesehen. Er ist uns erschie-

nen.» Thomas sagte: «Das kann ich nicht glauben. Erst, wenn ich mit meinen Händen seine Nägelmale und seine Seitenwunde berührt habe, will ich es glauben.» Acht Tage danach waren die Jünger wieder versammelt. Diesmal war auch Thomas dabei. Noch einmal trat der Herr in ihre Mitte. Er grüßte sie: «Friede sei mit euch!» Und zu Thomas sagte er: «Sieh meine Hände und Füße an! Lege deine Hand in meine Seitenwunde. Sei nicht mehr ungläubig, sondern glaube!» Thomas rief: «Mein Herr und mein Gott!» Jesus sagte zu ihm: «Jetzt glaubst du, Thomas, weil du mich gesehen hast. Selig sind, die nicht sehen und doch glauben!»

Merkspruch: Selig sind, die nicht sehen und doch glauben! (Joh 20, 29).

136. JESUS KEHRT ZURÜCK ZU SEINEM VATER
(Mt 28; Lk 24; Apg 1)

Nach seiner Auferstehung blieb Jesus noch vierzig Tage auf der Erde. Immer wieder zeigte er sich seinen Jüngern.

Einmal sahen ihn mehr als 500 Menschen.
Zuletzt führte er seine Apostel hinaus nach Betanien zum Ölberg. Dort sprach er zu ihnen: «Bleibt noch so lange in Jerusalem, bis euch der Heilige Geist gegeben wird. Johannes hat mit Wasser getauft, aber ihr sollt bald mit dem Heiligen Geist getauft werden. Ihr werdet meine Zeugen sein in Jerusalem, Judäa, Samaria und in der ganzen Welt. Der Heilige Geist wird euch dazu seine Kraft geben. Mir ist gegeben alle Gewalt im Himmel und auf Erden. Darum geht in alle Welt und macht alle Völker zu meinen Jüngern! Tauft sie im Namen des Vaters, des Sohnes und des Heiligen Geistes. Lehrt sie alles einhalten, was ich euch befohlen habe. Siehe, ich bin alle Tage bei euch bis zum Ende der Welt.»

Jesus erhob seine Hände und segnete die Apostel. Dann wurde er in die Höhe gehoben. Eine Wolke nahm ihn vor den Augen der Jünger weg. Plötzlich standen zwei Engel neben ihnen. Sie sahen aus wie Männer und trugen weiße Kleider. Die Engel sagten zu den Jüngern: «Ihr Männer aus Galiläa, warum steht ihr noch hier und seht zum Himmel? Jesus ist in den Himmel aufgenommen worden. Das habt ihr gesehen. So wie er gerade weggegangen ist, wird er wiederkommen.» Da gingen die Apostel nach

Jerusalem zurück. Sie waren jeden Tag zusammen und beteten.
Nach dem Tod des Judas Iskariot gab es nur noch elf Apostel. Da beteten sie und wählten einen Mann hinzu, der von Anfang an mit den anderen Jüngern Jesus nachgefolgt war. Er hieß Matthias.
Merkspruch: Jesus Christus gestern und heute und derselbe auch in Ewigkeit (Hebr 13, 18).

137. GOTT GIBT SEINEN HEILIGEN GEIST
(Apostelgeschichte 2)

Fünfzig Tage nach Ostern feierten die Juden das Pfingstfest. Die Apostel hatten sich alle in Jerusalem versammelt. Plötzlich geschah ein Rauschen vom Himmel und das Brausen eines Windes erfüllte das ganze Haus, in dem sie waren. Der Geist Gottes kam auf die Jünger herab. Auf ihren Köpfen erschienen Zungen, die wie Feuerflammen aussahen. Der Heilige Geist ließ die Apostel in verschiedenen Sprachen reden.
Als das die Leute sahen, lief eine große Menge zusammen. Zum Pfingstfest waren viele ausländische Juden in Jerusalem. Und jeder hörte die Apostel in seiner Sprache von Jesus predigen. Die Leute sagten: «Sind diese Männer nicht alle aus Galiläa? Wie kommt es, daß sie in unserer Sprache reden?» Viele wunderten sich. Andere machten sich darüber lustig und sagten: «Sie haben zuviel Wein getrunken!» Da stand Petrus auf und sprach: «Ihr Männer von Jerusalem und aus aller Welt! Wir sind nicht betrunken, wie einige denken. Hier geschieht das, was der Prophet Joel vorausgesagt hat: In den letzten Tagen soll es geschehen, spricht Gott, da will ich meinen Geist auf eure Söhne und Töchter ausgießen. Sie sollen in meinem Auftrag reden. Wunder werden geschehen im Himmel und Zeichen auf der Erde. Wer zum Herrn ruft, wird gerettet werden! – Ihr Männer von Israel, hört mir zu! Jesus aus Nazareth ist von Gott als Retter in die Welt geschickt worden. Gott hat ihn durch Zeichen und Wunder als seinen Sohn bestätigt. Mit seinen Worten und Taten hat er verkündet, was Gott will. Durch die Römer habt ihr ihn ans Kreuz schlagen lassen. Doch Gott hat ihn wieder zum Leben erweckt. Dafür sind wir alle Zeugen. Nun ist er zurückgekehrt zu seinem Vater im Himmel. Heute hat er über uns seinen Geist ausgegossen. Das ist es, was ihr hier seht und hört.»
Diese Worte trafen die Menschen mitten ins Herz. Sie erschraken und fragten Petrus: «Was sollen wir tun?» Petrus antwortete: «Kehrt um und laßt euch auf den Namen Jesus Christus taufen. So werden euch die Sünden vergeben und ihr bekommt den Heiligen Geist. Denn euch und euren Kindern gilt diese Verheißung. Sie ist aber auch für die vielen bestimmt, die jetzt noch nicht zu uns gehören. Gott wird sie noch rufen.»
Viele Menschen nahmen die Predigt des Petrus gern an und ließen sich taufen. An diesem Tag kamen fast dreitausend

Menschen zum Glauben an Jesus Christus.
Jeden Tag versammelte sich die Gemeinde. Die Apostel predigten Gottes Wort und die Gemeinde glaubte ihrer Predigt. Treu hielten sie an Jesu Lehre fest. Sie feierten zusammen das heilige Abendmahl und beteten. Bei allen Leuten waren die Christen gern gesehen. Täglich führte Gott neue Menschen zur Gemeinde.
Merkspruch: Sie blieben aber beständig in der Lehre der Apostel und in der Gemeinschaft und im Brotbrechen und im Gebet (Apg 2, 42).

138. DER HOHE RAT VERHÖRT DIE APOSTEL
(Apostelgeschichte 3 und 4)

Eines Tages gingen Petrus und Johannes in den Tempel, um zu beten. Neben der Tür des Tempels saß ein Gelähmter und bettelte. Von Kindheit an war er

gelähmt und ließ sich jeden Tag zum Tempel tragen. Er bat auch die Apostel um eine Gabe. Petrus sah den Mann an und sprach: «Geld habe ich nicht. Aber was ich habe, gebe ich dir. Im Namen Jesu Christi sage ich dir: Steh auf und geh umher!» Er faßte den Gelähmten bei der rechten Hand und half ihm auf die Beine. Da wurden seine Gelenke gesund. Er sprang auf seine Beine und lief vor Freude umher. Mit Petrus und Johannes ging er in den Tempel und dankte Gott.

Alle Leute, die ihn sahen, wunderten sich und liefen staunend hinter den Aposteln her. Petrus blieb in der Halle Salomos stehen und sagte zu allen: «Ihr Männer von Israel! Warum seht ihr uns so an? Wir haben diesen Mann nicht aus eigener Kraft gesund gemacht. Das ist durch Jesus Christus geschehen. Der Gott unserer Väter hat euch in Jesus seine Herrlichkeit gezeigt. Aber ihr habt ihn durch Pilatus umgebracht. Doch Gott hat ihn vom Tod auferweckt. Dafür sind wir Zeugen. Durch den Glauben an Jesus Christus ist dieser Mann gesund geworden. Ich weiß, liebe

Brüder, ihr habt das alles aus Unwissenheit getan. Kehrt nun um! Bekennt eure Sünden! Wendet euch zu Gott, damit er eure Sünden wegnimmt. Dann bricht die Zeit des Heils auch für euch an. Denn Gott hat Jesus Christus als den verheißenen Heiland gesandt.»
Als die Hohenpriester Petrus so reden hörten, riefen sie den Hauptmann der Tempelwache zu Hilfe. Er nahm die Apostel fest. Am nächsten Morgen führte man sie vor den Hohen Rat. Die Hohenpriester fragten sie: «In wessen Namen tut ihr das alles? Woher habt ihr die Kraft dazu?» Der Heilige Geist erfüllte Petrus und gab ihm Mut zur Antwort. Er sagte: «Wir tun das im Namen Christi, den ihr gekreuzigt habt. Denn er ist der Stein, der von euch Bauleuten verworfen wurde. Er ist zum Grundstein geworden. Aber in keinem andern ist das Heil. Es ist auch kein anderer Name unter dem Himmel den Menschen gegeben, durch den wir selig werden sollen.»
Die Männer des Hohen Rates wunderten sich, wie mutig und fröhlich die Apostel redeten. Sie waren ja nur ungelehrte Leute. Die Hohenpriester sahen auch den Gelähmten, der geheilt worden war. Man schickte Petrus und Johannes hinaus, um miteinander zu beraten. Sie sagten: «Was sollen wir tun? Wir können nicht leugnen, daß der Gelähmte geheilt worden ist. Ganz Jerusalem spricht davon. Wir wollen ihnen streng verbieten, weiter von Jesus zu reden.» Petrus und Johannes wurden hereingerufen und ermahnt, niemandem mehr etwas von Jesus zu sagen.

Aber die Apostel antworteten: «Urteilt selbst: Ist es vor Gott richtig, euch mehr zu gehorchen als ihm? Wir können es nicht lassen, von dem zu reden, was wir gesehen und gehört haben.» Der Hohe Rat wagte nicht, sie zu bestrafen, weil alle Leute von der wunderbaren Heilung des Gelähmten gehört hatten und Gott dafür lobten.
Petrus und Johannes kamen zur Gemeinde zurück. Sie berichteten, was sie erlebt hatten. Gemeinsam mit der Gemeinde beteten sie: «Herr, du hast Himmel und Erde geschaffen. Die Könige und Fürsten versammeln sich gegen unseren Herrn Jesus. Sieh ihr Drohen an! Schenke deinen Boten Freude und Mut, dein Wort weiter zu verkünden. Laß im Namen Jesu Zeichen und Wunder geschehen.» Und der Heilige Geist kam über alle, die dabei waren. Sie verkündeten fröhlich die gute Nachricht von Jesus Christus.
Merkspruch: Den Frieden lasse ich euch, meinen Frieden gebe ich euch. Nicht gebe ich euch, wie die Welt gibt. Euer Herz erschrecke nicht und fürchte sich nicht (Joh 14, 27).

139. HANANIAS UND SAPHIRA BELÜGEN GOTT UND DIE GEMEINDE
(Apg 4; 5)

Die Christengemeinde in Jerusalem versammelte sich jeden Tag. Alle waren ein Herz und eine Seele. Keiner wollte etwas nur für sich haben. Sie hatten eine

gemeinsame Kasse, aus der alle versorgt wurden. Viele verkauften alles, was sie hatten und brachten das Geld den Aposteln. Sie verteilten das Geld. Jeder bekam, was er zum Leben brauchte. Niemand mußte Not leiden.
Zur Gemeinde gehörte auch Hananias mit seiner Frau Saphira. Sie waren reich und besaßen viel. Aber sie wollten vor den anderen nicht zurückstehen und nicht als geizig erscheinen. Deshalb verkauften sie ein Stück Land und Hananias brachte das Geld den Aposteln.

Er sagte: «Das ist das Geld, das wir für unser Stück Land bekommen haben.» Aber das war gelogen. Einen Teil des Geldes hatten sie für sich behalten. Petrus sprach zu Hananias: «Warum läßt du dich vom Teufel verführen und versuchst den Heiligen Geist zu belügen? Du hast einen Teil des Geldes für dich behalten. Euer Land hättet ihr nicht verkaufen müssen. Niemand hat euch gezwungen. Nun hast du nicht nur die Menschen, sondern Gott belogen!» Als Hananias das hörte, fiel er auf der Stelle

tot um. Ein paar junge Männer trugen ihn hinaus und begruben ihn.
Drei Stunden danach kam auch Saphira zu den Aposteln. Sie wußte nicht, was geschehen war. Petrus fragte sie: «Sage mir, habt ihr das Land für diesen Preis verkauft?» Sie antwortete: «Ja, das ist alles Geld, was wir dafür bekommen haben.» Petrus sagte: «Saphira, warum seid ihr einig geworden, den Heiligen Geist zu belügen? Vor der Tür höre ich die Männer zurückkommen, die deinen Mann begraben haben. Sie werden auch dich hinaustragen und begraben.» Da fiel Saphira tot zu Boden. Sie wurde hinausgetragen und neben ihrem Mann begraben. Alle, die davon hörten, erschraken sehr.
Merkspruch: Der feste Grund Gottes besteht und hat dieses Siegel: Der Herr kennt die Seinen; und: Es lasse ab von Ungerechtigkeit, wer den Namen des Herrn nennt (2 Tim 2, 19).

140. DIE APOSTEL MÜSSEN INS GEFÄNGNIS
(Apostelgeschichte 5)

Gott ließ durch die Apostel viele Zeichen und Wunder geschehen. Immer mehr Kranke wurden zu ihnen gebracht. Sogar aus anderen Städten kam man nach Jerusalem zu den Aposteln. Sie legten die Hände auf die Kranken und heilten sie. Auch böse Geister trieben sie aus. Jeden Tag versammelte sich im Tempel eine große Menschenmenge um die Apostel.
Das sahen die Hohenpriester nicht gern. Sie konnten es nicht ertragen, daß das Volk den Aposteln nachlief. Darum ließen sie die Apostel festnehmen und ins Gefängnis bringen. Aber in der Nacht kam ein Engel und öffnete ihnen die Gefängnistüren. Er führte die Apostel heraus und sagte zu ihnen: «Geht in den Tempel und predigt weiter vor allen Leuten von Jesus.» Die Apostel taten, was der Engel gesagt hatte.
Am nächsten Morgen wollte der Hohe Rat die Apostel holen lassen. Sie sollten verhört werden. Aber die Boten kamen zurück und sagten: «Wir fanden das Gefängnis ordnungsgemäß verschlossen. Die Wachsoldaten standen vor der Tür. Aber es war niemand mehr drin.» Da brachte einer die Nachricht: «Die Männer, die ihr festgenommen habt, stehen im Tempel und lehren das Volk.« Die Hohenpriester schickten den Tempelhauptmann und ließen die Apostel holen. Der Hauptmann bat sie mitzukommen. Er hatte Angst vor der Menschenmenge, die den Aposteln zuhörte. Der Hohepriester fragte die Apostel: «Haben wir euch nicht verboten, von Jesus zu reden?» Die Apostel antworteten: «Man muß Gott mehr gehorchen als den Menschen.« Diese Antwort gefiel den Hohenpriestern gar nicht. Sie wollten die Apostel zum Schweigen bringen und töten. Aber der Schriftgelehrte Gamaliel stand auf und sagte: «Laßt diese Menschen in Ruhe! Oder wollt ihr gegen Gott kämpfen? Was von Menschen kommt, vergeht schnell. Ist es aber von Gott, dann könnt ihr es nicht aufhalten.» Die Hohenpriester stimmten Gamaliel zu. Sie

ließen die Apostel auspeitschen und verboten ihnen noch einmal, von Jesus zu reden. Dann wurden sie freigelassen. Die Apostel gingen fröhlich nach Hause. Sie freuten sich, daß sie für Jesus hatten leiden dürfen. Nun predigten sie in den Häusern und gingen jeden Tag in den Tempel.
Merkspruch: Man muß Gott mehr gehorchen als den Menschen (Apg 5, 29).

141. STEPHANUS STIRBT FÜR SEINEN GLAUBEN
(Apostelgeschichte 6 und 7)

Die Christengemeinde in Jerusalem wurde immer größer. Viele Arme waren zu versorgen. Manchmal bekamen nicht alle etwas ab. Dann gab es Streit. Da riefen die Apostel die Gemeinde zusammen. Man wählte sieben gottesfürchtige Männer, die als Diakone die Armen versorgen sollten. Die Apostel

legten den Männern die Hände auf und segneten sie für ihren Dienst.
Einer von den sieben Diakonen hieß Stephanus. Er war stark im Glauben und predigte gewaltig. Gott ließ durch ihn viele Zeichen und Wunder geschehen. Das gefiel den Anführern der Juden nicht. Eines Tages wurde Stephanus verhaftet. Man führte ihn vor den Hohen Rat. Dort traten falsche Zeugen gegen ihn auf und beschuldigten ihn. Sie sagten: «Dieser Mann hört nicht auf, gegen den Tempel und unser Gesetz zu predigen.» Der Hohepriester fragte Stephanus: «Stimmt das, was diese Zeugen sagen?» Da fing Stephanus an und redete von den großen Taten Gottes im alten Bund und vom Ungehorsam des Volkes Israel. Zuletzt sagte er: «Gott hat euch das Gesetz durch Mose gegeben. Aber ihr habt es nicht eingehalten. Was nützt euch der Tempel? Eure Herzen sind verhärtet, und eure Ohren sind taub. Ihr wollt nichts vom Geist Gottes wissen. So war es schon bei euren Vätern. Sie töteten die Propheten. Ihr habt sogar den versprochenen Heiland und Sohn Gottes ans Kreuz geschlagen.»
Als das die Hohenpriester hörten, sprangen sie wütend auf und schrien alle durcheinander. Stephanus aber blickte hinauf zum Himmel und sagte: «Ich sehe den Himmel offen. Der Menschensohn steht an der rechten Seite Gottes.» Da stürzten sich alle auf ihn und zerrten ihn zur Stadt hinaus. Sie warfen Steine auf ihn, um ihn zu töten. Stephanus rief: «Herr Jesus, nimm meinen Geist zu dir.» Er betete für seine Mörder: «Herr, rechne ihnen diese Sünde nicht an.» Dann starb er. Die Mörder hatten ihre Kleider bei einem jungen Mann abgelegt, der hieß Saulus. Er sah bei der Steinigung zu und fand es gut, daß Stephanus sterben mußte.
Merkspruch: Sei getreu bis an den Tod, so will ich dir die Krone des Lebens geben (Offb 2, 10).

142. EIN AFRIKANER WIRD CHRIST
(Apostelgeschichte 8)

Ein anderer von den Diakonen hieß Philippus. Eines Tages sprach der Engel des Herrn zu ihm: «Geh an die Straße, die von Jerusalem nach Gaza führt.» Philippus stand auf und ging los. Da kam ein Wagen gefahren, auf dem ein Afrikaner saß. Das war der Finanzminister der äthiopischen Königin Kandake. Er hatte Jerusalem besucht, um den Gott Israels anzubeten. Jetzt fuhr er wieder nach Hause. Er las gerade im Buch des Propheten Jesaja, das er in Jerusalem gekauft hatte.
Der Geist Gottes sprach zu Philippus: «Geh zu diesem Wagen!» Als Philippus nahe herankam, hörte er den Afrikaner laut lesen. Er fragte den Mann: «Verstehst du auch, was du liest?» Der Afrikaner antwortete: «Wie soll ich es verstehen, wenn mir niemand dabei hilft?» Er ließ Philippus zu sich auf den Wagen steigen und las die Stelle vor, die er nicht verstanden hatte. Sie redete von dem Gottesknecht, der für alle leiden sollte. Da stand geschrieben: «Er ist wie ein Lamm, das zur Schlachtbank ge-

führt wird. Wie ein Lamm, das vor seinem Scherer verstummt, tut er seinen Mund nicht auf.» Der Afrikaner fragte Philippus: «Von wem redet der Prophet hier? Meint er sich selber oder einen anderen Menschen?» Philippus antwortete: «Er redet von Jesus Christus. Der ist das Gotteslamm, das die Sünde der Welt trägt.» Und Philippus erzählte ihm die gute Nachricht von Jesus Christus. Sie kamen an einen Fluß. Da sagte der Afrikaner: «Hier ist Wasser. Ich glaube an Jesus Christus als meinen Heiland und möchte getauft werden.» Er ließ den Wagen anhalten. Die beiden Männer stiegen hinunter ans Wasser und Philippus taufte den Mann aus Äthiopien. Danach wurde Philippus vom Geist Gottes weggenommen. Der Afrikaner sah ihn nicht mehr. Er zog aber fröhlich seinen Weg.

Merkspruch: Sucht in der Schrift, denn ihr meint, ihr habt das ewige Leben darin; und sie ist's, die von mir zeugt (Joh 5, 39).

143. JESUS REDET MIT SAULUS
(Apostelgeschichte 9)

Saulus hatte zugesehen, als Stephanus gesteinigt wurde. Er haßte die Christen und hätte sie gern alle umgebracht. Im jüdischen Land wurden viele Jünger Jesu von ihm verhaftet. Dann zog er nach Damaskus, um sie auch dort zu verfolgen. Vom Hohenpriester bekam er die Vollmacht, die Christen von Damaskus als Gefangene nach Jerusalem zu bringen.
Als Saulus kurz vor der Stadt war, strahlte plötzlich ein helles Licht vor ihm auf. Es kam vom Himmel. Saulus stürzte zu Boden. Er hörte eine Stimme, die sagte: «Saulus, Saulus, warum verfolgst du mich?» Er antwortete: «Wer bist du, Herr?» Die Stimme sprach: «Ich bin Jesus, den du verfolgst. Geh in die Stadt! Dort erfährst du, was du tun sollst.» Die Begleiter des Saulus waren ganz starr vor Schreck. Sie hörten jemanden reden, verstanden ihn aber nicht. Es war auch niemand zu sehen. Als Saulus aufstand, merkte er, daß er nichts mehr sehen konnte. Seine Begleiter nahmen ihn an der Hand und führten ihn hinein nach Damaskus. Drei Tage

lang konnte Saulus nichts sehen. Er aß und trank nichts, sondern betete nur.
In Damaskus wohnte ein Christ, der hieß Hananias. Mit dem redete Gott und sagte ihm: «Geh zu Saulus aus Tarsus. Er ist hier und betet. Du sollst ihm die Augen öffnen, denn er ist blind.» Hananias antwortete: «Herr, ich habe viel Schlimmes von diesem Mann gehört. Er hat deine Jünger in Jerusalem grausam verfolgt.» Aber Gott sprach: «Geh hin! Ich will ihn zu meinem Werkzeug machen. Er soll meinen Namen den Heidenvölkern und meinem Volk verkünden.»
Hananias kam zu Saulus. Er legte ihm die Hand auf den Kopf und sagte: «Lieber Bruder Saulus, der Herr hat mich zu dir geschickt. Du sollst wieder sehen können. Der Heilige Geist wird über dich kommen.» Da fiel es bei Saulus wie Schuppen von den Augen, und er sah wieder. er stand auf und ließ sich im Namen Jesu taufen.
Die Juden von Damaskus erfuhren, daß Saulus ein Christ geworden war. Sie wollten ihn umbringen. Tag und Nacht bewachten sie die Stadttore, um ihn zu fangen. Doch die Christen ließen ihn in einem Korb über die Stadtmauer hinunter. Er konnte fliehen und kam nach Jerusalem. Dort redete er mit den Aposteln. Sie konnten erst gar nicht begreifen, daß er ein Jünger Jesu geworden war.
Merkspruch: Ich schäme mich des Evangeliums nicht; denn es ist eine Kraft Gottes, die selig macht alle, die daran glauben, die Juden zuerst und ebenso die Griechen (Röm, 1, 16).

144. EIN RÖMISCHER HAUPTMANN LÄSST SICH TAUFEN
(Apg 10 und 11)

In Cäsarea am Meer wohnte ein römischer Hauptmann, der hieß Cornelius. Er war ein gottesfürchtiger Mann und betete zum Gott Israels. Mit seiner Familie besuchte er die Gottesdienste der jüdischen Gemeinde. Gern half er den Armen. Eines Tages erschien ein Engel bei Cornelius und sagte zu ihm: «Es gefällt Gott, daß du betest und den Armen hilfst. Er hat deine Gebete erhört. Sende Boten nach Joppe und laß den Apostel Petrus holen, der gerade dort ist. Er wird dir sagen, was Gott mit dir vorhat.» Am nächsten Tag schickte Cornelius drei Boten nach Joppe.
Als die Boten noch unterwegs waren, stieg Petrus in Joppe auf das flache Dach des Hauses. Dort betete er. Es war Mittag und er bekam Hunger. Da ließ er sich das Essen zubereiten. Plötzlich sah Petrus wie im Traum ein Bild. Vom Himmel wurde ein großes Tuch an den Zipfeln auf die Erde heruntergelassen. In dem Tuch waren lauter unreine Tiere: Schlangen, Würmer und Vögel. Eine Stimme sagte: «Schlachte und iß!» Petrus antwortete: «Nein, das kann ich nicht. Gott hat uns Juden verboten, unreine Tiere zu essen.» Doch die Stimme sagte: «Was Gott für rein erklärt, sollst du nicht für unrein halten.» Das geschah dreimal nacheinander. Petrus wußte nicht, was es bedeuten sollte. Als er noch überlegte, kamen die Boten von Cornelius. Sie fragten an der Haustür nach Petrus. Der Heilige Geist sagte zu

Petrus: «Unten sind drei Männer, die dich suchen. Ich habe sie zu dir geschickt. Geh mit ihnen!» Petrus stieg hinunter und sagte zu den Boten: «Ich bin Petrus. Was wollt ihr von mir?» Die Boten antworteten: «Der Hauptmann Cornelius aus Cäsarea schickt uns. Ein Engel hat ihm den Befehl gegeben, dich holen zu lassen.» Die Boten blieben über Nacht bei Petrus. Am nächsten Tag zogen sie zusammen nach Cäsarea. Einige Christen aus Joppe begleiteten sie.

Cornelius kam Petrus entgegen und kniete vor ihm nieder. Petrus sagte zu ihm: «Steh auf! Ich bin auch nur ein Mensch.» Cornelius hatte alle seine Freunde in seinem Haus versammelt. Petrus sagte zu ihnen: «Ihr alle wißt, daß ein gottesfürchtiger Jude nicht mit gottlosen Fremden verkehrt oder gar ihr Haus betritt. Doch Gott hat mir gezeigt, daß ich keinen Menschen mehr für unrein halten soll. Deshalb bin ich eurer Einladung gefolgt. Sagt mir nun, warum ihr mich zu euch gerufen habt!» Corne-

lius erzählte, was ihm der Engel gesagt hatte.
Petrus sprach: «Jetzt begreife ich, daß Gott keinen Unterschied zwischen den Völkern macht. Er liebt alle Menschen, die ihn fürchten und seinen Willen tun, ganz gleich zu welchem Volk sie gehören.» Petrus fing an und erzählte Cornelius und seinen Freunden von Jesu Christus. Da kam der Heilige Geist über alle, die ihm zuhörten. Sie lobten Gott. Die Christen aus Joppe wunderten sich. Petrus sagte zu ihnen: «Diese Menschen haben wie wir den Heiligen Geist bekommen. Wer will ihnen die Taufe verbieten?» Er ließ sie im Namen des Herrn taufen. Cornelius bat Petrus, noch ein paar Tage in Cäsarea zu bleiben. Petrus erzählte ihm alles, was er von Jesus wußte. Dann ging er nach Jerusalem zurück.
Die anderen Apostel sagten zu Petrus: «Wie konntest du nur zu Heiden gehen? Das ist uns Juden doch verboten.» Petrus erzählte ihnen alles, was in Joppe und Cäsarea geschehen war. Da waren die Apostel zufrieden. Sie lobten Gott und sagten: «Nun hat Gott auch den Heiden den Weg zur Umkehr gezeigt, der zum ewigen Leben führt.»
Merkspruch: Also hat Gott die Welt geliebt, daß er seinen eingeborenen Sohn gab, damit alle, die an ihn glauben, nicht verloren werden, sondern das ewige Leben haben (Joh 3, 16).

145. PETRUS WIRD GERETTET
(Apostelgeschichte 12)

Der König Herodes Agrippa wollte sich bei den Anführern des jüdischen Volkes beliebt machen. Deshalb verfolgte er die Christen in Jerusalem. Einige kamen ins Gefängnis und wurden mißhandelt. Dem Apostel Jakobus ließ Herodes den Kopf abschlagen. Während des Passafestes wurde Petrus verhaftet. Tag und Nacht waren Wachsoldaten bei ihm. Zwei schliefen neben ihm, zwei bewachten die Tür. Petrus war mit Ketten gefesselt. Nach dem Fest wollte Herodes auch ihn hinrichten lassen. Die Christengemeinde versammelte sich jeden Tag und betete für den Apostel.
In der Nacht kam plötzlich der Engel des Herrn zu Petrus ins Gefängnis. Er stieß Petrus an und weckte ihn. Der Engel sagte: «Steh auf und mach dich schnell fertig! Zieh deine Schuhe an. Nimm deinen Mantel und folge mir!» Die Ketten fielen Petrus von den Händen. Er glaubte zu träumen. Der Engel ging mit ihm an den Wachsoldaten vorbei. Dann kamen sie an das große eiserne Tor. Es öffnete sich. Sie traten auf die Straße. Dort verschwand der Engel wieder. Als Petrus zu sich kam, sagte er: «Nun weiß ich, daß ich nicht geträumt habe. Der Herr hat mir seinen Engel geschickt, um mich zu retten.» Er lief durch die Straßen der Stadt und kam zu dem Haus, in dem Maria und ihr Sohn Markus wohnten. Dort versammelten sich immer die Christen von Jerusalem. Petrus klopfte an das Tor. Die Dienerin Rhode lief hinaus, um nachzusehen. Sie

erkannte Petrus an seiner Stimme. Vor Schreck vergaß sie, die Tür zu öffnen. Sie rannte zurück ins Haus und rief: «Petrus ist draußen!» Die anderen glaubten es ihr nicht. Sie sagten: «Du bist wohl ein bißchen durcheinander? Petrus sitzt doch schwerbewacht im Gefängnis.» Doch Rhode blieb dabei. Da klopfte es wieder ans Tor. Alle liefen hinaus und öffneten. Als sie Petrus sahen, schrien sie entsetzt. Er bat sie um Ruhe und erzählte ihnen alles. Noch in der gleichen Nacht verließ Petrus Jerusalem.

Merkspruch: Singet dem Herrn ein neues Lied, denn er tut Wunder (Ps 98, 1).

146. PAULUS UND BARNABAS WERDEN ALS MISSIONARE AUSGESANDT
(Apg 13)

Als die Christen in Jerusalem verfolgt wurden, gingen viele in andere Städte. Einige kamen auch nach Antiochia in Syrien. Sie erzählten die gute Nachricht von Jesus Christus. Viele Menschen glaubten an Jesus und ließen sich taufen. So entstand auch in Antiochia eine Christengemeinde. Barnabas kam von Jerusalem und predigte. Er holte sich Saulus aus Tarsus zu Hilfe, der jetzt Paulus genannt wurde. Als Barnabas und Paulus ein Jahr lang in Antiochia gearbeitet hatten, sandte sie der Geist Gottes weiter. Sie sollten die gute Nachricht auch anderen Menschen bringen. Die Christen in Antiochia beteten für die beiden und legten ihnen die Hände auf. Der Heilige Geist sagte Paulus und Barnabas, daß sie zuerst nach Zypern fahren sollten. Markus nahmen sie als Gehilfen mit. Mit dem Schiff erreichten sie die Insel.
Sie verkündeten den Leuten auf Zypern Gottes Wort. Der Statthalter der Insel ließ Paulus und Barnabas zu sich rufen. Er hieß Sergius. Auch er wollte die gute Nachricht von Jesus Christus hören. Es war aber ein Zauberer bei ihm, der hieß Elymas. Der redete mit dem Statthalter und versuchte, ihn vom Glauben abzuhalten. Als Paulus das merkte, sprach er zu Elymas: «Willst du nicht endlich aufhören, dich gegen Gott zu stellen? Durch dich redet der Teufel. Er will die gute Nachricht von Jesus verdunkeln. Darum trifft dich Gottes Strafe. Du sollst eine Zeitlang die Sonne nicht mehr sehen.» Elymas wurde auf der Stelle blind. Er mußte sich hinausführen lassen. Aber Sergius glaubte dem Wort Gottes.
Merkspruch: Ihr seid das auserwählte Geschlecht, die königliche Priesterschaft, das heilige Volk, das Volk des Eigentums, daß ihr verkündigen sollt, die Wohltaten dessen, der euch berufen hat von der Finsternis zu seinem wunderbaren Licht (1 Petr 2, 9).

147. PAULUS UND BARNABAS PREDIGEN IN KLEINASIEN
(Apg 13 und 14)

Von Zypern aus fuhren Paulus und Barnabas mit einem Schiff nach Kleinasien. Als sie hinaufstiegen in die Berge des Hochlandes, wollte Markus nicht mehr. Er kehrte nach Jerusalem zurück. Paulus und Barnabas kamen nach Antiochia in Pisidien. Zuerst gingen sie ins Bethaus der Juden. Am Feiertag verkündeten sie dort den Juden Jesus Christus als den versprochenen Heiland. Es kamen auch viele andere Menschen, um ihnen zuzuhören. Das sahen die Anführer der Juden nicht gern und widersprachen Paulus und Barnabas. Sie wollten Jesus nicht als ihren Heiland annehmen. Da sagte Paulus zu ihnen: «Euch mußte Gottes Wort zuerst gesagt werden. Wenn ihr aber nichts davon wissen wollt, wenden wir uns an die Heiden.» Die Heiden freuten sich und lobten Gott. Viele kamen zum Glauben an

Jesus. Aber die Anführer der Juden trieben die Apostel aus der Stadt. Paulus und Barnabas schüttelten den Staub von ihren Füßen und zogen weiter nach Lystra.

In Lystra lebte ein gelähmter Mann, der konnte nicht laufen. Er hörte zu, als Paulus predigte. Paulus merkte, daß der Gelähmte an Jesus glaubte. Er sagte zu ihm: «Steh auf und stell dich auf die Füße!» Der Mann sprang auf und konnte auf einmal gehen. Als das die Leute sahen, waren sie begeistert. Sie riefen: «Die Götter sind Menschen geworden und zu uns gekommen!» Barnabas nannten sie «Zeus» und Paulus «Hermes». Die Priester brachten Stiere und wollten opfern. Erschrocken sprangen Paulus und Barnabas unter die Menschen. Sie riefen: «Was macht ihr da? Wir sind doch auch nur Menschen wie ihr. Wir predigen euch die gute Nachricht von Jesus Christus, damit ihr euch von den falschen Götzen zu ihm bekehrt. Er ist der wahre Gott, der Himmel und Erde geschaffen hat. Auch euch hat er Regen und Wachstum geschenkt, damit ihr genug zu essen habt und euch freuen könnt.» Viele kehrten um und glaubten an Jesus.

Doch bald danach kamen die Anführer der Juden aus Antiochia nach Lystra.

Sie erzählten Schlechtes über die Apostel und hetzten das Volk gegen sie auf. Da fiel die Menschenmenge über Paulus her und steinigte ihn. Er sank wie tot zu Boden. Sie schleiften ihn aus der Stadt und ließen ihn liegen. Aber Paulus stand auf und zog mit Barnabas weiter. Einige Zeit später reisten Paulus und Barnabas wieder nach Hause. Noch einmal kamen sie durch die Städte, in denen sie vorher gepredigt hatten. Überall fanden sie Christen. In den christlichen Gemeinden setzten sie Pastoren und Vorsteher ein. Sie ermahnten die Christen, am Glauben festzuhalten. Dann kehrten Paulus und Barnabas nach Antiochia in Syrien zurück. Sie berichteten der Gemeinde, wie Gott unter den Heiden für die gute Nachricht eine Tür aufgetan hatte.

Merkspruch: Wir müssen durch viele Bedrängnisse in das Reich Gottes eingehen (Apg 14, 22).

148. DIE APOSTEL BERATEN IN JERUSALEM
(Apostelgeschichte 15)

Eines Tages besuchten jüdische Christen aus Jerusalem die Gemeinde in Antiochia. Sie sagten: «Ihr könnt nicht selig werden, wenn ihr nicht das ganze Gesetz Gottes einhaltet und euch auch beschneiden laßt.» Es gab eine große Aufregung in der Gemeinde. Schließlich wurden Paulus und Barnabas nach Jerusalem geschickt. Sie sollten die Streitfrage den Aposteln vorlegen.
Die Jerusalemer begrüßten Paulus und Barnabas herzlich. Die Apostel riefen die Gemeindevorsteher zusammen und berieten mit ihnen lange über den Streit. Zuletzt stand Petrus auf und sagte: «Liebe Brüder, Gott macht keinen Unterschied zwischen uns Juden und den Heiden. Er hat auch ihnen seinen Heiligen Geist gegeben. Warum sollten wir ihnen eine Last auflegen, die sie nicht tragen können? Weder unsere Väter noch wir konnten das Gesetz einhalten. Wir alle glauben doch, daß wir allein durch die Gnade des Herrn Jesus Christus gerettet werden.» Da schwiegen alle. Paulus und Barnabas berichteten von den Zeichen und Wundern, die Gott durch sie bei den Heiden getan hatte. Dann stand Jakobus auf, der Bruder Jesu, und sprach: «Liebe Brüder, hört zu! Petrus hat recht, wenn er sagt, Gott hat selbst die Heiden zu sich gerufen. Das stimmt mit den Worten des Propheten Amos überein. Bei ihm steht geschrieben: Danach will ich mich wieder zu ihnen wenden und will das zerfallene Haus Davids wieder aufbauen. Dann werden alle, die übrig geblieben sind, nach dem Herrn fragen. Dazu gehören auch alle Heiden, über denen mein Name genannt ist, spricht der Herr.» Jakobus sagte weiter: «Deshalb wollen wir den Heidenvölkern keine unnötigen Lasten auferlegen.» Die ganze Gemeinde stimmte Jakobus zu. Sie schrieben einen Brief an die Christen in Antiochia. Paulus und Barnabas nahmen den Brief mit. Die Christen in Antiochia freuten sich über die Antwort aus Jerusalem.

Merkspruch: Wenn ihr bleiben werdet

an meinem Wort, so seid ihr wahrhaftig meine Jünger und werdet die Wahrheit erkennen, und die Wahrheit wird euch frei machen (Joh 8, 31 f).

149. *PAULUS WIRD NACH GRIECHENLAND GERUFEN* (Apg 15 und 16)

Paulus und Barnabas blieben eine Zeitlang in Antiochia. Sie predigten Gottes Wort. Eines Tages sagte Paulus zu Barnabas: «Laß uns noch einmal nach Kleinasien reisen. Wir wollen sehen, wie es den Brüdern dort geht.» Barnabas war einverstanden. Er wollte wieder Markus als Gehilfen mitnehmen. Aber Paulus sagte: «Nein, es ist nicht gut, einen Mann mitzunehmen, der uns schon einmal im Stich gelassen hat.» Es kam zum Streit zwischen Paulus und Barnabas. Sie trennten sich. Barnabas fuhr mit Markus nach Zypern. Paulus suchte sich einen neuen Gehilfen. Der hieß Silas. Mit ihm reiste er nach Kleinasien. Sie besuchten die Christengemeinden, die Paulus bei der ersten Missionsreise gegründet hatte. In Lystra nahmen sie einen jungen Mann als Gehilfen mit, der hieß Timotheus. Nachdem sie die Brüder im Glauben gestärkt hatten, zogen sie weiter bis an die Westküste Kleinasiens. Sie kamen nach Troas. Dort redete Gott nachts durch einen Traum mit Paulus. Der Apostel sah einen griechischen Mann, der rief über das Meer: «Paulus, komm herüber nach Griechenland und hilf uns!» Und Paulus fuhr mit seinen Begleitern nach Griechenland. Sie kamen in die Stadt Philippi.

Dort wohnten sie bei einer Purpurstoffhändlerin, die hieß Lydia. Als Paulus und Silas in das Bethaus der Juden gingen, trafen sie auf der Straße ein Mädchen. Das hatte einen bösen Geist. Durch den konnte sie den Leuten die Zukunft voraussagen. Sie war eine Sklavin und brachte ihren Herren viel Geld ein. Als das Mädchen die Apostel sah, rief es: «Diese Männer sind Diener des höchsten Gottes. Sie verkünden euch den einzigen Weg zur Rettung.» Da sagte Paulus zu dem Geist: «Im Namen Jesu befehle ich dir: Laß das Mädchen frei.» Der Geist verließ das Mädchen. Es konnte plötzlich nichts mehr voraussagen. Als das ihre Herren sahen, wurden sie wütend. Sie zerrten Paulus und Silas vor die Richter der Stadt und klagten sie an. Sie sagten: «Diese Männer stören die Ruhe in unserer Stadt. Sie wollen neue Ordnungen einführen.» Die Richter ließen Paulus und Silas auspeitschen und ins Gefängnis bringen. Ihre Füße wurden in einen Holzblock eingeschlossen.

Mitten in der Nacht beteten Paulus und Silas. Sie sangen Loblieder. Die anderen Gefangenen hörten zu. Plötzlich erschütterte ein Erdbeben das Gefängnis. Die Türen sprangen auf, und die Fesseln der Gefangenen lösten sich. Der Gefängnisaufseher erwachte von dem Lärm. Er erschrak und dachte, alle Gefangenen seien geflohen. Er nahm sein Schwert und wollte sich selber umbringen. Doch Paulus rief laut: «Tu dir nichts an, wir sind alle hier.» Der Ge-

fängnisaufseher ließ sich ein Licht bringen. Er stürzte ins Gefängnis. Vor Paulus und Silas warf er sich auf den Boden und fragte zitternd: «Ihr Herren, was muß ich tun, damit ich gerettet werde?» Die Apostel antworteten: «Glaube an den Herrn Jesus Christus. Dann wirst du mit deiner Familie gerettet.» Der Gefängnisaufseher führte Paulus und Silas in seine Wohnung. Dort wusch er ihnen selber die Wunden aus. Noch in der Nacht ließ er sich mit seiner Familie taufen.
Am nächsten Tag schickten die Richter der Stadt einen Boten zum Gefängnisaufseher und ließen ihm sagen: «Gib die beiden Gefangenen frei!» Aber Paulus sagte: «Eure Richter haben uns ohne ordentliches Urteil auspeitschen lassen. Wir sind ohne Verhör ins Gefängnis geworfen worden, obwohl wir römische Staatsbürger sind. Wir lassen uns nicht heimlich ausweisen. Die Richter sollen selbst kommen und uns hinausführen.» Die Richter erschraken, als sie das hörten. Sie kamen und entschuldigten sich. Die Apostel wurden aus dem Gefängnis geführt und gebeten, die Stadt zu verlassen. Paulus und Silas verabschiedeten sich von den Christen in Philippi. Sie

zogen weiter nach Thessalonich und Beröa. Dort ließ Paulus Silas und Timotheus zurück. Allein ging er weiter bis nach Athen.
Merkspruch: Glaube an den Herrn Jesus, so wirst du und dein Haus selig (Apg 16, 31).

150. PAULUS PREDIGT IN ATHEN
(Apostelgeschichte 17 und 18)

Paulus ging durch die Stadt Athen. Er sah viele Götzenbilder. An den Feiertagen predigte er im Bethaus der Juden. An den anderen Tagen redete er auf den Straßen mit den Leuten. Manche sagten: «Glaubt doch nicht, was dieser Schwätzer erzählt.» Andere meinten: «Der Mann bringt wohl einen neuen

Glauben?» Schließlich führten sie Paulus auf den Gerichtsplatz und baten ihn: «Erzähle uns, was du für eine neue Lehre bringst. Wir hören gern etwas Neues.» Paulus stellte sich mitten auf den Platz und sagte: «Ihr Männer aus Athen! Ich bin durch eure Stadt gegangen und habe gemerkt, daß ihr eure Götter sehr verehrt. Ein Altar ist mir besonders aufgefallen. Auf dem stand: Für den unbekannten Gott. Genau diesen Gott predige ich euch. Ihr verehrt ihn, ohne ihn zu kennen. Dieser Gott hat die ganze Welt geschaffen. Er ist der Gott des Himmels und der Erde. Er wohnt nicht in einem Tempel, den Menschen gebaut haben. Von ihm haben wir alle das Leben. Er braucht unseren Dienst nicht. Dieser Gott ist nicht fern von einem jeden unter uns, denn in ihm leben und bewegen wir uns. Durch ihn sind wir. Deshalb hat Einer von euren Dichtern gesagt: Wir stammen von ihm ab. – Gott hatte Geduld mit euch, solange ihr nichts von ihm wußtet. Aber jetzt fordert er euch auf: Kehrt um! Er hat einen Tag festgesetzt, an dem er die ganze Welt richten wird. Das geschieht durch seinen Sohn Jesus Christus, den er von den Toten auferweckt hat.» Als die Athener von der Auferstehung der Toten hörten, machten sie sich lustig

darüber. Einige sagten: «Das reicht für heute. Erzähle uns ein anderes Mal mehr davon.» Nur wenige glaubten an Jesus Christus und schlossen sich Paulus an.
Von Athen reiste Paulus weiter nach Korinth. Dort lernte er ein jüdisches Ehepaar kennen. Die beiden hießen Aquila und Priszilla. Sie kamen gerade aus Rom und waren von Beruf Zeltmacher wie Paulus. Der Apostel wohnte bei ihnen und half bei der Arbeit. Ein und ein halbes Jahr blieb Paulus in Korinth. Er verkündete den Juden und Christen Gottes Wort. Dann reiste er zurück nach Jerusalem. Aquila und Priszilla begleiteten ihn bis nach Ephesus. Von dort fuhr Paulus mit dem Schiff bis nach Cäsarea. Zum Osterfest war er wieder in Jerusalem.
Merkspruch: Fürwahr, er ist nicht ferne von einem jeden unter uns (Apg 17, 27).

151. PAULUS VERABSCHIEDET SICH IN EPHESUS
(Apostelgeschichte 18–20)

Paulus blieb nicht lang in Jerusalem. Bald reiste er über Antiochia wieder nach Kleinasien. Er besuchte die Christengemeinden und stärkte sie. Schließlich kam er nach Ephesus. Hier hatte schon Apollos Gottes Wort verkündet. Viele Menschen waren Christen geworden. Paulus predigte in Ephesus und heilte viele Kranke. Das gefiel manchen Leuten nicht. In der Stadt gab es einen großen Tempel der Göttin Diana. Von dem machten die Silberschmiede kleine Andenken. Sie verdienten damit viel Geld. Der Anführer der Silberschmiede hieß Demetrius. Eines Tages rief er alle Schmiede zusammen und sagte zu ihnen: «So kann es nicht weitergehen. Dieser Paulus verwirrt alle Leute. Er predigt einen neuen Gott und behauptet, alle anderen Götter sind falsch. Bald wird niemand mehr die Diana von Ephesus verehren und wir können unsere Silbertempel nicht mehr verkaufen.» Da wurden die Silberschmiede zornig und riefen immer wieder: «Groß ist die Diana der Epheser!» Die ganze Stadt geriet in Aufregung und versammelte sich im Freilichttheater. Paulus wollte hingehen und die Menschenmenge beruhigen. Aber die Christen von Ephesus hielten ihn zurück. Sie drängten Paulus, die Stadt zu verlassen. Er zog weiter nach Griechenland.
Auf der Rückreise kam Paulus noch einmal in die Nähe von Ephesus. Er ließ die Vorsteher der Gemeinde zu sich kommen und sagte zu ihnen: «Ich ziehe jetzt nach Jerusalem und weiß nicht, was dort mit mir geschieht. Durch den Heiligen Geist sind mir Gefangenschaft und Verfolgung angekündigt worden. Ich habe keine Angst um mein Leben. Nur meinen Auftrag möchte ich bis zuletzt erfüllen und die gute Nachricht verkünden. Ihr werdet mich nicht wiedersehen. Gebt acht auf euch selbst und auf die ganze Herde. Der Heilige Geist hat euch als Hirten der Gemeinde eingesetzt. Ihr sollt seine Herde weiden. Wenn ich fort bin, werden gefährliche Wölfe zu euch kommen und die Herde nicht schonen. Seid wachsam! Denkt

daran, daß ich euch drei Jahre lang immer wieder herzlich ermahnt habe. Gott möge euch behüten und mit seinem Wort bei euch bleiben.» Dann kniete Paulus nieder und betete mit ihnen. Die Brüder umarmten ihn zum Abschied und brachten ihn auf das Schiff.

Merkspruch: **Laßt das Wort Christi reichlich unter euch wohnen: Lehrt und ermahnt einander in aller Weisheit; mit Psalmen, Lobgesängen und geistlichen Liedern singt Gott dankbar in euren Herzen (Kol 3, 16).**

152. PAULUS WIRD IN JERUSALEM VERHAFTET
(Apostelgeschichte 21–23)

Paulus reiste mit dem Schiff zuerst nach Tyrus in Syrien. Er besuchte die christliche Gemeinde und blieb einige Tage dort. Dann verabschiedete sich der Apostel und fuhr mit dem Schiff weiter nach Cäsarea. Da kam der Prophet Agabus aus der Christengemeinde in Jerusalem zu Paulus. Agabus nahm den Gürtel von Paulus und fesselte sich damit Hände und Füße. Dann sagte er zu Paulus: «Das sagt dir der Heilige Geist durch mich: So werden dich die Juden in Jerusalem fesseln und den Römern ausliefern.» Die Christen von Cäsarea baten den Apostel, nicht nach Jerusalem zu gehen. Aber Paulus sagte zu ihnen: «Warum weint ihr und macht es mir noch schwerer? Ich bin bereit für Christus zu leiden und zu sterben.» Da ließen sie ihn gehen. Sie sagten: «Der Wille des Herrn soll geschehen.»
In Jerusalem redete Paulus mit den Vor-

stehern der Christengemeinde. Er erzählte ihnen, wie Gott seine Arbeit unter den Heidenvölkern gesegnet hatte. Am nächsten Tag ging Paulus in den Tempel, um zu beten. Da erkannten ihn einige Juden aus Kleinasien. Sie hetzten die Volksmenge auf. Paulus wurde aus dem Tempel hinausgedrängt und sollte getötet werden. Als das der römische Stadthauptmann sah, ließ er ihn von seinen Soldaten festnehmen. Er befahl, den Apostel auszupeitschen und ihn dann zu verhören. Paulus fragte ihn: «Dürft ihr denn einen römischen Staatsbürger ohne ordentliches Urteil auspeitschen lassen?» Da erschrak der Hauptmann, weil er sich an einem römischen Bürger vergriffen hatte. Er ließ Paulus die Fesseln abnehmen und brachte ihn in die Burg. Am nächsten Tag wurde Paulus vor dem Hohen Rat verhört. Die Hohenpriester konnten sich aber nicht einig werden, weshalb sie ihn anklagen sollten. Einige wollten Paulus heimlich umbringen lassen. Als das der Stadthauptmann erfuhr, schickte er den gefangenen Apostel unter starker Bewachung zum Statthalter Felix nach Cäsarea am Meer.
Merkspruch: Durch Gottes Gnade bin ich, was ich bin. Und seine Gnade an mir ist nicht vergeblich gewesen (1 Kor 15, 10).

153. PAULUS WIRD VON FELIX UND FESTUS VERHÖRT
(Apostelgeschichte 24–26)

In Cäsarea wurde Paulus ins Gefängnis gebracht. Nach fünf Tagen kamen die Hohenpriester zum Statthalter und trugen ihm ihre Anklage vor. Paulus durfte sich verteidigen. Die Hohenpriester sagten: «Dieser Mann ist der Anführer einer gefährlichen Sekte. Er wollte den Tempel entweihen und Unruhe im Volk stiften.» Paulus antwortete: «Ich habe nichts Böses getan, sondern ich bemühe mich immer um ein gutes Gewissen vor Gott und den Menschen. Mit allem Eifer diene ich dem Gott unserer Väter und glaube an die Auferstehung der Toten. Die Hohenpriester können ihre Vorwürfe nicht beweisen.» Der Statthalter sagte: «Ich kann heute keine Entscheidung fällen. Erst muß ich noch den Stadthauptmann hören. Solange bleibt der Mann als Gefangener hier.» Paulus kam wieder ins Gefangnis. Seine Freunde durften ihn dort besuchen. Manchmal ließ Felix den Apostel holen. Dann durfte er dem Statthalter den christlichen Glauben erklären. Einmal redete Paulus von Gottes Gerechtigkeit und vom kommenden Gericht. Da erschrak Felix und sagte: «Es ist genug für heute. Wenn ich Lust habe, lasse ich dich wieder rufen.» Felix hoffte, Paulus würde ihm Geld geben, um freigelassen zu werden. Doch nach zwei Jahren ging Felix zurück nach Rom. Festus wurde neuer Statthalter in Cäsarea. Paulus saß immer noch im Gefängnis. Nun kamen wieder die Hohenpriester

aus Jerusalem und trugen ihre Anklage dem neuen Statthalter vor. Festus hörte sich alles an. Dann fragte er Paulus: «Willst du lieber nach Jerusalem gehen und dort vor Gericht gestellt werden?» Paulus antwortete: «Ich stehe hier vor einem Gericht des römischen Kaisers. Den Juden habe ich nichts Böses angetan. Ich bin unschuldig. Der Kaiser selber soll meinen Fall entscheiden.» Festus sagte: «Gut, du berufst dich auf den Kaiser. Du sollst nach Rom gebracht werden!»

Einige Tage danach besuchte König Aprippa mit seiner Schwester Berenike den Statthalter in Cäsarea. Festus erzählte ihnen von Paulus. Der König wollte den Gefangenen kennenlernen. Am nächsten Tag wurde Paulus den Gästen vorgestellt. Festus hatte auch die angesehensten Bürger der Stadt dazu eingeladen. Paulus erzählte seinen ganzen Lebensweg. Er redete davon, wie er erst die Christen verfolgt hatte und wie ihm dann Jesus vor Damaskus erschienen war. Er berichtete von seinen Missionsreisen zu den Heidenvölkern. Zuletzt sagte er: «Bis zum heutigen Tag habe ich Gottes Hilfe erfahren. Davon kann ich hier vor allen Zeugnis ablegen. Ich lehre nichts anderes, als was die Propheten vorausgesagt haben. Der versprochene Heiland mußte leiden und als erster von den Toten auferstehen. Nur so konnte er auch für die Heiden Rettung bringen.» Als Paulus aufhörte zu reden, rief Festus: «Du bist ja ganz durcheinander, Paulus! Das viele Studieren bringt dich um den Verstand.» Paulus antwortete: «Ich bin nicht wahnsinnig, lieber Festus! Meine Worte sind verständlich und wahr. König Agrippa weiß das sehr gut. Ihm sind all diese Dinge nicht unbekannt. Glaubst du den Worten der Propheten, König Agrippa? – Ich weiß, daß du ihnen glaubst!» Agrippa sagte: «Paulus, es fehlt nicht viel und ich werde ein Christ!» Paulus antwortete: «Ich bitte Gott darum, daß du und alle Zuhörer an Jesus glauben.» Danach wurde Paulus ins Gefängnis zurückgebracht. Festus sagte zu Agrippa: «Dieser Mann hat nichts getan, wofür er den Tod oder das Gefängnis verdient.» Der König antwortete: «Ja, man könnte ihn freilassen, wenn er sich nicht selbst auf den Kaiser berufen hätte.»

Merkspruch: Darin übe ich mich, allezeit ein unverletztes Gewissen zu haben vor Gott und den Menschen (Apg 24, 16).

154. PAULUS KOMMT NACH ROM
(Apostelgeschichte 27 und 28)

Paulus wurde mit anderen Gefangenen nach Rom geschickt. Eine Abteilung Soldaten bewachte das Schiff. Zwei Freunde durften Paulus auf der Reise begleiten. Das waren der Arzt Lukas und Aristarch aus Thessalonich. Nach einem Tag Fahrt kamen sie in der syrischen Stadt Sidon an. Die Christen der Stadt begrüßten Paulus. Dann fuhr das Schiff um die Insel Zypern herum bis nach Myra in Kleinasien. Dort mußten die Gefangenen auf ein anderes Schiff umsteigen, das Getreide nach Rom bringen sollte. Den Winter über wollte man auf der Insel Kreta bleiben. Aber es kam ein starker Sturm auf. Das Schiff trieb an der Insel vorbei. Die Segel mußten eingeholt werden. Hilflos trieb das Schiff auf dem Meer. Sturm und Wellen machten ihm sehr zu schaffen. Mehrere Tage lang waren Sonne und Sterne nicht zu sehen. Der Kapitän ließ die Getreideladung ins Meer werfen, damit das Schiff nicht zerbrach. Die Matrosen waren ganz verzweifelt. In der Nacht redete ein Engel mit Paulus. Er sagte ihm: «Fürchte dich nicht! Du wirst zum Kaiser nach Rom kommen. Keiner von deinen Begleitern verliert sein Leben.» Das erzählte Paulus den Matrosen und tröstete sie.

Zwei Wochen lang trieb das Schiff auf dem Meer. Dann kam Land in Sicht und das Schiff strandete auf einer Sandbank vor der Insel Malta. Die Wellen zerschlugen das Schiff. Da wollten die Soldaten ihre Gefangenen töten. Keiner sollte fliehen. Doch der Hauptmann ließ es nicht zu. Auf den Brettern und Balken des zerbrochenen Schiffes konnten sich alle retten.

Die Bewohner der Insel nahmen die Schiffbrüchigen freundlich auf. Paulus wohnte bei dem reichen Verwalter der Insel. Der Vater dieses Mannes war gerade krank. Er lag mit Fieber im Bett. Paulus ging zu ihm und betete für ihn.

Der alte Mann wurde gesund. Da brachten die Bewohner der Insel ihre Kranken zu Paulus und er heilte sie.
Nach drei Monaten fand sich ein Schiff, mit dem die Gefangenen nach Italien gebracht werden konnten. Das Schiff fuhr bis nach Puteoli, dem Hafen der Stadt Rom. Bis dorthin kamen die römischen Christen Paulus entgegen. Sie begrüßten den Apostel und begleiteten ihn in ihre Stadt. Dort durfte sich Paulus eine eigene Wohnung suchen. Nur ein Wachsoldat blieb immer bei ihm. Zwei Jahre lang wartete Paulus auf seine Gerichtsverhandlung. Ungehindert durfte er die gute Nachricht von Jesus Christus verkünden.
Merkspruch: Ich habe den guten Kampf gekämpft, ich habe den Lauf vollendet, ich habe Glauben gehalten; hinfort liegt für mich bereit die Krone der Gerechtigkeit (2 Tim 4, 8).

INHALTSVERZEICHNIS

ALTES TESTAMENT
1. Die Welt wird von Gott geschaffen 7
2. Der erste Mensch bekommt eine Gehilfin 8
3. Die ersten Menschen sündigen 10
4. Kain erschlägt seinen Bruder 11
5. Gott straft durch die Sintflut 12
6. Gott verwirrt die Sprache der Menschen 14
7. Abraham wird von Gott gerufen 15
8. Gott verheißt Abraham einen Sohn 16
9. Sodom und Gomorra werden zerstört 17
10. Gott stellt Abraham auf eine Probe 19
11. Isaak bekommt eine Frau 20
12. Jakob erhält den Segen 22
13. Jakob flieht ins Zweistromland 24
14. Jakob wird ein Mann Gottes 25
15. Josef wird verkauft 26
16. Gott segnet Josef in Ägypten 28
17. Josef deutet die Träume Pharaos 29
18. Josefs Brüder kommen nach Ägypten 30
19. Josef gibt sich zu erkennen 32
20. Jakob kommt nach Ägypten 34
21. Mose wird geboren 36
22. Gott ruft Mose in seinen Dienst 37
23. Mose führt das Volk Israel aus Ägypten 39
24. Gott rettet sein Volk am Schilfmeer 40
25. Gott sorgt in der Wüste für sein Volk 42
26. Gott gibt die Zehn Gebote 44
27. Das Volk Israel betet das goldene Kalb an 46
28. Die Stiftshütte wird gebaut 47
29. Das Volk Israel wendet sich von Gott ab 48
30. Gott bestraft sein Volk 49
31. Mose stirbt 50
32. Das Volk Israel kommt nach Kanaan 51
33. Gideon hilft Israel 53
34. Abimelech will König werden 54
35. Rut kommt nach Betlehem 55
36. Samuel kommt zum Priester Eli 56

37. Gott ruft Samuel	58
38. Saul wird König	59
39. Saul gehorcht Gott nicht	60
40. Gott sucht sich einen neuen König	60
41. David kämpft mit Goliat	61
42. David und Jonatan werden Freunde	63
43. Saul verfolgt David	65
44. David wird König	66
45. David übertritt Gottes Gebot	68
46. Absalom will König werden	69
47. David wird hochmütig	71
48. Salomo wird König	72
49. Salomos Reich zerbricht	73
50. Gott versorgt den Propheten Elia	74
51. Gott vernichtet Götzendiener	75
52. Gott stärkt Elia	77
53. Gott straft Ahab	78
54. Naaman wird geheilt	79
55. Elisa verhilft Israel zum Frieden	81
56. Hiob bleibt Gott treu	82
57. Jona Predigt in Ninive	84
58. Ein Schafhirte wird Prophet	85
59. Jesaja ruft zur Umkehr	86
60. Hiskia verläßt sich auf Gott	87
61. Jeremia wird Prophet	89
62. Gott macht seine Drohung wahr	90
63. Daniel deutet Nebukadnezars Traum	93
64. Gott straft den Hochmut der babylonischen Könige	94
65. Gott rettet Daniel in der Löwengrube	97
66. Die Gefangenen kehren aus Babel zurück	98

NEUES TESTAMENT

67. Gott schickt den Vorläufer Johannes	102
68. Der Heiland wird geboren	104
69. Die Weisen aus dem Morgenland beten den Heiland an	107
70. Der zwölfjährige Jesus lehrt im Tempel	109
71. Johannes tauft am Jordan	110
72. Jesus wird vom Teufel auf die Probe gestellt	112
73. Jesus ruft Menschen in seinen Dienst	114
74. Jesus sendet seine Jünger aus	115

75.	Jesus hilft dem Brautpaar in Kana	116
76.	Jesus schafft im Tempel Ordnung	117
77.	Nikodemus besucht Jesus in der Nacht	119
78.	Jesus spricht mit einer samaritischen Frau	120
79.	Nur eines ist notwendig	122
80.	Jesus lehrt und heilt in Kapernaum	123
81.	Ein Hauptmann kommt zu Jesus	125
82.	Jesus heilt einen Gelähmten	126
83.	Der Feiertag ist für den Menschen da	127
84.	Gott streut sein Wort aus wie Samen	128
85.	Der Teufel sät Unkraut zwischen Gottes Weizen	129
86.	Jesus erzählt Gleichnisse vom Himmelreich	131
87.	Wind und Meer gehorchen Jesus	133
88.	Jesus weckt die Tochter des Jairus auf	133
89.	Die Leute von Nazareth nehmen Jesus nicht auf	134
90.	Eine Witwe bekommt ihren Sohn wieder	136
91.	Nur einer dankt	136
92.	Nur einer erbarmt sich	138
93.	Gott freut sich über jeden, der umkehrt	139
94.	Der verlorene Sohn kommt zurück	139
95.	Ein reicher Mann will seine Brüder warnen	141
96.	Johannes der Täufer muß sterben	142
97.	Fünftausend Menschen werden satt	144
98.	Jesus geht über das Wasser	145
99.	Jesus heilt einen Taubstummen	146
100.	Petrus legt ein Bekenntnis ab	147
101.	Eine Frau bittet für ihre Tochter	149
102.	Ein Vater möchte glauben	149
103.	Jesus läßt sich in seiner Herrlichkeit sehen	151
104.	Jesus segnet Kinder	152
105.	Ein junger Mann möchte Jesus nachfolgen	153
106.	Ein reicher Bauer vergißt Gott	154
107.	Zwei Männer beten im Tempel	154
108.	Die Ersten werden die Letzten sein	155
109.	Wer da hat, dem wird gegeben	157
110.	Gebt Gott, was Gott gehört	158
111.	Ein Weinberg wird anderen Arbeitern gegeben	159
112.	Jesus lehrt zu vergeben	160
113.	Jesus kehrt bei Zachäus ein	161
114.	Jesus heilt einen Blinden	162

115.	Jesu Jünger sollen dienen	163
116.	Jesus ist der gute Hirte	164
117.	Lazarus wird vom Tod auferweckt	165
118.	Jesus läßt sich salben	167
119.	Jesus zieht in Jerusalem ein	168
120.	Jesus kündigt das Ende der Welt an	169
121.	Eine Witwe opfert alles	170
122.	Nur fünf Mädchen waren bereit	171
123.	Gott lädt ein zu seinem Fest	173
124.	Jesus feiert mit seinen Jüngern das Passafest	173
125.	Jesus verabschiedet sich von seinen Jüngern	174
126.	Jesus bereitet sich auf sein Sterben vor	176
127.	Jesus läßt sich festnehmen	177
128.	Jesus wird von den Juden verhört	178
129.	Pilatus findet Jesus unschuldig	181
130.	Jesus wird verurteilt	182
131.	Jesus stirbt am Kreuz	183
132.	Jesus wird begraben	186
133.	Jesus ist auferstanden	187
134.	Zwei Jünger erkennen Jesus in Emmaus	189
135.	Jesus erscheint den Jüngern	190
136.	Jesus kehrt zurück zu seinem Vater	191
137.	Gott gibt seinen Heiligen Geist	193
138.	Der Hohe Rat verhört die Apostel	194
139.	Hananias und Saphira belügen Gott und die Gemeinde	196
140.	Die Apostel müssen ins Gefängnis	198
141.	Stephanus stirbt für seinen Glauben	199
142.	Ein Afrikaner wird Christ	200
143.	Jesus redet mit Saulus	202
144.	Ein römischer Hauptmann läßt sich taufen	203
145.	Petrus wird gerettet	205
146.	Paulus und Barnabas werden als Missionare ausgesandt	207
147.	Paulus und Barnabas predigen in Kleinasien	207
148.	Die Apostel beraten in Jerusalem	209
149.	Paulus wird nach Griechenland gerufen	210
150.	Paulus predigt in Athen	212
151.	Paulus verabschiedet sich in Ephesus	214
152.	Paulus wird in Jerusalem verhaftet	216
153.	Paulus wird von Felix und Festus verhört	217
154.	Paulus kommt nach Rom	219